DICTIONNAIRE

DES

GRAVEURS

Anciens et Modernes.

DICTIONNAIRE
DES
GRAVEURS
ANCIENS ET MODERNES,
Depuis l'origine de la Gravure,

PAR F. BASAN, GRAVEUR;

SECONDE ÉDITION,

Mise par ordre Alphabétique, confidérablement augmentée & ornée de cinquante Eftampes par différens Artiftes célèbres, ou fans aucune, au gré de l'Amateur.

TOME PREMIER.

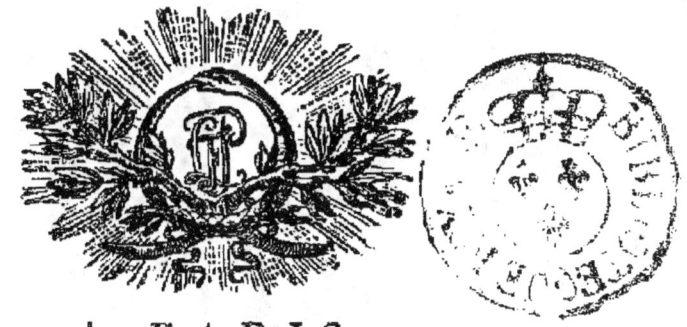

A PARIS,

Chez { L'Auteur, Rue & Hôtel Serpente.
CUCHET, Libraire, même maifon
PRAULT, Imprimeur du Roi, Quai des Auguftins, à l'Immortalité.

1789.

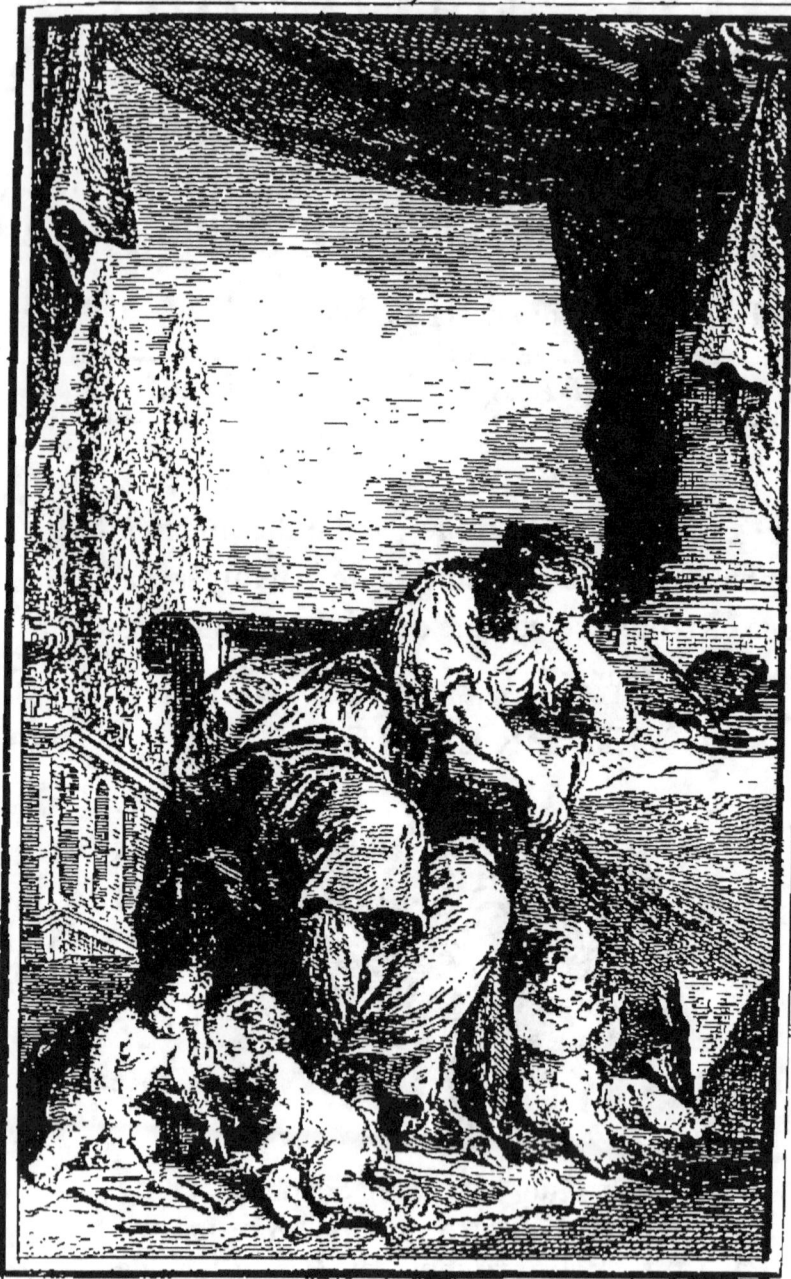

Dessiné par Cochin fils.   Gravé par Langlois le j.^e

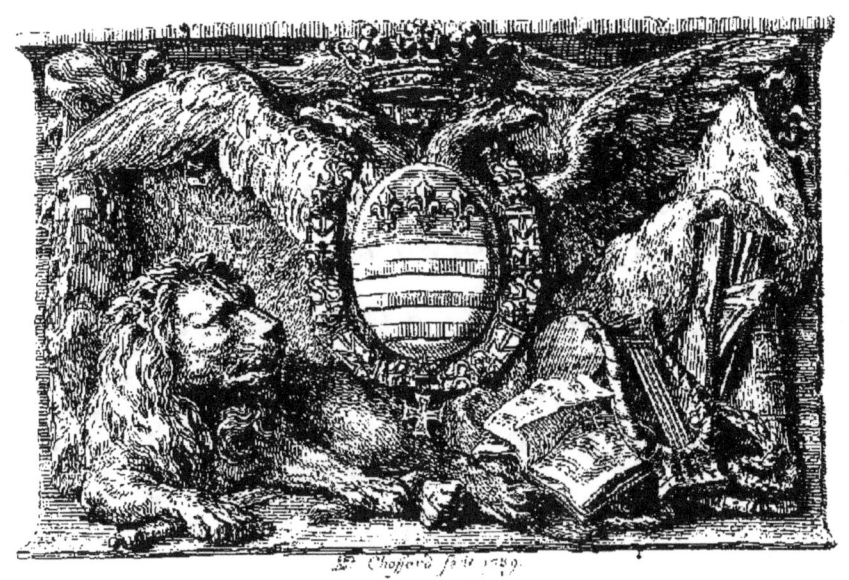

À SON EXCELLENCE,

MONSEIGNEUR

LE COMTE DURAZZO,

Patrice Génois, Conseiller intime d'État de
S. M. Impériale, Chevalier Grand Croix de
l'Ordre de Saint-Étienne de Hongrie, ci-
devant Ambassadeur de l'Empire auprès de
la République de Venise.

MONSEIGNEUR,

Vous avez agréé l'hommage de mon travail;

c'étoit un titre pour apporter encore plus de soins à cette nouvelle Edition, pour la rendre digne des Amateurs, & particulièrement de vous dont les connoissances sur cet art sont si étendues. Si, comme je le crois, j'ai eu le bonheur de réussir, permettez-moi d'y ajouter celui de me dire avec un profond respect,

de votre Excellence,

MONSEIGNEUR,

le très-humble & très-obéissant Serviteur, BASAN.

AVERTISSEMENT.

Messieurs les Amateurs recherchent depuis long-tems, avec empreffement, les catalogues des ventes d'Estampes intéreffantes; ils y puifent des lumières fur la connoiffance de l'art de la Gravure, lorfqu'ils font faits par des perfonnes inftruites; mais, fans cela, loin de s'éclairer, ils ne font que confondre un objet avec un autre. Depuis ma première édition de cet ouvrage, cet art s'eft fi fort multiplié chez toutes les nations de l'Europe, qu'il eft à craindre que, malgré la correfpondance que j'y entretiens, il ne me foit cependant échappé beaucoup d'objets; la matière eft fi immenfe, & le travail fi étendu que je mériterois le titre de préfomptueux, fi j'avois l'amour propre de croire que rien n'eft échappé, foit à ma

Tom. I.   A

vue, foit à ma mémoire, trop heureux fi les peines que je me fuis données pour cette feconde édition, peuvent procurer à Meffieurs les Amateurs, quelques-unes des connoiffances qui font l'objet de leurs recherches. Je n'ai point prétendu donner ici un catalogue général des Gravures dont chaque Artifte eft l'auteur, mais citer les meilleures pièces, foit à l'eau forte ou au burin, qui font forties de leurs mains.

L'Angleterre, depuis quinze ans, nous a fourni un très-grand nombre d'Artiftes en ce genre, qui, par une manière nouvelle de Gravure, ont trouvé l'art de plaire dans l'Europe entière. Les Maîtres modernes Italiens, d'après lefquels ces morceaux ont été exécutés, ont bien faifi le goût du fiecle par le choix de leurs fujets agréables ou hiftoriques; je laiffe au jugement des connoiffeurs à décider fi cette manière est préférable à nos Visscher, Saenredam, Edelinck, Nanteuil, Cars, &c. &c. Mais comme dans le monde tout n'est qu'éphèmere, je pense que c'est un torrent dont la source se tarira. L'Italie & l'Allemagne nous ont aussi procuré un nombre d'Artistes célébres : ils seront tous indiqués à leur rang dans l'ordre alphabétique que j'ai préféré, pour la commodité du lecteur. J'ai cité les formes, soit en hauteur ou largeur sur-tout des pièces capitales. J'ai puisé dans ma propre collection (dans laquelle je n'ai jamais cherché qu'à réunir les pièces capitales de chaque auteur) une partie de celles dont ce Dictionnaire est rempli. Il seroit difficile d'entreprendre de persuader à un amateur qu'une belle pièce à l'eau forte, de nos grands Maîtres Italiens, Flamands & François, est préférable à

toutes ces Eſtampes pointillées, dont ſouvent l'eſprit du Maître eſt perdu par le
fini que cherchent aujourd'hui tous les Graveurs, qui ont peut-être raiſon par le pro-
fit qu'ils en tirent, s'ils ne terminoient pas,
autant qu'ils font leurs Eſtampes, tant grandes que petites. C'eſt un vrai taliſman pour
eux ; mais la gloire s'éclipſe tandis qu'ils
rempliſſent leurs coffres : heureux encore
ceux qui ſavent en profiter !

N. B. M'étant apperçu que pluſieurs
Graveurs m'ont induit en erreur, en mettant leurs noms anagrammatiquement,
pour déſavouer un ouvrage mal rendu, ou
répréhenſible à certains égards, j'y ai remé-
dié, autant qu'il a été en mon pouvoir.

Parmi les Graveurs étrangers, il peut
s'en rencontrer pluſieurs dont les ouvrages
ne ſoien tpas venus à ma connoiſſance, non
plus que d'anciens Graveurs dont les pro-

ductions ne font connues que dans des ouvrages de littérature ancienne ; mais je ne fuis point Bibliographe, & ces Artiftes ne peuvent pas augmenter le nombre des habiles Graveurs que j'ai eu intention de citer, auffi j'efpère qu'on ne m'en faura pas mauvais gré. M. Strutt qui vient de publier à Londres un ouvrage de ce genre, en 2 vol. in- 4°., y fuppléera, car, autant Bibliographe qu'Artifte, il n'en a omis aucun; ainfi on pourra le confulter en cas de befoin. Cet Editeur n'a prétendu donner la nomenclature que des Artiftes morts; cependant il en a inféré dans fon ouvrage beaucoup qu'il a pris dans ma première édition, & qui font encore vivans ; c'eft une petite erreur ; mais qui peut fe flatter de n'en pas faire ? Ce font ceux qui ne font rien.

A iij

Je poſſédois diverſes petites planches gravées par différens Artiſtes célébres, que j'ai
inſérées dans cet ouvrage, à l'article de
chaque auteur, pour donner une idée de
leur talent.

Je fais dans cette nouvelle édition,
ainſi que dans la première, la nomenclature des morts & des vivans, auſſi com-
plete qu'il m'a été poſſible.

Souvent j'ai cité des Graveurs médiocres,
parceque quelquefois ils ont copié des Tableaux célébres de différens grands Maîtres,
ou de jeunes Artiſtes dont le début an-
nonçoit une lueur de célébrité dans leur art,
& qui ſouvent, faute d'aſſiduité au travail,
n'ont pas répondu aux idées qu'avoient fait
concevoir les prémices de leur talent.

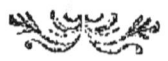

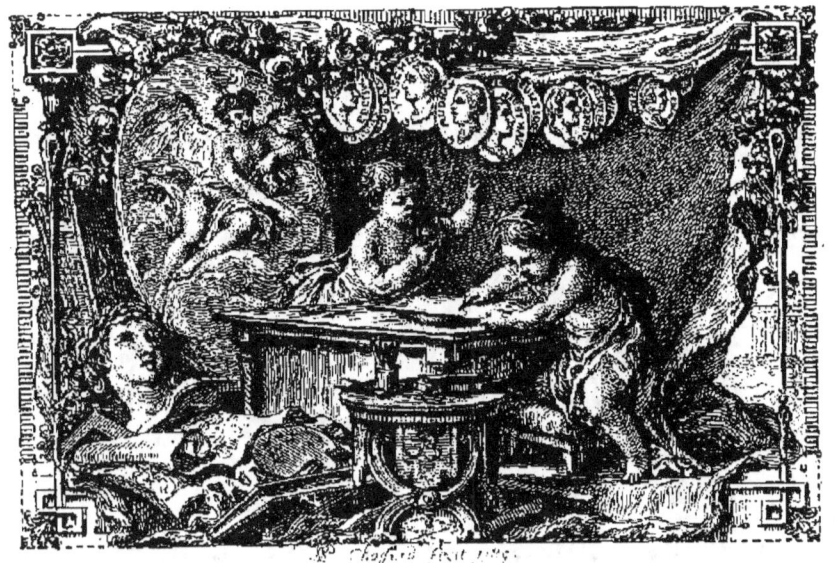

DICTIONNAIRE

DES GRAVEURS

ANCIENS ET MODERNES

DEPUIS

L'ORIGINE DE LA GRAVURE,

rangés par ordre Alphabétique.

A

ABACCO, (Antonio) architecte né à Rome, en 1549, a gravé plusieurs édifices, entr'autres un plan de S. Pierre de Rome, d'après le dessin de *Saint-Gal.*

A iv

ABERLI, (Jean-Louis) peintre, né à Win-
terthur en 1723, fut élève de Mayer & de Green,
à Berne où il est mort depuis quelques années. Il y
a gravé diverses vues de la Suisse, qu'il a coloré lui-
même, & qui imitent supérieurement les dessins.

ADAM. L'on trouve quelquefois ces mots, *Adam
sculpsit*, *Adam sculptore*, aux estampes d'Adam Mantuan. *Voyez* MANTUAN.

ADAM, (Jacob) a gravé à Vienne, en 1786,
divers petits portraits de personnages illustres & vivans dans l'Allemagne, de forme in-8°.

ADAM, (Pierre) peintre Allemand, a gravé
une suite de 6 paysages à l'eau forte p. ps. en tr.
signés de lui.

ADAMS, (Robert) né à Londres en 1530,
où il mourut en 1591. Il étoit architecte &
intendant des Bâtimens de la Reine Elisabeth; il
a gravé les événemens de la flotte Espagnole, nommée l'Invincible, lorsqu'elle échoua sur les côtes d'Angleterre, publié par Ruyter en 1589.

ADAMS, (Robert) architecte né à Londres,
en 1726, a étudié l'architecture en Italie, & de retour à Londres, il fut nommé architecte du Roi.
Il a gravé plusieurs monumens, à l'eau forte, & a
publié plusieurs volumes d'architecture qui sont très-
recherchés.

ADLER, (Philippe) vivoit vers l'an 1518.
Flor. Le Comte en fait mention, ainsi que M. Strutt,

ADORF, (Jéan-Céphal) né à Léipfick en 1720, a gravé, pour fon amufement, plufieurs portraits qui ne font pas fans mérite, entr'autres celui d'André Ehrig, médecin, in-8°.

AELS, (   ) duquel on connoît une moyenne pièce en hauteur, repréfentant S. Jofeph tenant par la main l'Enfant Jefus.

AELST, (Nicolas-Van) né à Bruxelles en 1530, a gravé, d'après *J. Romain*, divers fujets de l'ancien teftament, & autres.

ÆNEAS VICUS. *Voyez* VICUS.

AGNELLI, (Frédéric) né à Milan en 1604, a gravé nombre de portraits, entr'autres celui de Simplicien, évêque de Milan, celui d'Arifio.

Le dôme de Milan en pluf. gr. planches; divers fujets de thèfes, & emblématiques.

AGOSTINO, (di San-Agoftino) Italien, a gravé avec efprit la Zingara du *Correge*. C'eft une vierge habillée en Bohêmienne, affife au milieu d'une campagne avec l'Enfant Jefus; c'eft ce coftume qui la fait nommer en Italie la Zingara, & non pas fa couleur bazannée.

Un S. Jean l'Evangelifte, d'après le même.

AGRICOLA, (Chrift-Louis) né à Ratisbonne en 1667, où il mourut en 1719. On connoît de lui un payfage où l'on voit Actéon métamorphofé.

AGUCCHIA, (Jiovan) vivoit dans le feizième

fiecle. On connoît de lui la cathédrale de Milan, & le portail d'un grand morceau d'architecture.

AIGUILLES, (Jean - Baptifte Boyer, Marquis d') procureur - général au parlement d'Aix, amateur qui, non feulement avoit formé un beau cabinet de tableaux &c., mais encore devint peintre & graveur; en 1698 il publia un vol. de 118 eftampes, d'après fes tableaux, parmi lefquelles il s'en trouve quelques unes faites de fa main.

AKEN, (Jean-Van) a gravé une fuite de fix payfages, d'après *Lingelbach*, &c. &c.

AKEREL; (Frédéric) né à Sundermanland, en 1748; en 1771 il paffa à Stockolm pour y étudier, il vint en France pour le même fujet, & retourna à Stockolm. Il a gravé des vues de maifons d'Upfal, divers fujets & portraits, dont le docteur Hydren, &c.

AKERSLOOT, (Will.) graveur Hollandois, né en 1624, duquel on a le reniement de S. Pierre, moyenne pièce en hauteur, d'après *Molyn*.

J. C. arrêté dans le Jardin des Olives. *idem.*

ALBERT-DURER naquit à Nuremberg en 1471 ; il devint un habile peintre, & le plus excellent graveur qui eût paru jufqu'alors. Il ne manque à fes ouvrages que d'avoir été dirigés par de bonnes études & par la connoiffance de l'antique; mais le tems où il vécut, le pays où il fut élevé, le privèrent de ce double avantage. Albert-Durer voyagea en Allemagne & dans les Pays-Bas, où il contracta une amitié fort étroite avec Lucas de Leyde. Ayant appris que *Marc-Antoine* contrefaisoit ses planches à Venise, il partit pour cette ville, & se plaignit au sénat du tort que ce graveur lui faisoit; mais tout ce qu'il put obtenir, fut que *Marc-Antoine* ne marqueroit plus ses planches des lettres A. D. qui étoient la marque qu'Albert mettoit aux siennes. Il mourut en 1528, à 57 ans. Albert-Durer a gravé au burin, à l'eau-forte & en bois, & la plûpart de ses planches portent l'année où elles ont été gravées. Ses estampes au burin sont les plus recherchées. Voici les principales:

Adam & Eve debout; celle-ci reçoit la pomme que lui présente le serpent entortillé autour d'une branche d'arbre. m. p. en h. avec la date 1504, que l'on regarde comme la capitale de ce maître. Jean Wierix en a fait une copie de la même grandeur en 1566; mais cette copie est fort inférieure à l'original.

Petite Nativité, où se voit S. Joseph qui remplit un vase avec de l'eau qu'il vient de tirer d'un puits.

Une Vierge & l'Enfant-Jesus qui lâche un oiseau, p. p. en h. où se voit un singe attaché; c'est pourquoi on la nomme, *la Vierge au Singe*.

La Vierge à la Poire. p. p. en h.

La petite Passion, en 16 p. pièces. en h.

L'Enfant Prodigue à genoux. m. p. en h. où se voyent des cochons qui mangent dans une auge.

S. Hubert à genoux devant un crucifix qui lui apparoît fur la tête d'un cerf. L'on voit à côté le cheval de ce Saint, ainfi que plufieurs chiens fur le devant. p. en h. & la plus grande que ce maître ait gravée en cuivre.

S. Jérôme à genoux dans le défert; il a le corps nud, & tient une pierre à la main. m. p. en h.

Cinq des Apôtres en pied. p. p. en h.

N. S. en croix, fujet en hauteur, au trait feulement.

S. Georges, S. Sébaftien, S. Chriftophe, S. Antoine &c. p. p. en h.

N. S. mis dans le tombeau, m. p. en h.

La tentation de S. Antoine, appellée communément & mal à propos le fonge.

S. Jérôme dans une chambre, & affis devant une table, fur laquelle il écrit. Le lion de ce Saint eft couché en travers fur le devant de l'eftampe. p. p. en h.

La Mélancolie repréfentée par une femme affife ayant la tête appuyée fur une main, & tenant de l'autre un compas; elle eft vêtue, & porte des aîles aux épaules; auprès d'elle eft un chien qui dort, & au-deffus de fa tête on voit des balances, une clochette & une horloge de fable. m. p. en h. qui eft encore une des capitales de ce maître. On l'a copié affez bien du même côté & de la même grandeur.

Une femme furprenant une fille avec un fatyre, & voulant l'affommer d'un coup de bâton; mais un homme qui fe trouve-là, pare ce coup. m. p. en h.

La boëte de Pandore. C'eft une pièce en hauteur de la grandeur, à peu près, de la précédente, re-

préfentant une femme nue, aîlée, tenant d'une main
une boëte, & de l'autre, des mords de bride.

Le Cheval de la mort. Cette pièce repréfente un
homme à cheval, fuivi par le diable, & accompagné
de la mort, auffi à cheval, qui lui préfente une horloge de fable. m. p. en h.

La Tête de mort. Cette eftampe repréfente une
jeune fille qui prête l'oreille aux difcours d'un vieillard;
à côté d'eux eft une tête de mort furmontée d'un
cafque aîlé. p. p. en h.

Le lion furmonté d'un cafque & d'un coq. p. p.
en h.

Plufieurs autres fujets, entre lefquels on diftingue
particulièrement les Vierges.

Plufieurs portraits, dont ceux du Duc de Saxe, de
Pirckmer, d'Erafme, de Melancton, &c.

Parmi les planches qu'il a gravées en bois, on diftingue la grande paffion en 13 pièces.

La vie de la Vierge en 21, compris le titre.

La vie de N. S. en 36 morceaux.

L'Apocalypfe. Ce célébre artifte, par une fcience
profonde du grand œuvre, a réduit en 16 pièces
les 22 chapitres qui le compofent.

ALBERI, (Marc) né à Gayetta, en 1722, a
gravé, d'après fes deffins, fix payfages qu'il a dédiés
au Marquis Mancini.

ALBERT-FLAMEN, peintre & graveur Flamand, né en 1564, a exécuté nombre de payfages,
d'oifeaux, de poiffons, le tout de fa compofition.

ALBERTI, (Ignace) a gravé à Vienne plufieurs petits portraits in - 8º.

ALBERTOLLI, (Giocondo) de Milan, profeffeur de l'académie des beaux-arts, a compofé & gravé une fuite d'arabefques très-variés, & fpirituellement exécutés.

ALDEGREVER, (Henri) peintre & graveur, que quelques uns nomment mal-à-propos, *Albert Aldegraaf*, il naquit à Soeft en Weftphalie, & étudia avec foin les eftampes d'Albert, dont il faifit parfaitement la manière de graver, tant en cuivre qu'en bois. Il commença à graver en 1527, & continua jufqu'en 1549, & depuis cette année jufqu'en 1555, il s'occupa à graver nombre de pièces d'ornemens pour les orfévres. Il mourut dans fon pays natal. Son œuvre contient près de 400 morceaux. *Voyez* M. Huber, page 87 de fa notice.

On recherche fes 4 Evangéliftes, fa Lucrece.

Ses travaux d'Hercule.

Son hiftoire de Suzanne.

Son portrait de Jean de Leyde, &c.

Il a aussi gravé quelques pièces libres.

ALEXANDRE, (Giovan) né en Ecoffe vers l'an 1679, s'établit à Rome en 1718; il y a gravé une fuite de 6 morceaux en travers, d'après *Raphaël d'Urbin*, avec un titre dédié à Cofme III, Grand-Duc de Tofcane, fçavoir, la bénédiction & le facrifice d'Abraham, le départ & l'échelle de

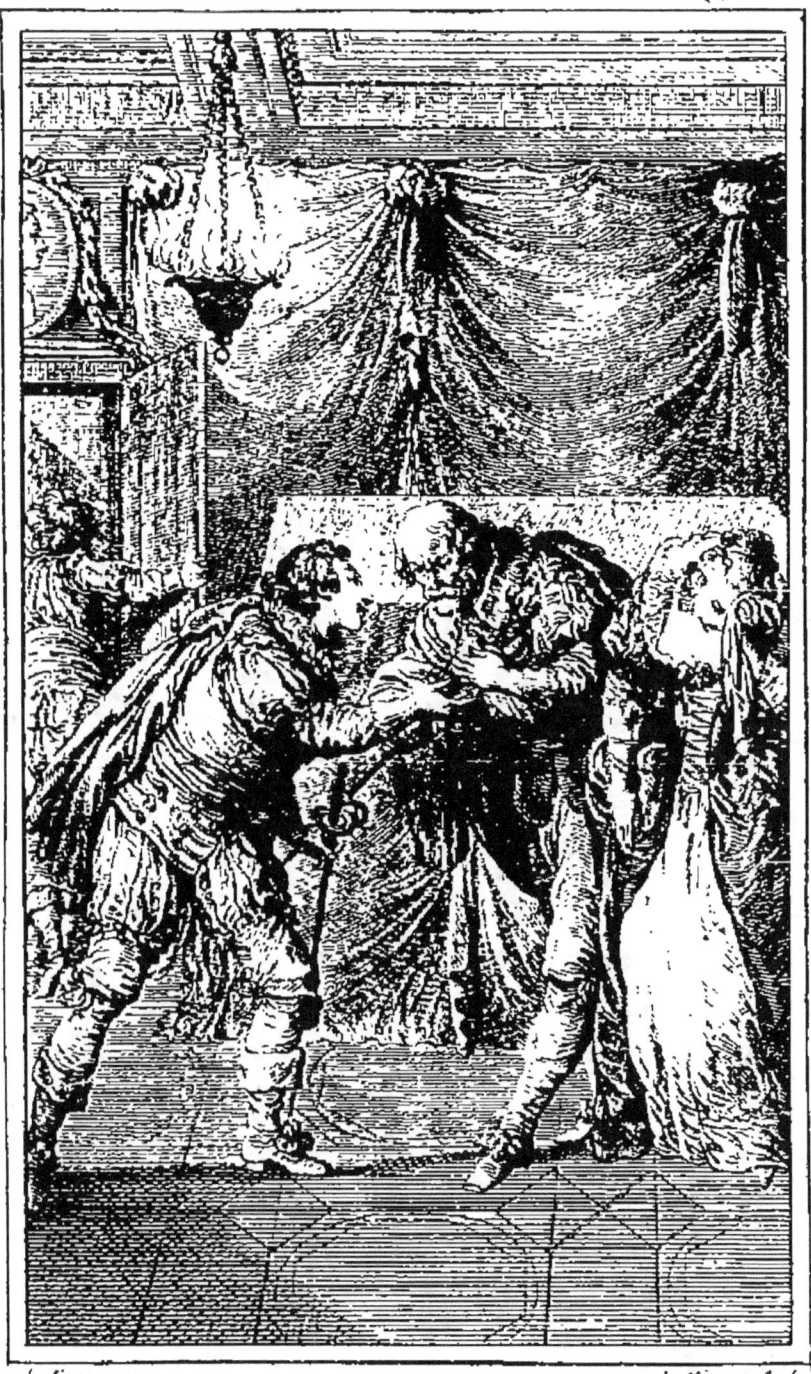

A. Eisen inv.   J. Aliamet Sculp.

Le Marquis de Montfort apporte une Épée au
Pere de sa Maîtresse le Marquis de Langon ,
et l'engage a se deffendre contre ses assassins.
Tom. I. Pag. ... de la Ligue.

Jacob, le buisson ardent & les Anges chez Abraham.

ALGAROTTI, (le Comte) connu par des écrits sur les arts, a dessiné & gravé pour son amusement une suite de 13 têtes dans le goût antique.

Plusieurs griffonnemens de têtes diverses qu'il a fait à Dresde.

ALIAMET, (Jacques) graveur, né à Abbeville en 1728, élève de le Bas, mort à Paris en 1788. Il fut agréé à l'académie en 1760 ; il a réussi supérieurement dans les paysages, les petites figures & les animaux. On a de lui,

Une ruine, avec figures & animaux. g. p. en h. d'après *Bergkem*, laquelle se trouve dans le premier volume du recueil d'estampes de la galerie de Dresde.

Vue d'un ancien port de Gênes, & le rachat de l'esclave. ces deux g. ps. en t. sont ornées de figures, d'animaux, &c. d'après le même.

La grande chasse au cerf. *Idem.*

Le four à briques, m. p. en t. d'après le même.

La rencontre des deux villageoises, & l'entretien de voyage. 2 p. ps. en t. *id.*

Le départ pour le sabat, & l'arrivée au sabat, 2 m. ps en h. d'après *Teniers.*

Les amusemens de l'hiver. m. p. en t. d'après *Adrien Van den Velde.*

Deux vues du Levant. m. p. en t. d'après *Vernet.*

Les quatre heures du jour. 4 m. ps. en t. *id.*

Plusieurs autres pièces, d'après divers maîtres,

ainfi que nombre de vignettes, d'après *Cochin*, *Eifen*, *Gravelot* &c.

Deux des 16 grandes batailles des Chinois, gravées fous la direction de M. Cochin.

ALIAMET, (François) frère du précédent, demeurant à Londres. On a de lui,

Une adoration des bergers. g. p. en h. d'après *Annibal Carrache*.

Une Circoncifion. g. p. en ovale, d'après *le Guide*.

La réprimande faite par Canut le grand à fes courtifans, & la reddition de Calais à Edouard III. deux g. ps. en t. faifant pendant, d'après *Robert Pinne*.

Plufieurs autres fujets, d'après divers maîtres.

ALIBERTI, (Jofeph) peintre du Roi de Sardaigne, a gravé en 1750 4 médaillons, vignettes & lettres grifes qui fe trouvent dans le volume des fêtes données à l'occafion du mariage de ce Prince.

ALIX, (Jean) né à Paris en 1615, difciple de Champagne; il grava, pour fon amufement, une Sainte famille, d'après *Raphaël*.

ALIX, (   ) né à Honfleur en 1752, élève de le Bas; il grave très-bien le payfage & les marines, il exécute en ce moment de grandes vues des ports d'Efpagne & de Portugal, d'après les deffins de *Noël*, de même grandeur que les ports de France, d'après *Vernet*.

ALLARD,

ALLARD, (Antoine) a gravé en 1696 pluſ. vues de villes de Friſe m. p. en tr. & divers payſages, d'après nature.

ALLEGRAIN, (Etienne) né à Paris en 1645, fut reçu à l'académie royale de peinture, comme peintre de payſage ; il en a gravé pluſieurs à l'eau-forte. Il eſt mort en 1736, âgé de 91 ans ; il étoit le père du célébre Allegrain, ſculpteur.

ALLEGRINI, (Joſeph) graveur moderne en Italie, a gravé en 1746 &c. divers ſujets de vierges &c. d'après différens maîtres.

ALLEGRINI, (François) deſſinateur & graveur, duquel on a quantité de portraits, d'après *Zocchi* & autres, ainſi que divers autres ſujets faits vers le milieu de ce ſiecle.

ALLER, (Abraham) graveur en bois, en 1526, grava un grand nombre de figures pour les œuvres de Gringord & de Jean d'Anton. La typographie naiſſante employoit fréquemment les ſecours & l'ornement de la gravure.

ALLESSANDRO, (Innocent) graveur & marchand d'eſtampes à Veniſe, eſt élève de Bartolozzi. On connoit de lui,

Quatre des arts libéraux, d'après *Majotti*.

Une ſuite de 12 payſages, d'après *Ricci*.

Un recueil d'animaux, d'après *Leſchi*. &c.

ALLET, (J. Ch.) graveur François, a fait

B

à Rome, vers le commencement de ce fiecle, nombre de fujets de dévotion, d'après fes propres deffins, ainfi que d'après différens peintres Italiens. On connoît auffi de lui plufieurs portraits, entr'autres celui du Pape Alexandre VIII, fait en 1695.

ALOIA, (Jofeph) graveur Napolitain, duquel on connoît une grande vue de Naples en plufieurs planches.

Il a auffi travaillé dans la fuite des antiquités d'Herculanum.

ALLOU, (Adelaïde) née à Paris, a gravé plufieurs ruines de Rome & de Naples, d'après *Robert*.

ALTDORFER, (Albert)peintre & graveur né à Zurich en 1539. On a de lui grand nombre d'ef-tampes, tant en cuivre qu'en bois, gravées avec beaucoup d'intelligence, pour le tems où il a vecu. Il eft mort à Ratisbonne en 1591: *Voyez* ce qu'en dit M. Huber, page 82 de fa notice.

AMAN *ou* AMMAN, (Joft) graveur du feizième fiecle, né à Zurich. Il deffinoit bien & com-pofoit paffablement l'hiftoire; il travailla long-tems à Nuremberg, & y mourut en 1591. On a de lui plufieurs eftampes en bois, de fa compofition. Les petits maîtres (1) de fon tems ont beaucoup gravé d'après fes deffins.

---

(1) Petits Maîtres, en Gravure, fignifie les anciens Graveurs des premiers tems de cet art, parce qu'ils ont fait beaucoup de petites pièces.

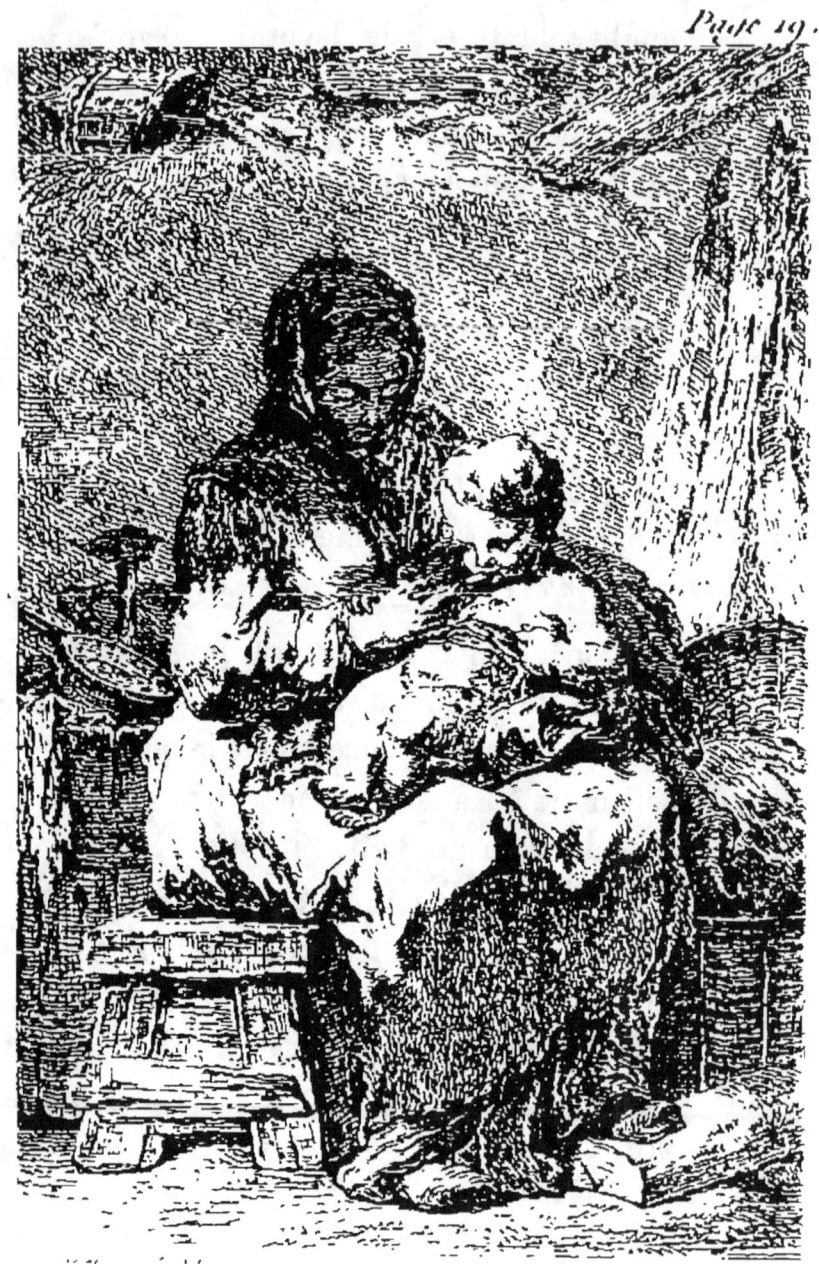

Entre fes gravures on diftingue les nobles de la ville d'Ausbourg avec leurs armoiries & leurs noms.

Il y a eu plufieurs *Amman* qui ont fuivi le même genre.

AMAND, (Jacques-François), peintre François, membre de l'academie royale, mort en 1770, a gravé quelques pièces à l'eau forte, de fa compofition, dont

Deux moyens payfages en travers,

Et deux petites bambochades en h.

AMATO, (François) peintre Italien, a gravé quelques pièces à l'eau-forte, dans le genre de *Bifcaïno*.

AMBERGER, (Chriftophe) peintre & graveur du feizième fiecle, né à Zurich en 1540, quelques-uns difent à Nuremberg. Il peignit l'hiftoire & le portrait, & grava en bois plufieurs de fes compofitions.

AMELOVEN, (John) a gravé à l'eau-forte plufieurs petits payfages de fa compofition, & d'après *Saftleven*.

AMERIGI, *Voyez* CARAVAGE.

AMICI, (François) graveur à Florence, duquel on connoît divers fujets de dévotion.

AMICONA, (Charlotte) fœur d'Amiconi, a

B ij

gravé en manière noire une danseuse de théâtre avec quatre vers Anglois au bas, *the fair Auretti &c.*

AMICONI, (Jacques) né à Venise en 1675, fut peintre d'histoire & de portraits ; après avoir travaillé dans plusieurs royaumes, & fait beaucoup d'élèves, il est mort à Madrid en 1752. Il a gravé quelques pièces par amusement, entr'autres les quatre élémens, Zéphir & Flore m. p. en t. &c. &c.

AMLING, (Gustave) graveur allemand, né à Nuremberg en 1651, élève de *François Poilly.* Etant retourné en sa patrie, il grava plusieurs pièces d'après divers maîtres, & fut graveur du Duc de Baviere. En 1702, sa mort interrompit un ouvrage qu'il avoit entrepris d'après *Pierre Candide*, qui représentoit les faits mémorables d'Othon, chef de la maison de Baviere. m. p. en t.

AMMON, (Clement) étoit gendre de Th. de Bry. Il travailla à Francfort en 1650, il donna les vol. 7 & 8 des portraits qui font suite aux 6 de Th. de Bry, sous le titre Biblioth. Calcogr.

Il y a un autre *Ammon* qui a gravé divers portraits.

ANDERSOHN, (Etienne) graveur à Léipsick a fait plus. portraits, dont celui d'Asclepiades en in-8o. &c.

ANDOUART, (   ) né à Paris en 1734,

a gravé le portrait du Comte Maurice de Bruhl en pieds, in-folio.

Deux marines, d'après *Flotte de Saint-Joseph*, à l'eau-forte, & terminées par *Heudelot*.

ANDRÉ, (Simon-Renard de Saint) peintre né à Paris en 1614, membre de l'académie royale. Il a gravé les peintures & sculptures de la galerie d'Apollon au Louvre en 46 pièces, d'après *le Brun* &c..

ANDREANI, (André) habile graveur en taille de bois, né à Mantoue en 1500. On a de lui plusieurs belles estampes en clair-obscur, entr' autres,

Le triomphe de Jules César d'*André Mantegne*, en 10 pièces, y compris le titre, auxquelles on joint ordinairement 7 pilastres. Toutes ces pièces sont fort difficiles à trouver du même ton de couleur.

Le pavé de Sienne, gravé sur le dessin de *François Vanni*, d'après *Dominique Beccafumi*. C'est le plus rare de tous les clairs-obscurs.

Diverses autres pièces estimées, d'après *Raphaël le Parmesan* & autres.

ANDRIOT, (François) a gravé divers sujets de dévotion, d'après différens maitres Italiens & François, dont un Christ couronné d'épines, d'après *le Carrache*; une Sainte famille, d'après *le Bourdon* &c.

ANGARANO, (le Comte Octavio) Patrice Vénitien, amateur, duquel on connoît une pièce à l'eau-forte qu'il a gravée pour son amusement, d'après le tableau que lui-même a peint pour l'église de S. Daniel.

ANGELI, (Philippe) né en 1512, surnommé le Napolitain, parce que dans sa jeunesse son père le mena à Naples, où il apprit la peinture. Il excella dans le paysage & les marines, qu'il savoit orner de très-jolies figures. Il mourut en 1593, sous le pontificat de Clément VIII. On a de lui quelques gravures à l'eau-forte, de sa composition.

Plusieurs squelettes de différens animaux &c.

ANGELI, (Nicolo) disciple de *Remigio Canta Gallina.*, a gravé conjointement avec son maître, en 1635, les fêtes publiées à Florence, d'après les dessins de *Giulio Parigi.*

ANGELIS, (Secondo de) a été occupé à Naples en 1757, jusqu'en 1762, aux gravures d'Herculanum.

ANGIER, (Paul) graveur Anglois, mort vers le milieu de ce siecle. Il étoit élève de *John Tinney*, marchand d'estampes à Londres. On connoît de lui une vue de Tivoli, d'après *Moucheron.* Une ruine d'architecture, d'après *J. P. Pannini.* &c.

ANICHINI, (Pietro) né à Florence en 1610, a gravé le portrait d'Evangelifti Torricelli.

La Samaritaine charitable.

La Ste vierge affife, tenant l'Enfant-Jefus &c.

ANSELIN, (Jean-Louis) né à Paris en 1754, élève de *Saint-Aubin*. On connoît de lui plufieurs fujets de bacchanales, d'après *Carefme*.

Madame de Pompadour en jardinière, d'après *Boucher* p. p. en h.

La parure naturelle, d'après *Netfcher* &c.

ANTOINE, (Sébaftien) né à Nancy en 1687, a gravé l'entreprife de Prométhée ; un des plafonds du château de Verfailles, d'après *Mignard*.

Le portrait du pere Calmet, Auguftin.

ANTONIZO, (Corneille) né à Amfterdam en 1499, étoit peintre & graveur. On connoît de lui 12 vues d'Amfterdam dédiées à l'Empereur Charles V.

APPELMANS, (George) a beaucoup gravé dans le dernier fiecle pour les libraires d'Allemagne. On remarque de lui le portrait de Thomas Bartholinus.

AQUA, (Chriftofano) né à Vienne en 1690, deffinateur & graveur, dont on a le portrait du Roi de Pruffe, Frédéric le grand.

Celui de Giullio Ferrari, Patrice de Venife.

Le mérite couronné par Apollon, d'après *And. Sacchi* &c.

AQUILA, (Pierre) prêtre, peintre & graveur, né à Rome en 1624, dont on a plusieurs estampes à l'eau-forte, qui sont très-estimées, entr'autres,

Les loges du Vatican, en 52 pièces, d'après *Raphaël*, conjointement avec Fantetti.

La bataille de Constantin, en quatre pièces, d'après le même.

La galerie du palais Farnese, en 12 pièces, y compris le titre, d'après *Annibal Carrache*.

La galerie de Lanfranc, représentant l'Assemblée des Dieux, en huit morceaux sans le titre.

Le triomphe de Bacchus. g. p. en t. d'après *P. de Cortonne*.

Le sacrifice à Diane. *id.*

Le sacrifice de Polyxene. *id.*

La bataille d'Alexandre & de Darius. *id.*

L'enlèvement des Sabines. *id.*

Les Vestales. *id.*

Les filles de Jethro à la fontaine. g. p. en t. d'après *Ciro Ferri*.

Le frappement du rocher. g. p. en t. d'après le même.

Un sujet de Vierge d'une grande composition en hauteur, où se voit sur le devant un Saint qui tient un pistolet, sur lequel est un Crucifix, d'après *C. Maratte*.

La mort de la vierge. g. p. en t. d'après *Morandi*.
Plusieurs pièces d'après divers autres maîtres.

AQUILA, (François Faraonius) peintre &
graveur, qui florissoit sur la fin du dernier siecle &
au commencement de celui-ci. On a de lui plusieurs
estampes à l'eau-forte, entr'autres,

La suite des peintures de Raphaël dans les chambres
du Vatican, en 19 g. p. en t.

S. Pierre sur les eaux. g. p. en h. d'après Jean
Lanfranc.

La coupole de l'église neuve de l'Oratoire à Rome.
g. p. en rond, d'après P. *de Cortone.*

S. Ambroise & S. Charles Borromée à genoux aux
pieds de la Vierge, qui est sur des nues &c. g. p. en
h. d'après *Carle Maratte.*

AQUILA *sculpsit.* Lorsque l'on trouve ces mots
sur des estampes en manière noire, ils signifient:
Arent Van Hulen.

ARDELL, (J. Mac.) Irlandois, mort jeune à
Londres en 1765, il fut un des meilleurs graveurs
en manière noire, que l'Angleterre ait produit. On a
de lui en ce genre de gravure,

Le portrait de *Rubens* en pieds, ainsi que celui de
sa femme, qui mène un enfant par la lisière; l'un
& l'autre sur la même planche. g. p. en h. d'après
le tableau de ce peintre.

Une famille composée d'une femme & de quatre
enfans. g. p. en t. *id.*

Moyfe fur les eaux. g. p. en h. d'après *Van-Dyck*.

Le Tems qui coupe les aîles de l'Amour. g. p. en h. d'après le même.

Le Duc de Buckingham & fon frère. g. p. en h. *idem*.

Lord Bernard Stuart & fon frère. *id*.

La Comteffe de Southampton. *id*.

Une tête de vieillard. m. p. en h. *id*.

L'intérieur d'une chambre, où l'on voit une femme qui lit, & un enfant dans un berceau. m. p. en t. d'après *Rembrandt*.

La mère de *Rembrandt*. p. p. en h. d'après le tableau de ce peintre.

Une affomption. g. p. en h. d'après *Morillos*.

S. François de Paule, d'après le même.

John Lockart. m. p. en h. d'après *Reynolds*.

Mifs Bonfoy. *id*.

Charles Saunders. *id*.

Plufieurs autres beaux portraits d'après *de Côtes*, *Lely*, *Ramfay* &c.

ARNOLD, (Jean) a gravé à Munick plufieurs fujets d'après *F. X. Paleko*.

ARNOLD, (Anton) né à Koniggraitz en 1735, eft difciple de *Rentz*, & a gravé à Prague plufieurs pièces de dévotion.

ARNOLDT, (Jean) peintre & graveur de portraits, vivoit à Lyon en 1680. On connoît de lui un portrait de Louis XIV fur fon trône, d'après *Antoine Dieu* &c.

ASINIUS. *Voyez* L'ASNE.

ASNER, (Jean) graveur affez médiocre, né à Vienne où il mourut en 1748. On ne connoît de lui que des pièces de dévotion. Il eut deux fils qui exercoient le même talent avec un peu plus de fuccès que leur père.

ASPRUCK, (Fran.) peintre né à Bruxelles, fut difciple de *Spranger*; il a gravé en demie figure les quatre anges, Michel, Gabriël, Raphaël & Uriel, in-4º. &c.

AUBIN, *Voyez* de SAINT AUBIN, trois frères cultivant les arts.

AUBERT, (Michel) graveur François, mort en 1757. On a de lui plufieurs pièces d'après divers maîtres, dont voici les principales :

Mars & Vénus attachés par l'Amour, & Mars défarmé par Vénus. 2 m. ps. en h. d'après *Paul Véronefe*, du vol. de Crozat.

Laban cherchant fes Dieux, & la réconciliation de Jacob & d'Efaü. 2 m. ps. en t. d'après *Jeaurat*.

Le repos de Vénus & de l'Amour. p. p. en t. d'après *Boucher*.

La mort d'Adonis. m. p. en t. d'après le même.

AUBRY, (Pierre) graveur de peu de mérite, établi à Strasbourg vers l'an 1650. Il a été l'éditeur d'un grand nombre de portraits dont il a gravé quelques-uns.

AUDEN-AERD, (Robert Van) bon peintre Flamand, élève de *Carle Maratte*, & son graveur favori. Il mourut à Gand dans un âge fort avancé, en 1717. On a de lui,

Une descente de croix. m. p. en h. d'après *Daniel de Volterre*.

La Nativité de la Vierge. g. p. en h. & cintrée, d'après *Annibal Carrache*

La chapelle de Sainte Bibiane à Rome, en 5 g. ps. en h. dont quatre sont d'après *P. de Cortone*, & la cinquième, d'après le *Cavalier Bernin*.

La Vierge tenant l'Enfant-Jesus, lequel donne un Rosaire à Sainte Catherine de Sienne. g. p. en h. d'après *Carle Maratte*.

Un Christ sur les genoux de la Sainte Vierge. m. p. en h. d'après le même.

La mort de la Vierge. g. comp. en t. *id*.

Eliefer présentant des bracelets à Rebecca. g. p en h. *id*.

Betsabée dans le bain. g. p. en h. *id*.

Le martyre de S. Blaise. g. p. en h. *id*.

Apollon & Daphné. g. p. en t. en deux feuilles. *id*.

Remus & Romulus trouvés par Faustulus. g. p. en t. *idem*.

Plus. pièces d'après le *Dominiquin* & autres maîtres.

AUDRAN, (Carle) graveur, né à Paris en

1594, mort dans la même ville en 1674. Il a voyagé en Italie, & a gravé fort proprement au burin,

Une Annonciation. m. p. en h. d'après *Annibal Carrache*.

Une Affomption en rond, d'après *le Dominiquin*.

Nombre de pièces d'après *le Titien*, *Perrin del Vaga*; *P. de Cortone*, *le Guide*, *l'Albane*, *André Sacchi*, *Vouet*, *Euftache le Sueur*. *&c.*

AUDRAN, (Claude) frère du précédent, père de *Claude Audran* le peintre, ainfi que de *Gerard Audran*, duquel nous allons parler.

AUDRAN, (Gerard) très-célébre graveur François, né à Lyon en 1640, & mort à Paris en 1703. Il apprit de fon père les élémens du deffin & de la gravure, après quoi il paffa à Rome pour fe perfectionner. A fon retour en France, il donna des preuves de fa capacité dans l'un & l'autre de ces arts. Loin de croire qu'un fervile arrangement de tailles, & une propreté affectée fuffent effentiels à la gravure de l'hiftoire, cet excellent artifte fit valoir fes ouvrages par un mélange de hachures libres & de points mis fans ordre, mais avec un goût inimitable, & laiffa à la poftérité des exemples admirables du vrai caractère dans lequel les grandes compofitions doivent être traitées par les graveurs. Ses eftampes, qui n'offrent qu'un travail peu flatteur aux yeux des ignorans, feront toujours l'admiration des vrais connoiſſeurs & des perſonnes de bon goût. Voici les principales pièces que nous avons de lui:

La mort de S. François. g. p. en h. d'après *Annibal Carrache.*

Enée ſauvant ſon père Anchiſe de l'embraſement de Troye. m. p. en h. d'après *le Dominiquin*, du recueil du cabinet du Roi.

Le martyre de Sainte Agnès. g. p. en h. & cintrée, d'après le même.

Le Baptême des Phariſiens. g. p. en t. d'après *le Pouſſin.*

La femme adultère. g. p. en t. d'après le même.

Coriolan prêt à tirer vengeance des Romains, qui l'avoient banni, ſe laiſſe fléchir par les larmes de ſa femme & de ſa mère. g. p. en t. de deux feuilles *idem.*

Le jeune Pyrrhus, fouſtrait aux recherches des Moloſſes qui avoient tué ſon père Æacide, eſt tranſporté en la ville de Mégare. g. p. en t. de deux feuilles. *idem.*

Le Tems qui enlève la Vérité. m. p. en h. *idem.* L'épreuve rare eſt avant la draperie.

L'empire de Flore. m. p. en t. *id.*

Le martyre de S. Laurent. g. p. en h. & cintrée, d'après *le Sueur;* c'eſt le pendant du martyre de Sainte Agnès, dont on vient de parler.

Les batailles d'Alexandre, en quatre très-grandes ps. en t. d'après *le Brun.* A l'article d'EDELINCK, on trouvera la cinquième pièce, qui eſt la famille de

Darius. Grande pièce en travers de deux feuilles.

Bacchus & Ariadne. g. p. en t. d'après *Noël Coypel*, que ce peintre avoit commencée à l'eau-forte.

La pefte d'Eaque, g. p. en t. d'après *Pierre Mignard*. Aux fecondes épreuves on a fubftitué un Ange à la Junon qui fe trouve dans le haut.

Enfin, plufieurs autres pièces, tant d'après les peintres que l'on vient de nommer, que d'après *Raphaël*, *Stella*, les deux *Courtois*, *Romanelli*, *Louis Teftelin*, &c.

AUDRAN, (Jean) neveu du précédent, graveur & penfionné de S. M. Il eft mort à Paris en 1756, âgé de près de 80 ans. Quoiqu'il n'ait point égalé fon oncle, les eftampes qu'il a gravées ne laiffent pas d'être fort eftimées; les principales font,

Galathée fur les eaux. g. p. en t. d'après *Carle Maratte*. du vol. de Crozat.

Les quatre faifons, en 4 p. en t. d'après *le Pouffin*.

Les batailles d'Alexandre en 6 m. p. en t. d'après *le Brun*.

La pêche miraculeufe, & la réfurrection du Lazare. g. ps. en t. d'après *Jouvenet*. Les pendans de ces deux eftampes font, le repas chez le Pharifien, & les vendeurs chaffés du temple, gravés par *G. Duchange*.

Une préfentation au temple, g. p. en t. d'après *Michel Corneille*.

Jacob & Laban. m. p. en t. d'après *Ant. Coypel*.

Moyſe ſauvé des eaux, & Athalie, deux très-grandes ps. en t. d'après le même.

Eſther devant Aſſuerus. *id.* d'après *Ch. Coypel*.

Trois ſujets d'après *Rubens*, dans le recueil de la galerie du Luxembourg, & nombre d'autres pièces d'après *le Guide*, *l'Albane*, *Vivien*, *Rigaud*, &c.

AUDRAN, (Benoît) frère du précédent, & neveu du célebre Gerard Audran, mort en 1721. On a de lui pluſieurs eſtampes, dont voici les plus eſtimées :

Les ſept ſacremens, ps. en t. d'après *le Pouſſin;* ce ſont les mêmes que *Peſne* a gravées en grand, d'après les tableaux qui ſe voyent au Palais-Royal.

Jeſus-Chriſt chez Marie & Marthe. g. p. en t. d'après *le Sueur.*

Alexandre malade. m. p. en h. d'après le même.

S. Paul prêchant à Epheſe. g. p. en t. *id.*

Le ſerpent d'airain, très-grande p. en t. d'après *le Brun.*

Une élévation en croix. *id.* d'après le même. g. p. en travers.

Deux pièces d'après *Rubens* dans le recueil de la galerie du Luxembourg, & divers autres ſujets, d'après *Michel-Ange Buonaroti*, *le Caravage*, *Van der Werff*, *Vivien* &c.

AUDRAN, (Benoît) fils de Jean Audran, & neveu du précédent, mort en 1772. Il a auſſi gravé quelques pièces, entr'autres,

Les

Les âges & les élémens, avec Nic. Tardieu, & Desplaces, d'après *Lancret.*

AUDRAN, (Louis) né à Lyon en 1670, mort à Paris en 1712, a gravé les fept œuvres de miféricorde, d'après *le Bourdon.* m. p. en t.

AVELINE, (François) né à Paris. Il a gravé beaucoup de vues des maifons royales de Paris & des environs; il mourut en 1743, âgé de 73 ans.

AVELINE, (Pierre) graveur du Roi, né à Paris en 1710, mort en 1760. On a de lui;

La mort de Séneque. g. p. en t. d'après *Luc Jordans*, laquelle fe trouve dans le premier vol. de la galerie de Drefde.

Un grand payfage en t. orné de figures & d'animaux, d'après *Berghem.*

La Folie. m. p. en t. d'après un deffin de *Corneille Viffcher.*

Le chien baffet. m. p. en h. d'après *Oudry.*

La naiffance de Bacchus & l'enlèvement d'Europe. 2 g. ps. en t. & faifant pendans, d'après *Boucher.*

Plufieurs pièces d'après *Jouvenet*, *Watteau*, *Natoire* &c.

AVELINE, (F. A.) coufin du précédent. a gravé diverfes vignettes pour les voyages de l'abbé Prévôt; il a féjourné plufieurs années à Londres où il a gravé divers fujets Chinois, d'aprè *Pillement;* il y eft mort dans l'indigence.

C

Il avoit un frère qui a auſſi gravé à Paris beaucoup de pièces dans le commun, dont l'heureux vieillard, d'après *Wille* le fils.

AVIBUS, *Voyez* à CEZAR de Avibus.

AUGUSTIN VÉNITIEN, ancien graveur, né en 1499, élève de Marc-Antoine, dont il ſuivit la manière; mais duquel il n'approcha point pour la correction du deſſin. On a de lui un grand nombre d'eſtampes d'après les plus grands peintres de ſon tems.

Le ſacrifice d'Iſaac. p. p. en h. d'après *Raphaël*.

Le portement de croix. m. p. en h. *id.*

S. Paul prêchant le Proconſul Servius, & frappant d'aveuglement Elymas. m. p. en t. *id.*

L'adoration des bergers dans l'étable de Bethléem. m. p. en t. d'après *Jules Romain*.

Une bataille. g. p. en t. d'après un deſſin du même maître.

Les Iſraélites recueillant la Mâne. m. p. en t. d'après *Polidore de Caravage*.

Le portrait de Jérôme Aléander, bibliothécaire du Vatican, celui de Cheredin Barberouſſe, fameux Corſaire. 2 m. ps. en h.

Des écorchés & des ſquelettes formant une aſſemblée à laquelle préſide la mort. m. p. en t.

AVONT, (Pierre Van) né à Anvers en 1619, peintre graveur & marchand d'eſtampes. On con-

noît de lui divers sujets de vierges, plusieurs bacchanales d'enfants &c. &c.

AUVRAI, (Pierre-Laurent), né à Paris en
1736. Il a travaillé plusieurs années à Basle en Suisse,
où il y a gravé un philosophe taillant sa plume,
d'après *Juncker*, peintre Allemand.

Les portraits de Préville, & de la Ruette, comé-
diens, figures en pieds, petit format, d'après les dessins de Monnet en 1775. Il reçut les premiers principes de son art, de Cars qui étoit son parrain.

AVRIL, (Jean-Jacques) né à Paris en 1756, a
gravé plusieurs sujets & ports de mer d'après *l'Albane*,
Vernet, *Rubens*, *Vander Meulen*, *Wille* le fils. &c.

AUSTIN, (Paul) né à Londres en 1741, a
gravé plusieurs paysages d'après *Vanderneer* & autres.

AUROUX, (Nicolas) né à Pont-Saint-Esprit
en 1660, a travaillé à Turin & à Lyon, où il a
gravé le portrait de Spinola Jésuite, de Vincent Voi-
ture, une Vierge avec l'Enfant-Jésus & S. Jean.
&c.

B

BABEL, (Louis-Henry) dessinateur en ornemens, né à Paris en 1720, mort en 1761, a gravé à
l'eau-forte quelques ornemens de sa composition à
l'usage des artistes.

BABYLONE, (François de) dit le maître au

caducée, parce qu'il marquoit toutes ses planches avec un caducée, sans autre monograme. Plusieurs auteurs l'ont nommé If. Martin, & prétendent qu'il étoit contemporain de Al. Dur. Luc. de Leyde. &c.

On connoît de lui plusieurs sujets de la sainte famille, une petite estampe représentant Appollon & Diane, & un sacrifice à Priape. cette pièce est attribuée à Marc Antoine.

BACHELEY, (Jacques) né en Normandie, près de Lisieux, en 1712, mort à Rouen en 1781. Il étoit membre de l'académie de cette ville; il n'a commencé qu'à près de trente ans à graver, il vint à Paris chez le Bas pour se perfectionner dans cet art. On a de lui plusieurs paysages & marines d'après divers maîtres Hollandois.

BACKUISEN, (Ludolf) excellent peintre de marines & de vaisseaux, naquit à Embden en 1631, & mourut à Amsterdam en 1709, à 78 ans. Il a gravé à l'eau-forte diverses petites vues de l'Y, petit bras de mer près d'Amsterdam, &c.

BADALOCCHIO, (Sisto) peintre en histoire, né à Parme en 1581, & mort à Rome en 1647, à 66 ans, fut disciple d'*Annibal Carrache*. On a de lui plusieurs estampes à l'eau-forte, dans lesquelles on trouve beaucoup de facilité & de correction de dessin; les principales sont,

Les loges du Vatican, d'après *Raphaël*, qu'il grava conjointement avec *Lanfranc*.

Plusieurs pièces de sa composition, ainsi que d'après *le Correge*, *le Schidon*, &c.

BADIALE, (Alexandre) peintre de Bologne né en 1626, & mort en 1671, à 45 ans. Il fut disciple de *Flaminio Torre*, & grava diverses pièces à l'eau-forte, entr'autres,

Une Vierge assise avec l'Enfant-Jesus, sur la droite de laquelle est un Evêque à genoux, & à gauche, un Religieux dans la même posture. m. p. en h. de sa composition.

Une descente de croix. m. p. en h. d'après *Flaminio Torre*.

Une Sainte Famille. *id.*

BAER, (J. B.) a gravé en 1652, assez pittoresquement l'incendie de l'hôtel-de-ville d'Amsterdam.

BAILLIE, (Guillaume) Officier au service d'Angleterre, & amateur : on a de lui plusieurs jolies estampes dans la manière de Rembrandt, entr'autres,

Une très-bonne copie du peseur d'or, pièce capitale de ce maître.

C'est lui qui a restauré la planche de Rembrandt représentant la guérison du paralitique, connue sous le nom de la pièce de cent florins.

Susanne justifiée, & les vieillards confondus, d'après *Gerbrant Van den Eckout*, &c.

Quantité d'autres pièces, soit dans le genre de Rembrandt ou à la manière noire, d'après différens maîtres Italiens, Flamands & Hollandois, qu'il a rendu avec beaucoup d'intelligence. Son œuvre forme un volume affez confidérable & intéreffant.

BAILLY, (Jacques) né à Saint Germain – en – Laye en 1629, fut reçu à l'académie royale comme peintre en miniature. Il a compofé & gravé en petit, divers fujets de tabatières, dans un ftyle qu'a depuis traité Klinchetcl. Il eft mort, âgé de 50 ans.

BAILLU, (Pierre de) l'un des plus habiles graveurs du dernier fiecle, étoit d'Anvers. Après avoir appris les élémens de la gravure en fa patrie, il paffa en Italie pour fe perfectionner dans le deffin. Il grava dans ce pays-là, ainfi qu'après fon retour dans les Pays-Bas, plufieurs eftampes que l'on eftime avec raifon. Les principales font,

Un Chrift mort, fur les genoux de la Vierge. g. p. en h. d'après *Annibal Carrache*.

L'archange Michel, dont le tableau eft dans l'églife des capucins à Rome. m. p. en h. d'après *le Guide*.

La Réconciliation de Jacob & d'Efaü. g. p. en h. d'après *Rubens*.

La Prière au Jardin des Olives. m. en h. d'après le même.

Une Magdeleine expirante, foutenue par deux anges. p. p. en h. *id.*

L'enlèvement d'Hippodamie, ou le combat de Lapithes. g. p. en t. *id.*

Une Sainte Famille en t. d'après *Théodore Rombout*.

Un Chrift, au pied duquel eft la Magdeleine, S. François, &c. g. p. en h. d'après *van Dyck*.

Une Vierge dans les nues. m. p. en h. d'après le même.

Renaud endormi & attaché avec des guirlandes de fleurs par Armide & par les filles de fa fuite. g. p. en hauteur, d'après le même,

Le pendant de cette eftampe repréfente Renaud éveillé, & témoignant fa furprife à la vue des charmes d'Armide. Il eft gravé par P. de Jode

Plufieurs beaux portraits d'après le même, tels que ceux des Comtes de Moret, d'Aremberg, &c.

Sufanne au bain. Les deux vieillards fe voient dans le fond du jardin. m. p. en h. d'après *Martin Pepyn*.

Une flagellation. g. p. en h. d'après *Diepenbeck*.

Un couronnement d'épines. g. p. en h. *id.*

Un Chrift attaché à la colonne, accompagné d'anges qui tiennent les inftrumens de la paffion. m. p. en h. d'après *Jean Thomas*.

Plufieurs pièces d'après *P. de Cortone*, *Rembrandt*, & autres.

BAKKER, (Jacques) peintre d'hiftoire & de portraits, naquit à Harlem en 1608. Il fut éleve de Lambert Jacobz, travailla long-tems à Amfterdam, & mourut en 1638, ou felon quelques-uns, en 1641. Il a gravé à l'eau-forte quelques pièces de fa compofition.

BALDASSARE, que quelques-uns écrivent

mal-à-propos BALDASSORNE. *Voyez* PERUZZI.

BALDINI, (Baccio) orfevre de Florence du quinzième siecle. On prétend qu'ayant vu quelques estampes de Maso Finiguerra, auquel plusieurs personnes attribuent l'invention de la gravure, il se mit à graver à son tour, & surpassa de beaucoup ce dernier, parce qu'il se servoit des dessins de Sandro Boticelli ; mais jusqu'à ce jour personne n'a encore rien publié de satisfaisant sur ce fait, ni sur l'époque de l'invention de cet art, aussi utile qu'admirable.

BALDREY, (J   ) a gravé à Londres, en 1786, divers sujets de formes rondes & autres, d'après différens maîtres, *Bunbury &c.*

BALEAU, (Bernard) a gravé à Rome, d'après *Cyrofer*, plusieurs sujets de dévotion.

BALECHOU, (Jean) très-habile graveur né à Arles en 1720, mort à Avignon en 1765, membre de l'Académie royale. On a de lui plusieurs estampes fort recherchées, où il a sçu allier, avec tout l'art & l'intelligence possible, la pureté du burin au pittoresque de l'eau-forte. Les principales de ces estampes sont,

Une Sainte Geneviève g. p. en h. d'après *Carle Vanloo.*

La tempête & le calme, deux g. ps. en t. d'après *Vernet.*

Un grand sujet de même grandeur, où se voyent des baigneuses, d'après le même.

Ces 3 morceaux ont eu un fuccès étonnant pour la vente, & les premières épreuves fe vendent fort cher en comparaifon du prix que l'auteur y avoit établi lorfqu'il les mit au jour.

La force. m. p. en t. d'après *Nattier*.

Le portrait du Roi de Pologne, Electeur de Saxe, en pieds, lequel fe trouve à la tête du recueil d'eftampes d'après les tableaux de la galerie de Drefde. g. p. en h. d'après *Rigaud*.

Celui de Crébillon, en grand & en petit, d'après *Aved*.

Une dame filant au rouet. m. p. en h. d'après le même.

Le portrait de l'abbé Grillot. m. p. en h. d'après *Autreau*. &c. &c.

B A L L E S T R A, (Antoine) habile peintre en hiftoire, né à Veronne en 1666. Il alla à Rome, où il travailla fous Carle Maratte, qu'il égala par fuite dans quelques tableaux. Il mourut en 1740, à 74 ans. On a de lui quelques petites eftampes à l'eauforte, de fa compofition.

B A L T H A Z A R, (Pierre) a gravé en 1578 les portraits des Comtes de Flandres, dans le coftume du tems où ils ont vécu.

B A L Z E R, (Jean) né à Prague, a gravé d'après *Norbert*, une très-grande quantité de payfages ornés de figures & d'animaux.

BAMBOCHE. *Voyez* VAN LAER.

BANCK, (Pierre van der) graveur Flamand, né en 1649, & élève du célèbre François Poilly. Il a beaucoup gravé à Londres, entr'autres chofes, plufieurs portraits d'après *Kneller*.

BANNERMAN, (Alexandre) né à Cambridge en Angleterre, dans l'année 1730. Il a gravé nombre de portraits insérés dans les anecdotes fur les arts & les artiftes qui ont féjourné en Angleterre, publié par Horace Walpole, Londres 1762.

Plus, la mort de S. Jofeph, d'après *Velafquès*.

BAPTISTE. *Voyez* JEAN-BAPTISTE MONNOYER.

BAQUOY, (Maurice) graveur de ce fiecle, duquel on a plufieurs pièces à l'eau-forte, entr'autres,

Un combat naval d'après *Martin*. C'eft une des quatre batailles qui ont été exécutées pour le Czar.

Une fuite de vignettes pour l'hiftoire de France du père Daniel, d'après les deffins de M. Boucher.

BAQUOY, (Jean) fils du précédent, mort à Paris en 1778, a gravé nombre de jolies vignettes pour divers ouvrages, entr'autres pour les métamorphofes d'Ovide. in-4°.

BAQUOY, (Pierre) fils du précédent, né à Paris en 1760, élève de fon père. On connoît de lui diverfes vignettes pour les œuvres de Voltaire, pour l'hiftoire Romaine, &c.

BAR, (Jacques-Charles) Peintre & graveur à Paris, a commencé en 1778, dans le genre du Lavis, la fuite des côftumes religieux & militaires, in-folio, dont il a déjà donné plus de 40 cahiers à 12 dans chacun. Cet ouvrage eft fait avec foin & beaucoup de vérité.

BARATTI, (Antoine) a gravé plufieurs pièces de la galerie du Marquis de Gerini à Florence.

BARBAULT, (Louis) peintre François, mort à Rome vers l'an 1766. Il a publié & gravé de fa main deux recueils *in-folio.* des antiquités de Rome. On a auffi de lui quelques eftampes à l'eau-forte, entr'autres,

Le martyre de S. Pierre, d'après *Pierre Subleyras.*

BARBÉ, (Jean-Baptifte) graveur Flamand du dernier fiecle, dont le portrait fe trouve parmi ceux des artiftes de Vandyck. Il fut en Italie pour fe perfectionner dans fon art, & fur-tout dans la partie du deffin. Ses principales eftampes font,

Une Sainte Famille, où l'Enfant-Jefus fe tourne pour embraffer la Vierge. p. p. en h. d'après *Rubens.*

Plufieurs fujets d'après *Jean-Baptifte Paggi, Francifque Franck, Martin de Vos, Théodore van Loon,* & autres.

BARBERY, (J   ) a gravé dans le ftyle

de Poilly le portrait de Madame de Miramion, d'après *Mignard*. m. p. en h. &c. &c.

BARBIERE, (Dominique del) connu fous le nom de Domenico Fiorentino, naquit à Florence en 1501, & devint un habile peintre & un excellent ftucateur. Il travailla beaucoup fous le *Roffo*, aux ouvrages que ce dernier a faits en France, & grava quelques pièces d'après le *Primatice* & autres.

BARBIERI, (Jean-François) *dit* LE GUERCHIN, naquit à Cento dans le Bolonois, en 1590. La fécondité & l'élévation de fon génie, la fierté du deffin, la légéreté de la touche, la force du coloris, lui donnent un rang diftingué parmi les meilleurs peintres de fon école. Il mourut en 1666, à 76 ans. Nous ne connoiffons de fa gravure qu'un S. Jean & un S. Antoine de Padoue ; mais le nombre d'eftampes que l'on a gravées, tant d'après fes tableaux que d'après fes deffins, eft confidérable, & il augmente tous les jours. Bartolozzi eft celui qui l'a le mieux rendu.

BARBIERI, (Louis) duquel on connoît une pièce de fa compofition, & gravée par lui-même, repréfentant l'aveugle guéri. m. p. en h.

BARGAS, (Marc) né à Touloufe en 1659, a gravé plufieurs pièces à l'eau-forte, entr'autres,

Deux grands payfages hiftoriés, d'après *Pieter Bout*. &c.

BARLOW, (François) né à Cambridge en Angleterre, en 1649, a gravé diverses pièces à l'eau-forte, lesquelles représentent des animaux, ainsi que plusieurs sujets des fables d'Ésope, dont il a donné une édition.

BARNEY, (Joseph) graveur Anglois, duquel on connoît divers jeux d'enfants exécutés au pointillé, d'après *Hamilton*, &c.

BARNS, (   ) graveur Anglois, a gravé à Paris, en 1783, quelques paysages d'après *Vernet* & autres.

BARON, ou BARONIUS, (Jean) graveur né à Toulouse en 1631, *dit* LE TOLOSANO. Il a gravé à Rome,

La Peste. g. p. en t. d'après *le Poussin*.

Une petite Vierge, d'après *le Bernin*.

Plusieurs autres pièces, d'après divers maîtres.

BARON, (Bernard) graveur François, mort à Londres en 1766. On a de lui,

Jupiter & Antiope. g. p. en t. d'après *le Titien*, du volume de Crozat.

Charles I. Roi d'Angleterre, à cheval. g. p. en h. d'après *van Dyck*.

Le même, assis auprès de la Reine son épouse, qui tient son fils sur ses genoux. *id.*

La Famille du Comte de Nassau. *id.*

Des Joueurs aux cartes. m. p. en t. d'après *Teniers*, &c.

BARON, (Claude) né à Paris en 1738, élève de le Bas, duquel on connoit le portrait de M. de la Chalotais, du Comte de Buffon, & ainsi que quantité de planches qui se trouvent dans les volumes de Buffon.

BARONI, a gravé à Rome une Vierge & l'Enfant Jesus, d'après *le Poussin*, & Polyphême, d'après *P. Battoni.* m. p. en h.

BARRAS, (Sebastien) a gravé plus. planches en manière noire, qui se trouvent dans le vol. du cabinet d'Aguilles.

BARRET, (Georges) peintre de paysages, dont il a gravé plus. à l'eau-forte ; il étoit membre de l'académie de Londres où il mourut en 1784.

BARRI, (Jacques de) peintre né à Venise en 1614. On a de lui plusieurs eaux-fortes de sa composition, & d'après divers maîtres.

BARRIERE, (Dominique) né à Marseille en 1637, a gravé, à peu près dans le goût de la Belle, plusieurs jolis paysages & marines de sa composition, d'après *Claude le Lorrain*, & autres, ainsi que l'histoire d'Apollon en plusieurs pièces, d'après les tableaux que *le Dominiquin* & *le Viola* ont peints pour la ville Aldobrandine. On le confond souvent très-mal-à-propos avec Dominique del Barbiere, *dit* Domenico Fiorentino, dont il est parlé ci-devant.

BARROCHE, (Frédéric) excellent peintre,

natif d'Urbin où il mourut en 1612, à 84 ans. Il apprit les élémens de la peinture fous Baptiste Franco, Vénitien; mais il furpaffa bientôt fon maître, & fe perfectionna par l'étude du deffin de Raphaël, & du coloris du Correge. Il ne peignit gueres que des fujets de dévotion, parmi lefquels on eftime beaucoup fes Vierges. Il a gravé à l'eau-forte quelques pièces de fa compofition, dont voici celles que nous connoiffons.

Une Annonciation. g. p. en h.

Une petite Vierge tenant l'Enfant-Jefus. Cette pièce n'eft point finie par le bas.

S. François en extafe. g. p. en h & cintrée. C'eft fa pièce capitale

Le même Saint recevant les Stigmates. p. p. en hauteur.

BARTHE, (J. de la) peintre né à Rouen en 1730. Il a gravé plufieurs petits payfages à l'eau-forte, de forme ronde, de fa compofition.

BARTHOLOMÉ. *Voyez* BREENBERGH.

BARTOLET FLAMEL, (   ) peintre né à Liége en 1612, a peint aux Thuilleries un plafond, dont il a gravé quelques parties à l'eau-forte. Il eft mort dans fa ville natale en 1675.

BARTOLI, (Pietro-Sante) peintre & graveur du dernier fiecle, duquel on a un grand nombre d'eftampes à l'eau-forte, entr'autres,

Les actions de Léon X, d'après *Raphaël.*

L'Histoire de Constantin, d'après *Jules Romain.*

Les peintures dont *le Lanfranc* avoit fait les desfins, & qu'il se proposoit d'exécuter dans la loge de la bénédiction à S. Pierre, en une suite de pluf. m. ps en t.

S. Charles à genoux, accompagné d'un ange. p. p. en h. d'après *Antoine Carrache*, fils naturel d'Augustin. C'est la seule estampe que nous connoissions de ce maître, qui auroit pour le moins égalé tous les Carraches, s'il ne fut mort en 1618, à 33 ans.

Divers bas-reliefs antiques, tels que ceux des colonnes Trajane & Antonine, les peintures du tombeau de la famille des Nasoni, les lampes & sépulchres antiques, &c.

Nombre d'autres pièces d'après *Pierre Perugin, Polydore de Caravage,* les *Carraches,* l'*Albane,* P. *de Cortone, Pierre Teste, François Mola,* &c.

BARTOLOZZI, (François) habile graveur Italien, né à Florence en 1730, demeurant actuellement à Londres, On a de lui une grande quantité d'estampes très-recherchées des amateurs, & avec justice, tant pour la correction du dessin, que pour la gravure agréable qu'il fait allier dans tout ce qui fort de ses mains habiles, sçavoir :

Clytie changée en tourne-sol. g. p. de forme ronde, d'après *Annibal Carrache.*

Le

Le fommeil de l'Enfant-Jefus contemplé par fa mère, fujet connu fous le nom du Silence, d'après le même, lequel a déjà été gravé par *Henzelman*, ainfi que par *Picart* le Romain.

La Femme adultère. m. p. en t. d'après *Auguftin Carrache*

Une Circoncifion. g. p. en h. d'après *le-Guerchin*.

Une quantité d'autres pièces d'après des deffins du même maître, qui font en Italie & en Angleterre.

Le Dictateur Camille, venant délivrer Rome opprimée par Brennus. g. p. en t. d'après *Sebaftien Ricci.*

Une Sainte Famille. p. p. en t. d'après *Benedetto Lutti.*

Son œuvre eft très-confidérable. Son affiduité au travail, & fa promptitude à exécuter, ont produit un nombre prodigieux de morceaux précieux.

BARTSCH, (Adam) Allemand, a gravé à Vienne, depuis quelques années, à l'eau-forte, & dans la manière du Lavis, diverfes pièces d'après les deffins de différents grands maîtres, qui font partie de la riche collection de S. M. Impériale, dont il eft le gardien.

BARTSH, ( ) graveur duquel on a quelques eftampes, entr'autres,

Méléagre qui préfente à Atalante la hure du fanglier de Calidonie. m. p. en h. d'après *Rubens.*

BARY, (H.) très-habile graveur du

D

dernier fiecle, duquel on a plufieurs eftampes efti-mées, entr'autres,

Le portrait de Hugues Grotius. m. p. en h. d'après *Michel Janfon Mireveldt.*

L'Eté & l'Automne repréfentés dans une même eftampe par deux enfans, dont l'un tient une poignée d'épis de bled. p. p. en h. d'après *van Dyck*, faifant pendant avec le printems & l'hyver que Munichui-fen a gravé, auffi en une feule pièce, d'après *G. Laireffe.*

Le Portrait de l'amiral Tromp, vu jufqu'aux ge-noux. g. p. en h. d'après *Ferdinand Bol.*

Celui de l'amiral Ruyter. *id.* d'après le même.

Celui de l'amiral Vlugh. *id.* d'après *Barthelemi vander Helft.*

Diverfes pièces d'après d'autres maîtres, tels que *Terburg*, &c.

BASAN, (Pierre-François) graveur & mar-chand d'eftampes, né à Paris en 1723. Il s'occupa d'abord de la gravure, mais la vivacité de fon carac-tère, & la patience néceffaire pour ce talent, lui firent préférer le commerce; il lui donna toute l'ex-tenfion dont il eft fufceptible. On a de lui,

Un *Ecce Homo.* m. p. en t. d'après *Michel-Ange de Caravage*, du recueil de la galerie du Comte de Bruhl.

S. Maurice demie-fig. m. p. en t. d'après *Lucas Jordano*, de la même galerie.

Bacchus & Ariadne. m. p. en travers, d'après

le même, du recueil de la galerie de Drefde.

Diverfes copies de plufieurs eftampes rares, de Rembrandt, dont le bourguemeftre Six, &c. ainfi que plufieurs pièces qu'il a gravées dans la manière de ce maître.

Les Joueurs de cartes & le grimoire d'Hippocrate. deux m. p. en t. faifant pendans, d'après *Teniers*.

Le Chanteur gothique. m. p. en h. d'après *Both*.

La Jardinière *id.* d'après *Mieris*.

Nombre d'autres pièces d'après divers maîtres Flamands & autres, tels que *Poëlembourg, Terburg, Schouman, Oudry* &c.

BASIRE, (J.   ) graveur dont on connoît une très-grande eftampe en travers, avec beaucoup de figures, faite en 1771, repréfentant l'entrevue d'Henri VIII & de François I. à cheval, en Juin 1520, dans le champ de drap d'or, d'après le tableau qui fe conferve dans le château de Windfor en Angleterre.

Plufieurs pièces, d'après *le Guerchin* & autres.

BASTON, (T   ) graveur Anglois, dont on connoît pluf. marines en manière noire.

BAUDET, (Etienne) habile graveur au burin, mort en 1711, âgé de 73 ans. Il a gravé en Italie, & en France, nombre de pièces eftimées, d'après de grands maîtres; les principales font,

Le Martyre de S. Etienne. g. p. en t. d'après *Annibal Carrache*.

L'Hiftoire de Vénus &c. en 4 g. ps. en t. d'après *l'Albane*.

Les Quatre élémens. *id.* d'après le même.

Adam & Eve après leur péché. g. p. en h. d'après *le Dominiquin.*

- Moïse foulant aux pieds la couronne de Pharaon. g. p. en t. d'après *le Poussin.*

Le Frappement du rocher. *id.* d'après le même.

· Les Israëlites dansant autour du veau d'or. *idem.* d'après le même.

Plusieurs autres sujets & paysages d'après le même.

Le Denier de César. m. p. presque quarrée d'après *le Valentin,* du vol. du cabinet du Roi.

Plusieurs pièces d'après divers autres maîtres, tels que *Lanfranc, P. de Cortone, Seb. Bourdon, Louis de Boulongne,* &c.

BEAUDOUIN, (Simon-René) officier aux Gardes Françoises, & amateur moderne, a gravé à l'eau-forte,

Un Recueil, *in-folio,* contenant soixante trois pièces représentant diverses positions de l'infanterie Françoise en exercice.

Plusieurs Batailles d'après *Charles Parocel.*

Divers petits paysages d'après *Michaux* & autres.

BAUDUINS, (Antoine-François) né à Dixmude en 1676, a gravé plusieurs g. p. d'après *Vander Meulen,* &c.

BAUR, (Willem, *ou* Guillaume) très-habile peintre à gouasse ou sur vélin, naquit à Strasbourg en 1619. Il fut disciple de Brendel, & peignit ad-

mirablement le payfage & l'architecture ; fes ouvrages
font preuve de l'étendue & de la fécondité de fon
génie. Son œuvre, dont il a gravé une partie lui-
même, d'une pointe légère & facile, monte à plus
de 500 pièces ; on eftime fur-tout fes métamorphofes.
Il mourut à Vienne en 1640, à 30 ans. C'eft Melchior Kuffel qui a gravé le refte de cet œuvre.

BAUSE, (Jean-Frédéric) graveur né à Halle
en Saxe, en 1738, aujourd'hui établi à Léipfick,
a gravé diverfes pièces, entr'autres, une vieille qui
dévide du fil, d'après *G. Dow*. p. p. en h.

Arthemife, d'après *le Guide*. m. p. en h.

Vénus & l'Amour, d'après *C. Cignani*, de même
grandeur que la précédente.

Un fujet de trois têtes d'Apôtres, d'après *M. A.
de Carravage*.

Une quantité prodigieufe de portraits de perfonnages célèbres de l'Allemagne, dans tous les genres.

Il vint à Paris paffer quelques années, pour fe perfectionner, chez Wille.

BAZIN, (Nicolas) graveur au burin, du feizième fiecle, duquel on a quantité de fujets de dévotion, d'après divers maîtres. Ses pièces portent fon
nom, à caufe d'une grandeur qu'il a adoptée, &
fur laquelle il les a toutes gravées.

BEATRICI, *ou* BEATRICETTI, (Nicolas)
graveur au burin, né à Luneville en Lorraine, en

1570. Il a presque toujours travaillé à Rome ; il y est mort en 1631. On a de lui,

Le Sacrifice d'Iphigénie. m. p. en t. d'après *Perin del Vaga.*

. Un Christ, au pied duquel est la Sainte Vierge, S. Jean & la Madeleine. g. p. en hauteur d'après *le Mutien.*

Sainte Elisabeth, Reine de Hongrie, vêtue très-simplement, & secourant les malheureux. g. p. en h. d'après le même.

Plusieurs autres pièces, tant d'après les maîtres susdits, que d'après *le Giotto, Michel-Ange, Jules Romain*, &c.

BEAUMONT, (Eustache) graveur François, né en 1719, mort âgé de 50 ans, dont on a plusieurs estampes d'après divers maîtres, entr'autres,

Huit sujets de cavaliers en t. d'après *Wouvermans.*
Deux *ditto* en h.
N. B. Ces estampes portent son nom, mais il n'en a été que l'éditeur.

BEAUVAIS, (Nic. Dauphin de) graveur né à Paris, où il est mort en 1763, âgé de 75 ans. Il étoit élève de G. Audran, & gendre de Duchange. On a de lui,

Un des grands sujets de l'histoire d'Enée, peinte par Coypel au plafond de la galerie du Palais Royal, représentant la mort de Pallas.

La Vierge & l'Enfant-Jesus sur un piedestal, &

plufieurs Saints au bas. g. p. en h. d'après *le Correge*, du recueil de la galerie de Drefde.

La Madeleine au defert. m. p. en h. d'après *Benedetto Lutti*, du recueil de Crozat.

S. Jérôme. m. p. en t. d'après *van Dyck*, du recueil de la galerie de Drefde.

Le triomphe de Bacchus & d'Ariadne. m. p. en t. qu'il a gravé à Londres d'après *le Pouffin*.

Plufieurs autres pièces, d'après *le Sueur*, *le Brun*, &c.

BEAUVARLET, (Jacques-Firmin) célèbre graveur Francois, natif d'Abbeville en 1733. Il fut reçu à l'académie en 1765 ; le fini précieux de fon travail fait rechercher fes eftampes avec empreffement. **On a de lui**,

Le Jugement de Pâris, Acis & Galathée, l'enlèvement d'Europe, & celui des Sabines. 4 g. ps. en t. d'après *Lucas Jordano*.

Le combat de Perfée contre Phinée. m. p. en t. d'après le même, du recueil de la galerie de Drefde.

Loth. & fes filles. *id.*

Diane & Acteon. p. p. en t. d'après *Rottenhamer*.

Le Bourguemeftre. m. p. en h. d'après *Van Oftade*.

La toilette & le retour du bal. 2 m. ps. en h. faifant pendans, d'après *J. F. Detrcy*.

La chafteté de Jofeph. m. p. en t. d'après *Nattier*.

Sufanne au bain, faifant pendant d'après *Vien*.

Sacrifice à Cérès, & à Vénus. 2 m. ps. en h. d'après le même.

Les enfans du Comte de Béthune. m. p. en t. d'après *Drouais.* Cette eſtampe fait pendant avec celle qui repréſente les enfans du Prince de Turenne, gravée par Melini, d'après le même peintre.

La converſation & la lecture Eſpagnole, d'après *C. Vanloo.* deux g. p. en h.

L'hiſtoire d'Eſther en 7 grandes pièces d'après *Detroy.*

Télémaque dans l'Ile de Calipſo, d'après *Raoux.* g. p. en t.

Divers portraits, dont celui de Moliere. m. p. en hauteur.

M. de Pombal aſſis au bord de la mer. g. p. en travers d'après *Roſlin & Vernet.*

BECCAFUMI, (Dominique) *dit* MICARINO, habile peintre en hiſtoire, né dans le territoire de Sienne, en 1484. Il s'eſt rendu célèbre par ce fameux morceau en pierres de rapport qui forme le pavé de Sienne, & dont on a des eſtampes. Il avoit beaucoup de génie & de feu ; il a gravé pluſieurs eſtampes en clair-obſcur, qui ſont de toute beauté. Il mourut à Gênes en 1549,, à 65 ans.

BECKET, (Iſaac) graveur Anglois en manière noire, il vivoit à la fin du dernier ſiecle. On a de lui pluſieurs ſujets & portraits d'après divers maitres, tels que *van Dyck, Kneller, N. Loir,* &c.

BEGA, (Corneille) peintre né à Harlem en 1600, fut élève d'Adrien Van Oſtade, dont il imita le goût

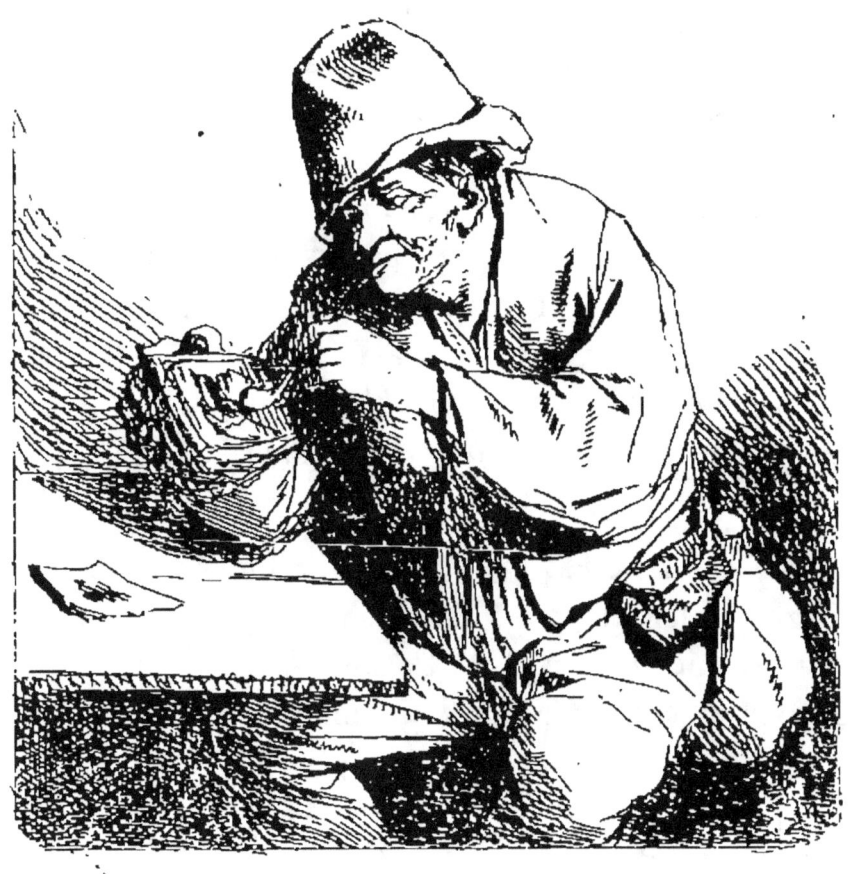

Page 56

& la manière. Il mourut en 1664. On a de lui plusieurs bambochades à l'eau forte, de sa composition, entr'autres,

Une suite de 34 petits sujets de tabagie.

BEHAM *ou* BEHM, (Jean Sebalde) que la plûpart des François nomment mal-à-propos HISBENS, étoit peintre & graveur, & florissoit à Nuremberg vers le milieu du quinzième siecle. On a de lui plusieurs petites estampes en cuivre & en bois, que les amateurs recherchent avec soin. Il ne faut pas le confondre avec Barthelemi BÉHAM *ou* BEHM, aussi de Nuremberg, qui vivoit dans le même siecle, & dont on a plusieurs gravures qu'il a faites en Allemagne, ainsi qu'en Italie, où l'on prétend qu'il travailloit pour Jérôme Cock. *Voyez* M. Huber, page 75 de sa notice.

BEICK *ou* BEICH, (François Joachim) habile peintre paysagiste, né à Ravensburg en 1765, & mort à Munich en 1748, à 85 ans. Il a gravé à l'eau-forte plusieurs paysages de sa composition.

BEISSON, (   ) élève de Wille, a gravé en 1787, le messager d'amour, d'après *Bounieu*. p. p. en h.

BELGA, (Jacob Bos) a gravé deux demies fig. de femmes, l'une vieille, tenant une tablette alphabétique, l'autre jeune avec une inscription Italienne, *la Vecchia Rimbambita*, &c.

BELLA, (Etienne de la) très-habile graveur à l'eau-forte, né à Florence en 1610. Son père, qui étoit orfévre, voyant le goût déterminé de son fils pour la gravure, le mit aussi-tôt chez Canta Gallina, dont il devint l'élève, ainsi que Callot. Il imita d'abord la manière de ce dernier, mais il l'abandonna bientôt pour s'en faire une particulière. Personne n'a surpassé cet excellent artiste, pour la finesse & la légéreté de la pointe; sa touche libre, facile, sçavante & pittoresque, rend ses estampes si pleines de goût, d'esprit & d'effet, qu'il doit être regardé comme un modèle de perfection pour la gravure en petit; d'ailleurs ses têtes sont remplies de noblesse, d'un beau caractère, & ses figures sont bien dessinées. Il a gravé des sujets d'histoire, des batailles, des chasses, des paysages, des marines, des animaux & des ornemens d'un goût exquis. Quoique cela prouve qu'il étoit doué de beaucoup d'imagination, l'on ne peut toutefois point dire qu'il eut le génie aussi fécond que celui de Callot. Il travailla pendant plusieurs années à Paris pour le compte des marchands d'estampes & particulièrement pour Israël Henriet, des planches duquel Israël Sylvestre hérita par la suite. La Belle étant retourné en sa patrie, obtint une pension du Grand-Duc, & fut choisi pour montrer le dessin à Cosme II, fils de ce prince. Il mourut à Florence en 1664, à 54 ans. Son œuvre consiste en plus de 1400 pièces dont voici les plus recherchées:

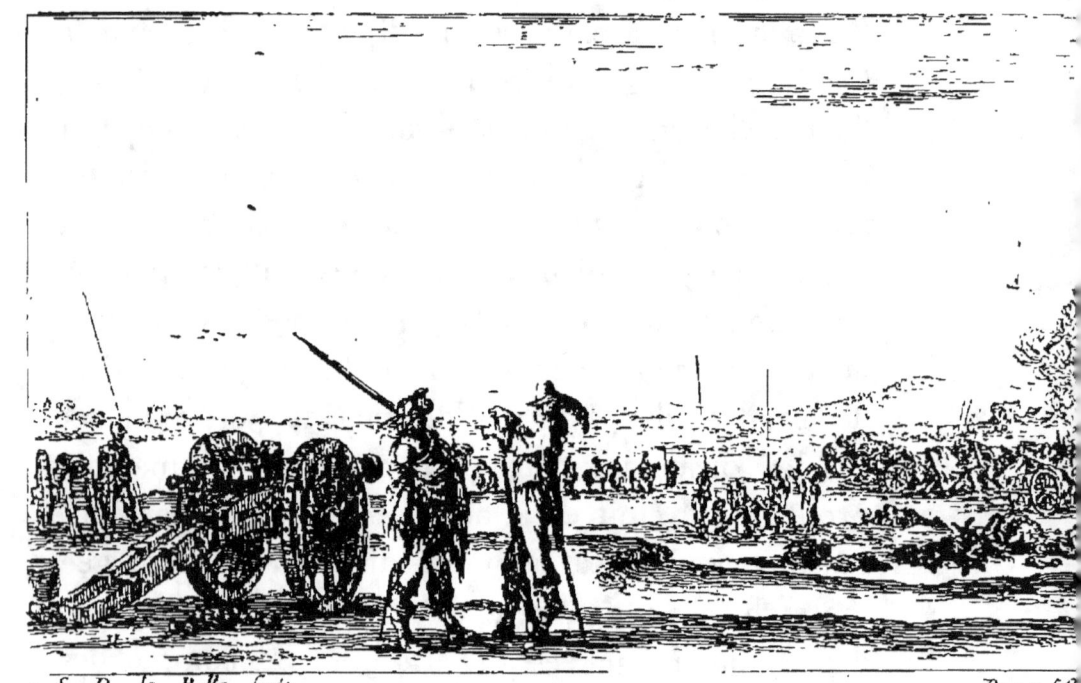

S.D. la Bella fecit

Le repofoir. g. p. en t. difficile à trouver belle épreuve.

Le S. Profper. m. p. en t.

La vue du pont-neuf. g. p. en t. dont les premières épreuves font avant la girouette, que l'on a ajoutée fur le clocher de S. Germain l'Auxerrois.

Le Parnaffe. m. p. en h.

Le Rocher. *id.*

Une fuite de cinq petits fujets en h. repréfentant la mort qui enlève les humains à tout âge.

Les vues de Livourne, en 6 m. p. en t.

Le vafe de Médicis. m. p. en h.

Différentes fuites d'animaux, chaffes, payfages, ornemens, &c.

BELLANGE, (Jacques) mauvais peintre, & encore plus mauvais graveur du dernier fiecle; il apprit les principes du deffin, de Claude Henriet, peintre médiocre, natif de Châlons, & établi à Nancy. Il a gravé à l'eau-forte plufieurs pièces de fa compofition, où l'on trouve beaucoup plus de bizarrerie que de jugement, très-peu de correction, & un très-mauvais goût de gravure.

BELLANGER, (Jean-Antoine) amateur, réfident à Paris. Il a gravé à l'eau-forte,

La Multiplication des pains, & l'école d'Athènes, avec une grande quantité de fig. dans le genre de le Clerc. 2 p. ps. en t. & divers autres fujets de fa compofition, où l'on remarque beaucoup de goût, d'intelligence & de correction.

BELLEJAMBE, (Pierre) natif de Rouen, en 1752, a gravé l'amour s'endormant fur le fein de Pfiché, d'après *Renaud*, m. p. en t. ovale, &c. &c.

BELLI, (Jacques) natif de Chartres, a gravé dans le dernier fiecle, en Italie, plufieurs pièces, d'après *Annibal Carrache* & autres.

BELLICARD, (　　　　) architecte François, a gravé, étant à Rome, en 1750, plufieurs vues des monumens de cette capitale du monde chrétien, la loge des changes de Lyon, d'après *Souflot*. m. p. en t. ainfi que pluf. projets de tombeaux.

BELLOTO, (Jean) furnommé Canaletta. Il étoit neveu de Canalle; il a gravé un nombre de vues de Drefde & des environs, dans le ftyle de fon oncle. *Voyez* Canaletti.

BELMOND, (Jean-Antoine) né à Troyes en Champagne en 1696, fut éléve de Poilly; il fe fixa à Turin, où il grava plufieurs vues de la maifon de plaifance de S. M. la Reine de Sardaigne, près de Turin. &c.

BENARD, (　　　) graveur François. Il n'eft connu par aucun morceau de conféquence, mais bien par une immenfité de planches dont il a été l'entrepreneur, pour les vol. de l'encyclopédie, & autres de cette nature.

BENASCHI, (Jean-Baptiste) peintre piémontois, né en 1636. Il fut élève de Pietro del Pò. Il mourut à Naples en 1690, à 54 ans. Il a gravé à l'eau-forte,

Une Sainte Famille. m. p. en h. d'après *Dominique Cerini*, son contemporain & son ami.

BENAZECH, (Pierre)graveur Anglois, élève de Vivarès, a gravé à Paris plusieurs grands paysages, d'après *Vernet*, *Lucatelli*, *Dietricy* & autres. Il est maintenant de retour à Londres.

BENEDETTE. *Voyez* CASTIGLIONE.

BENOIST, (Jérôme) né à Soissons en 1721, a gravé divers sujets de batailles, de sa composition; il a passé bien des années à Londres, occupé pour des libraires ; il y est mort en 1770.

BENOIST, (   ) a gravé une suite de petites vues d'Alençon, d'après ses dessins.

BENOIST, (Guillaume-Philippe) né en 1725 dans le diocèse de Coutances, a gravé à Paris, d'après *Julien de Parme*, Jupiter. & Junon. m. p. en h.

Betzabée au bain, d'après *Bounieu. id.*

Plusieurs petits portraits d'hommes illustres, in-8o.

BENSI, (Jules) peintre & architecte né à Gênes en 1631, & mort en 1668. Il a gravé plus. pièces de sa composition à l'eau-forte.

BERARDI, (Christophe) natif de Bologne, élève

de Zocchi, d'après lequel il grava les vues de Florence & des environs.

BERCKENS, (Mathieu) né à Anvers en 1624. On a de lui plusieurs estampes au burin d'après *Rubens* & autres maîtres qui font pour la plûpart des copies.

BERGE, (   ) a gravé dans le dernier siecle plusieurs estampes, qui font partie de l'œuvre de Lairesse.

BERGER, (Daniel) né à Berlin, duquel on connoît plusieurs morceaux de la galerie de Sans-Souci, &c. &c.

BERGH, (Nicolas van den) demeurant à Anvers, a gravé à l'eau-forte quelques pièces d'après *Rubens*.

BERGHEM, (Nicolas) très-habile peintre de paysages & d'animaux, naquit à Amsterdam en 1624. Il travailla successivement sous Van Goyen, Moyaert, Grebber & Wœuninx, qu'il surpassa tous. La richesse de la composition, le charme du coloris, les effets piquans de lumière, la vérité & la légèreté du ciel, l'art & l'esprit avec lesquelles il savoit dessiner & peindre les animaux, font les qualités que l'on remarque dans ses ouvrages, & qui les rendent dignes de l'admiration de tous les connoisseurs. Il mourut en 1683, à cinquante neuf ans. L'on a environ une cinquantaine d'estampes de sa composition, qu'il a gravées de fa main, & où l'on remarque le même efprit que dans fes tableaux, dont voici les principales :

Une moyenne pièce en t. où fe voit une femme qui fe lave les pieds dans un ruiffeau, & derrière elle, un homme appuyé fur un bâton. Il y a de l'autre côté divers animaux près d'une ruine.

Un joli petit payfage en t. où fe voyent deux vaches couchées, & une autre debout.

Cinq petits fujets en h. portant la date de 1652, & faifant pendans. L'on voit dans l'un de ces morceaux, une payfanne qui file, & à côté d'elle, un berger affis qui joue de la flûte.

Quatre petits fujets en t. & faifant pendans, dans l'un defquels il y a un âne debout, & plufieurs animaux couchés.

Un petit fujet repréfentant divers animaux, au milieu defquels fe voit une vache qui piffe, &c.

Diverfes fuites de p. ps. en t. répréfentant des moutons & des chèvres, en différentes attitudes.

BERLINGIERI, ( ) duquel on connoît divers petits payfages, à l'eau-forte,

BERNARD, (le Petit) très-habile graveur en bois, du feizième fiecle, dont on eftime particulièrement les figures de la Bible. Il demeuroit à Lyon où il travailla beaucoup pour les libraires de Tournes & Rouville.

Il a aussi gravé une suite de figures pour les métamorphoses d'Ovide.

BERNARD, (Samuel) peintre en miniature, né à Paris en 1615, & mort en 1687, à 72 ans. Il a gravé quelques pièces à l'eau-forte, entr'autres,

Attila, effrayé par une vision, promet au pape S. Léon de ne pas faire le siège de Rome. m. p. en t. d'après *Raphaël*.

Astianax découvert par Ulisse dans le tombeau d'Hector. g. p. en t. d'après *le Bourdon*.

BERNARD, (   ) graveur en manière noire, duquel on a plusieurs pièces d'après divers maîtres, entr'autres,

Une Nativité, d'après *Rembrandt*. m. p. en h.

Un Paysage, d'après *Jean Forest*.

BERNIGEROTH, (Jean - Martin) graveur mort à Leipsick en 1733, a exécuté en 1751 &c. &c. divers portraits dont celui de Henry de Barckans, peint en 1747 par F. Lippolt, qui a cherché à imiter Rigaud; il a copié une partie de la composition du portrait de S. Bernard dans celui-ci.

Le portrait de *Chrisl. Godofr. Moerlinus*, *doctor*. d'après *Hausmann*.

BERRAIN; (Jean) dessinateur & graveur François. Son œuvre consiste en décorations & ornemens de toute espèce, dont on peut former un volume *in-fol*. Il en a gravé lui-même plusieurs. Il est mort à Paris en 1711, dans un âge fort avancé.

BERSENEW,

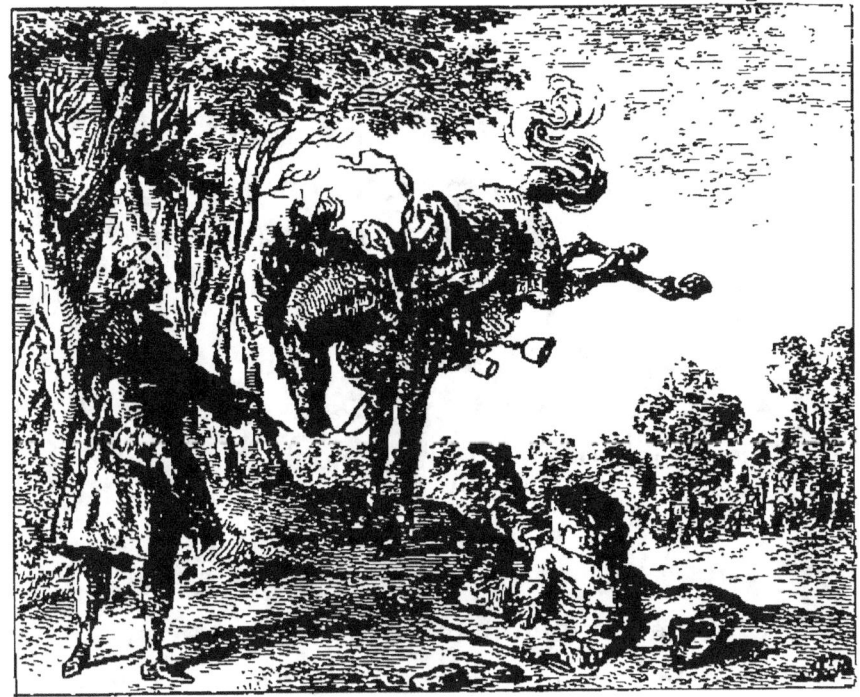

Pierron sculp.

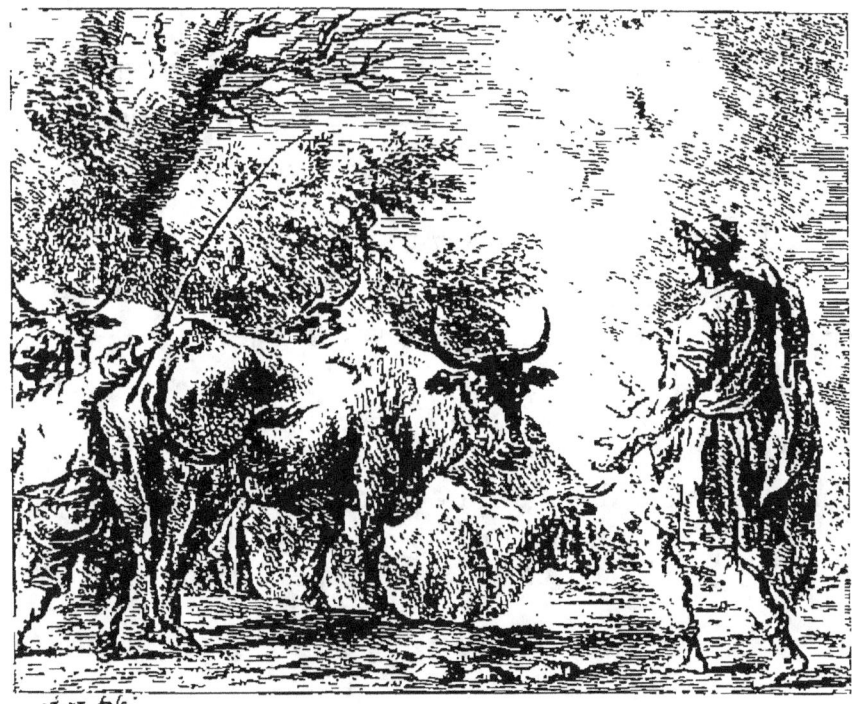

BERSENEW, (Jean) Ruffe, né en Sibérie en 1762, a gravé à Paris en 1787, une pièce d'après *le Dominiquin*, de la galerie du palais royal, & plufieurs autres pièces de la même fuite.

BERTAUD, (R. Mademoifelle) élève de Saint Aubin & de Choffard, a gravé plufieurs payfages & marines, d'après *Vernet*, dont, la barque mife à flot, &c.

BERTAULX, ( ) deffinateur & graveur. On voit de lui une quantité de planches dans le voyage d'Italie, dont il a gravé les figures avec efprit & goût, dans le genre de Callot

BERTELLI, (Lucas) ancien graveur, duquel on a plufieurs pièces, d'après *Michel-Ange*, *le Titien*, *le Correge*, &c.

BERTHAULT, ( ) amateur réfidant à Orléans, a gravé, pour fon amufement, plufieurs fujets à l'eau-forte.

BERTHAULX, (Pierre) graveur, qui en 1786 & 87, a fait paroître plufieurs vues intérieures de Paris, affez bien rendues, d'après *le Chevalier de Lefpinas*.

BERTHEZ, (jeune graveur dont on connoît quelques vignettes dans la fuite du cabinet des fées.

BERVIC, (Charles-Clément) né à Paris en

E

1756, élève de Wille, reçu à l'académie royale en 1784, a gravé avec succès,

Le Repos, d'après *Lepicié*. m. p. en h.

La Demande acceptée, d'après le même. g. p. en travers.

Le portrait de Linnée, célèbre botaniste Suédois, d'après *Roflin*, de forme in-4°.

Celui de M. de Senac de Meilhan, d'après *Dupleffis*. g. p. en h.

Celui de Louis XVI, d'après *Callet*. grand format, de la grandeur de Louis XIV, en pied.

BESOZZI *ou* BEZUTIUS, (Ambroise) peintre né à Milan en 1648. Après avoir travaillé quelque tems fous Jofeph Danedi, dit *le Mantalto*; il alla à Rome, où l'étude de l'antique, celui des tableaux des grands maîtres, & l'école de Cyro-Feri achevèrent de le perfectionner. Il excelloit fur-tout à peindre l'architecture, les frifes, les bas-reliefs & autres genres de décoration. Il mourut à Milan en 1706, à 58 ans. Il a gravé quelques pièces à l'eauforte, entr'autres,

L'Apothéofe d'une Princeffe, dont le bufte eft gravé par Bonacina. m. p. en h. d'après *Cæfar Fiori* ou *de Fioribus*.

BETTELINI, (Pierre) graveur Italien, né près de Lugano, a paffé plufieurs années à Milan & à Bologne chez Gandolfi; de-là il a féjourné 3 ans à Londres chez Bartolozzi, où il a gravé en 1786, divers petits fujets, dans la manière Angloife, pointillée d'après *Ang. Kauffmann*. & autres.

BETTINI, (Pierre) Romain. On a de lui quelques eftampes, entr'autres,

Le Martyre de S. Sébaftien. g. p. cintrée, d'après le tableau du *Dominiquin*, que l'on voit dans l'églife de S. Pierre du Vatican.

BICHARDIERE, (Mademoifelle de la) a gravé à Paris en 1785, quelques payfages & fujets, d'après *le Prince & Huet*; elle eft morte en 1786.

BIE, (Jacques & Théodore de) *Voyez* BYE.

BIGNON, (François) peintre & graveur du Roi, né à Paris en 1640, duquel on a les portraits des plénipotentiaires de la paix de Munfter, en 35 planches. g. *in-4°*.

Ceux des illuftres François, conjointement avec Heince, d'après les tableaux que *Vouet* avoit peints dans une galerie du Palais Royal, qui fut détruite en 1737.

BIKHAM, (George) graveur Anglois, né à Lincoln en 1722, duquel on a

La paix, la guerre, l'âge d'or & l'âge de fer, fymbolifés par des figures & des trophées. g. p. en t. d'après le carton que *Rubens* avoit peint pour une tapifferie.

Diverfes copies d'eftampes de *Rembrandt*. &c.

BILLY, (Antoine & Nicolas) frères qui ont

E ij

gravés à Rome beaucoup de fujets de dévotion, d'après différens grands maîtres Italiens, ainfi que diverfes planches qui fe trouvent dans les vol. d'Herculanum.

BINCK, (Jacques) graveur, natif de Cologne, en 1520. Il alla en Italie, où il a gravé au burin plu-fieurs eftampes, tant de fa compofition que d'après *Raphaël* & autres. Il y a des perfonnes qui prétendent qu'il a aidé Marc-Antoine dans les gravures que ce dernier a faites d'après Raphaël. Parmi les eftampes qu'il a gravées fur fes propres deffins, l'on compte,

Une pièce allégorique repréfentant des femmes qui forgent un cœur, emblême de Bilibard Pecheymer. p. p. en h. avec la date de 1529.

Une Frife où font des enfans qui rempliffent une cuve de raifins. p. p. en t.

Le Portrait de Luc Caffel, peintre. p. p. en h.

Plufieurs autres petites pièces, que l'on place parmi celles des petits maîtres.

Il eft mort à Rome en 1560.

BINET, (Louis) élève de Beauvarlet, né à Paris en 1744, lequel a donné plufieurs pièces d'après *Parrocel*, *Vanloo* & autres, ainfi que divers fujets pour les Métamorphofes d'Ovide. *in 4º*. & autres ouvrages de ce genre, d'après *Gravelot*. &c.

BIOSSE, (G. L.) jeune graveur dont on con-noît plufieurs vignettes dans l'ouvrage du cabinet des fées, dont Cuchet Libraire eft éditeur.

BIRCKAERT, (   ) a gravé le martyre de 40 Jéfuites Portugais, d'après *le Bourguignon*, &c.

BISCAINO, (Barthelemi) habile peintre en hiftoire, né à Gênes en 1622, fut élève de fon père & de Valerio Caftelli. L'élégance, la beauté de fes figures & la finefle de fa touche font rechercher fes tableaux Il fut une des victimes qui affligèrent Gênes en 1657, n'ayant encore que 25 ans. Il a gravé à l'eau-forte plufieurs de fes compofitions, qui font prefque toutes des fujets de dévotion, parmi lefquelles on diftingue,

Une Nativité. m. p. en h.

Une Adoration des Rois. *idem.*

Une Circoncifion. *idem.*

Une Bacchanale. *idem.*

BISEMONT, (le Comte de) amateur réfidant à Orléans, a gravé, pour fon amufement, depuis 1786, divers fujets & payfages à l'eau-forte, au Lavis & en bois, d'après *Robert* & autres.

BISI, (Frère Bonaventure) religieux de l'ordre de S. François, fut élève de Lucio Maffari, & réuffit à copier en petit les ouvrages du Guide & d'autres maîtres. Il mourut en 1662. On a de lui quelques gravures à l'eau-forte, d'après *le Parmefan, le Guide* &c.

BISSCHOP *ou* BISCHOP, (Jean de) peintre & deffinateur né à la Haye en 1646. Il n'eut d'autre maître que lui-même, & travailla beaucoup à Amſterdam, où il mourut en 1686, à 40 ans. On a de luï quelques gravures à l'eau-forte, entr'autres

La Samaritaine. g. p. en hauteur, d'après *Annibal Carrache.*

Joſeph adminiſtrant les biens de l'Egypte. g. p. en t. d'après *Bartholomé Breemberg.*

Le Martyre de S. Laurent, pendant du précédent, d'après le même.

Un livre d'après des deſſins de grands maîtres, ſuivi d'un recueil de ſtatues antiques, *in-folio.*

BLACKMORE, (J.) graveur en manière noire, demeurant à Londres, duquel on a pluſieurs pièces d'après *Reynolds* & autres.

BLAKE, (W.) a gravé à Londres en 1784 &c. divers ſujets à la manière pointillée, d'après différens artiſtes Anglois.

BLANCHON, (Jean-Guillaume) né à Paris en 1743; élève d'Aliamet, a gravé quelques payſages d'après *la Croix,* &c &c.

BLEEK, (Pieter van) graveur en manière noire, mort à Londres depuis quelque tems. On a de ſa main,

Griffin & Johnſon, ſcène de comédie. m. p. en h. de ſa compoſition.

Le portrait de François Flamand, ſculpteur célèbre. p. p. en h. d'après *Van-Dyck.*

Celui de Rembrandt. p. p. en h. dans une bordure ovale, d'après *Rembrandt* même.

Celui d'Ellen Gwinn. p. p. en h. d'après *Lely.*

Une Vierge. m. p. en h. d'après *le Chevalier van-der Werff.*

Plufieurs autres morceaux, d'après divers maîtres.

BLEKER, (J. G.) peintre Flamand, né en 1608, a gravé à l'eau-forte plufieurs fujets de fa compofition, ainfi que,

Un Chrift, au bas duquel font la Vierge, S. Jean & les faintes femmes; & dans le haut, deux anges qui pleurent. m. p. en h. d'après *Corneille Poelembourg.*

Les Lyftriens voulant facrifier à S. Paul & à S. Barnabé. m. p. en t. d'après le même, avec la date de 1638.

BLESSENDORFF, (Samuel) Suédois, a gravé dans le dernier fiècle,

Le portrait de Charles XII, Roi de Suède, p. p. en h. très-proprement exécuté.

Divers autres portraits de perfonnes illuftres de Suède & de Dannemarck.

BLOEM *ou* **BLOEMEN**, (Pieter van) *dit* ORISONTE. On a de lui quelques gravures à l'eau-forte, de fa compofition; entr'autres,

Quatre Payfages. ps. ps. en h.

BLOEMAERT, (Corneille) très-habile graveur, naquit à Utrecht en 1603, ou felon quelques-uns, en 1606. Il apprit de fon père les premiers élémens du deſſin & de la peinture ; mais il abandonna bientôt cette dernière, pour s'appliquer uniquement à la gravure, pour laquelle il avoit un goût & des diſpoſitions extraordinaires. Il travailla d'abord ſous Criſpin de Pas, & ſe rendit enſuite à Rome où s'étant perfectionné, il trouva à propos de ſe fixer. Il y mourut dans un âge fort avancé. On a de ce célèbre artiſte un très-grand nombre d'eſtampes, où il a ſu rendre avec autant de propreté que d'exactitude & d'agrément, le gout & la manière des différens maîtres, d'après leſquels il a gravé. Voici quelques-unes de ſes principales pièces :

L'adoration des Bergers. g. compoſition en travers, d'après *Raphaël.* On voit dans cette eſtampe le portrait de celui qui poſſédoit le tableau.

Une Sainte Famille m. p. en h. d'après *le Parmeſan.*

Une Sainte Famille. m. p. en h. d'après *Annibal Carrache.* Cette eſtampe eſt connue ſous le nom de *la Vierge aux Lunettes,* parce que S. Joſeph tient à la main une paire de lunettes.

Sainte Marguerite appuyée ſur un piédeſtal, & foulant aux pieds un dragon. p. p. en h. d'après le même.

La Sainte Vierge adorant l'Enfant-Jeſus, endormi. m. ſujet en rond, d'après *le Guide.*

Saint Pierre reſſuſcitant Tabite, veuve illuſtre de Joppé. m. p. en t. d'un effet admirable, d'après *le Guerchin.* C'eſt ſans doute par inadvertance que Gerfaint & quelques-autres ont annoncé ce fujet pour la mort de la Vierge.

Une adoration des Bergers. m. p. en h. d'après *P. de Cortone.*

Divers jolis fujets pour un miffel. p. ps. en hauteur d'après *Cyro - Feri* & autres maîtres.

Les quatre Pères de l'Eglife. g. p. en h. d'après *Abraham Bloemaert.*

Une fuite de petits fujets, d'après le même, dont le moutardier, &c.

Méléagre qui préfente à Atalante la hure du fanglier de Calidonie. p. p. en h. d'après *Rubens.*

La chafteté de Jofeph. p. p. en t. d'après *Blanchard.*

Quantité d'autres fujets, tant d'après la plûpart des maîtres fufdits, que d'après *le Titien, André del Sarte, Jules Romain* & autres.

BLOEMAERT, (Frédéric) graveur du dernier fiècle, de la même famille que le précédent. Il a gravé diverfes fuites de figures, payfages & animaux, d'après *Abraham Bloemaert,* &c. mais il s'en faut beaucoup qu'il ait égalé Corneille.

BLONDEAU, (Jacques) né à Langres en 1649, dont on a plufieurs eftampes au burin, entr'autres, une partie des peintures de *P. de Cortone,* dans le palais Pitti à Florence ; le refte étant gravé par Spierre, Bloemaert, Clouet & autres.

BLOT, (Maurice) né à Paris en 1754, élève

d'Aug. de Saint Aubin, a gravé plufieurs morceaux du cabinet de le Brun.

L'Abbé de Gery, chanoine-régulier de la congré-gation de Sainte Genevieve.

Le Verrou, d'après *Fragonard*. m. p. en t.

La Promeffe de mariage qui y fait pendant.

Les Portraits du Dauphin & de Madame Royale, enfants de Louis XVI, enfemble dans une même planche, d'après le tableau de Madame *le Brun*.

BLOTELING, (A.) très-habile graveur au burin & en manière noire, natif d'Amfterdam en 1634. On a de lui plufieurs eftampes eftimées, en-tr'autres,

Le Portrait du Marquis de Mirabel. p. p. en h. d'après *van Dyck*.

Celui de l'Amiral Kortenaer. g. p. en h. d'après *Bartholomé van der Helft*.

Celui de M. Moelman, Anglois, à cheval. Cette pièce eft connue fous le nom du cavalier par Blo-teling, dont Netfcher a peint la figure, & Wouver-mans le cheval. g. p. en h.

Un Berger qui joue de la flûte auprès d'une ber-gère, laquelle tient une couronne de fleurs m. p. en h. d'après *Flinck*.

Diverfes autres pièces, d'après *Rubens*, *François Mieris*, *Lely*, &c.

B O C H E R, (Jacques-Antoine) a gravé le por-trait de Joach. Mulberger, théologien proteftant.

BOCKOLT, (François van) Flamand, du quinzième siècle, à qui on attribue en Allemagne l'invention de la gravure ; on connoît de lui différentes estampes.

BOCQUET, (Nicolas) graveur de ce siècle, duquel on a quelques estampes, entr'autres,

S. Bruno à genoux & incliné devant une croix, au pied de laquelle est un livre. g. p. en t. d'après *Bon de Boulongne*

BODENEHR, (   ) Saxon, a gravé en 1695 le portrait du Comte Ernst Dietrich de Taube, *in-folio*, d'après *Appelstadt*.

Ils sont plusieurs du même nom. On connoît divers sujets de cavalerie, d'après *Rugendas*, qui portent ce nom.

BOECE, (Christian - Frédéric) graveur né à Léipsick en 1706, & mort à Dresde en 1778. On a de lui,

Une Femme tenant un pot à anse, dans lequel sont des charbons qu'un garçon souffle, & dont la flamme est la seule lumière qui éclaire ce sujet. m. p. en h. d'après *Rubens*, du recueil d'estampes de la galerie de Dresde.

Plusieurs sujets d'après *Teniers*, *Wouvermans*, *Karle du Jardin* & autres, tant dans le recueil de la galerie du Comte de Bruhl, qu'ailleurs.

BOEL, (Pierre) habile peintre d'animaux, de fruits & de fleurs, naquit à Anvers en 1623. Il fut difciple de Snyders, dont il époufa la veuve ; mais avant fon mariage, il voyagea en Italie, où il joignit fon oncle Corneille de Wael, & retourna par la France où il fut fort employé & mourut en 1698. On a de lui quelques eftampes à l'eau-forte, de fa compofition, repréfentant divers animaux.

BOEL, (Coryn) graveur né à Anvers en 1634, de la même famille que le précédent. On a de lui,

Les batailles de Charles-Quint, en 8 m. ps. en t. d'après *Tempefte*.

Plufieurs pièces d'après *le Correge*, *Michel Ange* & autres, dans le cabinet de Teniers.

BOGERTS, (C.) a gravé plufieurs vues de la ville d'Amfterdam, &c.

BOILY, (Louis) né à Paris en 1735, réfidant actuellement à Naples en qualité de graveur du Roi. Son frère Charles, né à Paris en 1736, fa fœur Anne, femme le Fort, née en 1738, a auffi gravé, ainfi que fes frères, d'après différens maîtres, & font tous trois élèves de Lempereur, graveur du Roi.

BOISSIERE, (Simon de la) a gravé de fa compofition,

La mort d'un Prince environné de toute fa cour. g. p. en t.

La fuite des médailles antiques du cabinet du Roi, *in-folio*.

Divers plans, coupes & élévations de différentes maisons royales de France.

BOISSIEU, (J. J. de) amateur né à Lyon en 1725, a peint plusieurs sujets dans le genre d'Ostade, & quelques portraits ; il a dessiné nombre de paysages & vues, qu'il a gravés très-pittoresquement avec goût & soin, ainsi que quelques autres pièces d'après divers maîtres. Son œuvre est composé de plus de 50 morceaux très-intéressans ; parmi lesquels on distingue le charlatan, d'après un tableau capital de K. du Jardin qui fait partie de la superbe collection du Roi de France

BOITARD, ( ) duquel on connoît diverses vignettes & autres sujets de peu de conséquence.

BOIVIN, (René) né en Anjou en 1598, a gravé au burin Enée sauvant son père, d'après maître *Roux*, & différentes autres pièces.

BOIZOT, (Marie-Louise-Antoinette) née à Paris en 1748, élève de Flipart. On a d'elle quelques estampes, entr'autres,

Les portraits de Louis XVI, de la Reine & des autres Princes & princesses de la maison royale de France. p. p. en h.

La Liseuse. p. p. en h. d'après *Greuze*.

BOL, (Ferdinand) peintre & graveur, né à Dordrecht, & mort en la même ville en 1681. Il eut pour maître le célèbre Rembrandt, dont il imita la manière, tant dans ses tableaux, que dans les estampes qu'il a gravées, dont voici les principales :

Le sacrifice d'Abraham. g. p. en hauteur de sa composition.

S. Jérôme assis dans une caverne, & tenant un crucifix. p. p. en h. & cintrée. *id.*

Un Philosophe, à demie-figure, tenant un livre, & ayant près de lui une sphère, p. p. en h. *id.* &c.

BOLOGNESE, (le) *Voyez* JEAN-FRANÇOIS GRIMALDI.

BOLOGNINI, (Jean-Baptiste) peintre né à Bologne en 1611, fut un des meilleurs élèves du Guide, & suivit constamment la manière de son maître. Il mourut en 1688, à 77 ans. Il a gravé quelques pièces à l'eau forte, entr'autres,

Le Massacre des Innocens. m. p. en h. d'après *le Guide.*

S. Pierre recevant les clefs. m. p. en h. d'après le même.

Bacchus & Ariadne. g. p. en t. & en trois feuilles, *idem.*

Plusieurs autres sujets d'après le même maître, &c.

BOLSWERT, (Boëce) habile graveur au burin, marchand d'estampes à Anvers, contemporain de Rubens, & originaire de Bolswert en Frise. Il étoit fils d'Adam A. Bolswert, que l'on prend très-mal-à-propos pour un graveur, parce que l'on trouve sur plusieurs estampes, *B. Adams*, ou *B. A. Bolswert,* ou telles autres marques à peu près semblables, dont Boëce usoit quelquefois, & qui en Flamand signifient toutes, *Boëce, fils d'Adam.* Cet artiste a gravé un grand nombre de pièces, dont voici les principales:

Une Nativité. g. composition en h. d'après *Abraham Bloëmaert.*

Plusieurs paysages avec des animaux, p. ps. en t. d'après le même.

Jesus-Christ chez Marie & Marthe. g. p. en t. d'après *J. Goiemar.*

Le Jugement de Salomon. g. p. en travers d'après *Rubens.*

. La Résurrection du Lazare. g. p. en h. d'après le même.

La Cêne. g. p. en h. *id.* Cette estampe prouve par la beauté & par l'intelligence avec laquelle elle est gravée, que Boëce A. Bolswert a égalé quelquefois son frère Schelte, dont nous allons parler.

BOLSWERT, (Schelte A.) frère puîné du précédent, & très-habile graveur au burin, duquel on a un grand nombre d'estampes fort estimées, d'après divers maîtres, & sur-tout d'après *Rubens*, des tableaux duquel il a sçu rendre, avec toute l'intelligence possible, le goût & les grands effets. La liberté avec laquelle cet excellent artiste a sçu allier le burin avec l'eau-forte, dans les sujets d'histoire qu'il a gravés, feront toujours l'admiration des connoisseurs, & le rendent digne d'être compris dans le petit nombre des graveurs d'histoire qui voudront rendre leurs ouvrages aussi utiles qu'agréables, & acquérir une réputation aussi durable que bien méritée. Voici les principales de ses estampes :

Le Serpent d'airain. g. p. en t. d'après *Rubens*.

Le Mariage de la Vierge. m. p. en h. d'après le même.

La Nativité du Sauveur. m. p. en h. *id.*

L'Adoration des Rois m. p. en h. *id.*

Le Festin d'Hérode, où la fille d'Hérodias présente à sa mère la tête de S. Jean. g. p. en t. *idem.*

Un Christ auquel on perce le côté, tandis qu'un bourreau casse les jambes au mauvais Larron. g. p. en h. *idem.*

La Résurrection du Sauveur. m. p. en h. *idem.*

La Conversion de S. Paul. g. p. en t. *id.*

La Destruction de l'Idolâtrie, & le triomphe de l'Eglise. deux g. ps. en t. de deux feuilles chacune. *idem.*

L'Assomption de la Vierge. g. p. en h. *idem.*

Sainte Famille, où l'Enfant-Jesus tient un oiseau attaché par la patte. m. p. en h. *id.*

L'Education de la Vierge par Sainte Anne. m. p. en h. *idem.*

Chasse aux Lions, où se voyent quatre cavaliers, dont l'un est abattu de son cheval par un de ces animaux. g. p. en t. *id.*

Cinq grands paysages & vingt moyens. *idem.*

Retour

Retour d'Egypte. g. p. en hauteur, d'après *Gerard Seghers*.

Le Reniement de S. Pierre dans une affemblée de foldats qui jouent aux cartes. m. p. en t. d'après le même, & faifant pendant avec une affemblée de joueurs, gravée par N. Lauwers, d'après le même peintre.

Jupiter allaité par la chèvre Amalthée. m. p. en t. d'après *Jac. Jordaens*.

Le Dieu Pan jouant de la flûte en gardant des chèvres. m. p. en t. *id.*

Argus gardant Io, eft endormi par Mercure, qui fe prépare à lui couper la tête. g. p. en t. *id.*

Le Roi-boit. g. p. en t. *id.*

Un Concert. m. p. en t. *id.*

Le Sacrifice d'Abraham. g. p. prefque quarrée, d'après *Théodore Romboury*.

Un Concert m. p. en t. d'après le même. Le pendant eft un autre concert gravé par Vorfterman, d'après *Cofter*.

Le Couronnement d'épines. g. compofition en h. d'après *van Dyck*.

Un Chrift à qui un foldat à cheval préfente l'éponge, & au bas duquel on voit la Vierge & S. Jean debout, & la Madeleine à genoux. g. p. en h. d'après le même. Aux premières épreuves l'on ne voit point la main de S. Jean fur l'épaule de la Vierge; mais comme l'on en tira peu, elles font d'une grande rareté : aux fecondes qui font affez nombreufes, l'on ajouta cette

F

main, & aux troiſièmes on l'effaça, vraiſemblable-
ment pour rendre celles-ci ſemblables aux premières;
mais ces dernières épreuves ſe connoiſſent facilement,
par les tailles de la place de la main, qui ſont aſſez
mal repriſes, par une partie de l'écriture, qui ſe trouve
effacée, & par la tranſpoſition du nom du peintre.
C'eſt par la confrontation de ces trois ſortes d'épreuves,
que l'on peut aiſément détromper ſur cet article ceux
qui, à cauſe de la rareté des premières, ont porté
leur jugement ſur les ſecondes & les troiſièmes, &
ont conclu que celles où S. Jean a la main poſée ſur
l'épaule de la Vierge, étoient les premières.

Un Chriſt au pied duquel ſont S. Dominique &
Sainte Catherine de Sienne. g. p. en h. d'après le
même.

Un Chriſt entre les deux Larrons. g. p. en h. *id.*

Une Sainte Famille, où l'Enfant-Jeſus dort ſur
le ſein de la Vierge p. p. en h. *id.*

Silène yvre, ſoutenu par des Bacchantes m. p. en
h. *idem.*

Quelques portraits d'après le même.

La Communion de Sainte Roſe, g. p. en h. d'après
Eraſme Quillinus.

Un Chriſt mort ſur les genoux de la Vierge. g.
p. en h. d'après *Diepenbeck.*

BOMBELLI, (René) vivoit à Rome en 1767.
Il a gravé la vie de S. Jean-Baptiſte en 10 pièces,
d'après *A. Sacchi.* &c. &c.

BONACINA, (Jean-Baptiste) natif de Milan, a gravé dans le dernier siècle nombre de pièces d'après divers maitres, tels qu'*André del Sarte*, *P. de Cortone*, *Cyro-Feri* & autres.

BONART, (Robert & Nicolas) nés à Paris en 1646, &c. ont gravé plusieurs g. ps. d'après *vander Meulen*, &c.

Beaucoup de figures, de costumes & modes du tems & de la Cour de Louis XIV.

BONASONE, (Jules) graveur au burin, né à Bologne, connu aussi sous le nom de Jules Bolognèse, parce qu'il étoit de Bologne, fut imitateur de Marc-Antoine. Les pièces que l'on a de lui, sont presque toutes d'après de grands maitres, & sont gravées avec un goût qui plait assez à nombre d'amateurs. Voici quelques-unes des principales :

Les Amours des Dieux, en 21 p. ps. en h. de sa composition, parmi lesquelles il s'en trouve quelques-unes qui sont très-libres.

Le lever du soleil; sur le devant est un homme & une femme qui s'éveillent. m. p. en t. *id.*

L'Amour attaché à un arbre, & entouré de plusieurs femmes; Vénus paroît sur un nuage, & vient pour le fouetter. m. p. en t. *id.*

L'Entrée du cheval de bois dans la ville de Troye. g. p. en t. *id.* & portant la date de 1545, d'après *le Primatice.*

Clélie & l'une de ses compagnes, montées sur un cheval, traversent le Tibre à la nage, pour s'enfuir du camp de Porsenna. m. p. en t. d'après *Polidore de Caravage*.

Les Animaux sortant de l'arche. m. p. en t. d'après *Raphaël*, datée de 1544.

Une Mère de douleur auprès d'un Christ mort, étendu sur une table. p. p. en h. d'après le même.

La Sainte Cécile, d'après le tableau de *Raphaël*, différente de celle qu'a gravée Marc-Antoine d'après le dessin du même maître, en ce que la Sainte a la tête presque de face, les manches assez larges, & que S. Paul porte la main à sa barbe, au lieu que dans celle de Marc-Antoine, la Sainte a la face plus tournée, les manches étroites, & le S. Paul a la main posée sur le pommeau de son épée.

Le Portrait de *Raphaël*, d'après le tableau original de ce peintre.

Le Frappement du rocher. m. p. en t. d'après *le Parmesan*.

Grand nombre d'autres pièces, tant d'après les maîtres susdits, que d'après *Michel-Ange*, *le Titien*, *le Primatice* ; *Jules Romain*, *Polydore de Caravage*, *Perin del Vaga*, &c.

BOND, (Jonas de la) a gravé le portrait du Cardinal Jean Everhard.

BONNAVERA, (Dominique) Bolonois, florissoit au commencement du dix-septième siècle. On a de sa main,

Le Baptême de Jesus-Chrift, d'après *l'Albane*, &c.

BONNEMER, (François) a gravé dans le dernier siècle diverses pièces d'après *le Brun* & autres.

BONNET, (Louis Marin) né à Paris en 1735. On a de lui beaucoup d'eftampes gravées à l'imitation des deffins faits au paftel, & à plufieurs crayons, d'après *Boucher*, *Lagrénée* & autres maîtres.

Il a paffé quelques années en Ruffie, où il a gravé le portrait du Czar.

BORCHT, (Henri vander) peintre d'hiftoire, né à Bruxelles en 1583, fut difciple de Gilles van Valckenburg. On a de lui plufieurs eftampes à l'eauforte, entr'autres,

Un Chrift mort, foutenu par Jofeph d'Aritmathie. p. p. en h. gravée fur le deffin du Parmefan, d'après *Raphaël*.

BORCHT, (Pieter vander); il florissoit au commencement du dix-feptième fiècle. Il a gravé dans le goût d'Hans-Bol, un très-grand nombre de petits payfages hiftoriés, de fa compofition, & d'après d'autres maîtres.

BOREKENS, (Mathieu) graveur du dernier fiècle, a travaillé à Anvers. On a de lui plufieurs eftampes au burin, d'après *Rubens* & autres maîtres ; ce font, pour la plûpart, des copies qu'il faifoit pour Van den Enden, & autres marchands d'eftampes.

BOREL, (A.) peintre & deſſinateur, a gravé pluſieurs pièces de ſa compoſition, à la manière noire, dont une allégorie ſur la naiſſance du Dauphin, fils de Louis XVI, & une autre ſur M. Necker, &c.

BORGNET, (J. F.) jeune graveur duquel on connoît diverſes vignettes, d'après *Marillier*, faites pour différens ouvrages de littérature, tels que le Cabinet des Fées, &c.

BORGIANI, (Horace) bon peintre en hiſtoire, & habile deſſinateur, né à Rome en 1577, & mort dans la même ville en 1615. Il apprit le deſſin de ſon frère, ſurnommé le Scalzo, & ſe perfectionna par l'étude de l'antique & des meilleurs tableaux de Rome, où il étoit né. On a de ſa main pluſieurs eſtampes à l'eau-forte, touchées avec beaucoup d'eſprit & de légéreté, entr'autres,

Un Chriſt mort, vu en raccourci. p. p. en quarré, de ſa compoſition.

S. Chriſtophe. m. p. en h. *id.*

Les Loges du Vatican, d'après *Raphaël*.

BOS *ou* Van den BOSCH, (Corneille) graveur du quinzième ſiècle, natif de Bois-le-Duc, & marchand d'eſtampes à Anvers. On a de lui pluſieurs pièces exécutées d'un burin ſec & dur; entr'autres,

Moïſe briſant les tables de la loi à la vue du veau d'or. m. p. en t. d'après *Raphaël*, gravée en 1551.

Le Triomphe de Bacchus, en 3 m. ps. en t. d'après *Jules Romain*, portant la date de 1543.

Vulcain forgeant des dards pour les flèches de l'Amour, d'après le même.

Plusieurs pièces d'après *Michel-Ange* & autres.

BOSC, (Claude du) On a de lui quelques pièces d'après *Raphaël*, *le Titien*. *Jouvenet* & autres.

BOSSE, (Abraham) né en 1611 à Tours. Il fut membre de l'Académie, & le premier nommé professeur pour la perspective. Il a gravé à l'eau-forte d'une manière particulière, expéditive, & très-propre pour les petits sujets, dans lesquels il réussissoit mieux que dans ceux où les figures étoient d'une certaine grandeur. On a de lui un traité sur la manière de dessiner, & un autre sur l'art de la gravure, dont la meilleure édition est celle où se trouvent les additions & corrections de M. Cochin. Voici quelques-unes des principales pièces qu'il a gravées.

L'Atelier du peintre, celui du sculpteur, & de l'imprimeur en taille-douce. 3 m. ps en t. de sa composition.

Le Maître & la Maîtresse d'école. *id*.

La Cérémonie du contrat de mariage passé à Fontainebleau, entre le Roi de Pologne & la Princesse Louise de Gonzagues. *id*.

Diverses suites. *idem*. telles que les cinq sens.

Les Œuvres de miséricorde.

Plusieurs autres pièces d'après *Paul Farinati*, *Laurent de la Hyre*, *Claude Vignon* &c.

Une partie des plantes du vol. du cabinet du Roi.

BOSSI, (Benigno) naquit à Porto d'Arcifa-
to, dans le Duché de Milan, en 1727; fon père
le conduifit à l'âge de dix ans à Nuremberg, où
il apprit les élémens du deffin; il paffa enfuite à
Drefde, où il s'exerça dans le deffin, la peinture &
la fculpture en ftuc. La mort de fon père l'empêcha d'aller étudier à Rome fous Pompeo Battoni,
comme il l'avoit projetté. En 1754, Charles Hutin,
Diétricy, Mengs, &c. lui confeillèrent de graver à
l'eau-forte, ce qu'il a fait & continué jufqu'à la
foixantième année de fa vie.

Les guerres d'Allemagne & de Saxe l'obligèrent
en 1757 de retourner en Italie, & en 1760 il fut
reçu au fervice du Duc de Parme, où il vit toujours
honorablement, occupé des arts & de la littérature,
eftimé & honoré comme il le mérite par fes excellentes qualités.

Ses ouvrages principaux font,

Une fuite de têtes & fujets en 40 petites planches,
très-fpirituellement exécutées à l'eau-forte.

Une fuite de vafes, & une mafcarade, d'après
Petitot.

Une fuite de 29 petits fujets, à l'eau-forte & en
Lavis, d'après des deffins du *Parmefan*.

Beaucoup de vignettes de différens ouvrages de
littérature.

BOTH, (Jean) habile payfagifte, né à Utrecht
en 1610, fut élève de fon père & d'Abraham Bloemaert. Etant paffé en Italie, il réfolut de s'attacher

à la manière de colorier du Claude, dont la grande réputation commença à s'affoiblir lorfqu'on s'apperçut que les figures qui entroient dans les payfages de Jean Both étoient fupérieures aux fiennes. Il eut un frère nommé Jean, qui fut auffi élève de Bloemaert, & qui, depuis fon arrivée en Italie, s'étoit particulièrement attaché au goût de Bamboche dans la repréfentation des figures & des animaux. André s'étant malheureufement noyé à Venife en 1640, Jean retourna à Utrecht, où il paffa le refte de fes jours. On a de la main de Jean quelques eftampes à l'eauforte, qui font gravées avec goût ; entr'autres,

Une fuite de dix payfages de fa compofition, dont 4 en t. & 6 en h.

Les cinq fens, efpèces de Bambochades dans le goût de Brauwer, compofées & gravées par *André* fon frère.

BOTICELLI, (Sandro *ou* Alexandre) peintre, né à Florence en 1437. fut élève de Philippe Lippi, & peignit plufieurs ouvrages pour Sixte IV, ainfi que pour la ville de Florence, ce qui lui valut de grandes fommes, dont il ne fçut pas profiter, puifqu'il mourut de mifère en 1515, âgé de 78 ans. Il entreprit de donner une édition de l'*Enfer* du Dante, qu'il publia à Florence en 1481, *in-fol;* mais cette édition eft imparfaite, en ce qu'il n'a gravé qu'une partie des figures dont il avoit deffein de l'orner, & que les endroits deftinés pour les planches qui ne

parurent point, reſtèrent en blanc dans le corps de
l'ouvrage. Il grava auſſi vers 1460,

Les Prophètes & les Sybilles, auxquels il mit ſon
monograme, qui eſt un *A* & un *B* liés enſemble.
On a copié ces dernières pièces en Allemagne preſ-
qu'auſſi-tôt qu'elles parurent ; mais ces copies ſont
ſi inférieures aux eſtampes originales, qu'il eſt fort
à préſumer que les Allemands ne ſont point les in-
venteurs de la gravure en cuivre, ainſi qu'ils le prétendent.

BOTSCHILD, (Samuel) peintre Saxon, né
à Sanger-Hauſſen en 1730, a gravé à l'eau-forte une
ſuite de payſages de ſa compoſition.

BOUCHER, (François) premier peintre du
Roi, mort à Paris en 1770, âgé de 66 ans. Il fut
élève de le Moine. Son génie fécond lui a fait une
grande réputation dans tous les genres, & il fut nommé à juſte titre le peintre des graces. On a de lui,

Quelques jolies eaux-fortes de ſa compoſition,
conſiſtant en jeux d'enfans, &c.

Une ſuite de figures, d'après *Bloemaert*.

Le portrait de Watteau. m. en h.

BOUCHER, (François) fils du précédent. Il
exerçoit l'architecture ; il a gravé à l'eau-forte divers
morceaux d'architecture, arabeſques, vaſes &c. Il
mourut en 1781.

BOUCHIER, (J. A. S.) amateur né en Provence, a gravé pour son amusement, en 1786, plusieurs petites têtes & paysages, d'après *Rubens* &c.

BOUDARD, (Jean-Baptiste) a composé & gravé une suite géonologique de 160 morceaux avec explication en Italien & François, dédié à Dom Philippe, en 3 petits vol. *in-folio*.

BOULAND, ( ) a gravé plusieurs planches d'instrumens de musique qui se trouvent dans les quatre vol. *in-4º*. Essai sur la Musique, par de la Borde.

BOULANGER, (Jean) né à Amiens en 1607. On a de lui plusieurs estampes, où les chairs sont presqu'entièrement pointillées, ce qui rend ces pièces moelleuses. Celles qu'il a gravées d'après les grands maîtres, sont assez recherchées. Voici les principales :

La Vierge & l'Enfant-Jesus, tenant un œillet. m. p. en h. d'après *Raphaël*, connue sous le nom de la Vierge à l'Œillet.

Une Vierge tenant sur ses genoux l'Enfant-Jesus couché en travers. m. p. en h. d'après le même : à l'un des coins de laquelle est une fenêtre, d'où l'on découvre la campagne.

La Vierge de Passau. m. p. en h. d'après *Salario*.

Un Portement de Croix. m. p. en h. d'après *Nicolas Mignard*.

Une Vierge tenant l'Enfant-Jesus debout, & auquel S. Jean embraſſe les jambes p. p. en h. d'après *Pierre Mignard*, le même ſujet a été gravé par F. Poilly.

Un Chriſt mort, ſoutenu par Joſeph d'Arimathie. g. p. en h. d'après *le Bourdon*.

Pluſieurs portraits aſſez eſtimés, ainſi que diverſes pièces de ſa compoſition, & d'autres d'après *Leonard de Vinci*, *le Guide*, *Champagne*, *Vouet*, *Stella*, *la Hyre*, *Noël*, *Coypel*, *Claude le Febvre*, &c.

BOULONGNE, (Bon de) habile peintre, né à Paris en 1649, fut élève de ſon père, Louis de Boulongne, & demeura pendant cinq ans à Rome, où il acheva de ſe perfectionner. Il excelloit dans l'hiſtoire & le portrait, & ſur-tout dans les paſtiches; il avoit le talent d'imiter certains maîtres, à s'y tromper. Il mourut à Paris en 1717, à 68 ans. On a de lui pluſieurs eſtampes à l'eau-forte, de ſa compoſition, dont

Le ſujet d'un Almanach.

S. Jean dans le déſert. g. p. en h.

S. Bruno auſſi dans le déſert.

BOULONGNE, (Louis de) frère puîné du précédent, né à Paris en 1654. Après avoir appris de ſon père les premiers élémens de la peinture, il partit pour Rome, où les études qu'il fit, le rendirent un des meilleurs peintres de l'école Françoiſe, pour l'hiſtoire & l'allégorie, ainſi que pour le deſſin & le coloris. Il mourut à Paris en 1733, âgé de 79 ans. On a de ſa main,

Le Martyre de S. Pierre. m. p. en h. de sa compofition.

Le Martyre de S. Paul m. p. en h. *id.*

BOUNIEU, (   ) né à Marseille en 1744, élève de M. Pierre premier peintre du Roi, agréé à l'Académie de peinture en 1775; il a gravé en manière noire divers sujets de sa compofition, parmi lesquels on diftingue,

Adam & Eve dans le paradis terreftre. g. p. en h.

L'Amour conduit par la Folie. *id.*

Le fupplice d'une Veftale. g. p. en t.

La naiffance d'Henry IV. m. p. en h. &c. &c.

BOUQUET, (Antoine) né à Sarlat en 1661, grava en bois plufieurs petites têtes repréfentant les Saints de l'année.

BOURBON, (le Duc de) amateur a gravé en 1725 plufieurs têtes, d'après les deffins du Comte de Caylus.

BOURDEILLE, (Ange de) amateur, né à Paris en 1741, a gravé à l'eau-forte en 1758, plufieurs têtes & payfages, d'après *Boucher, le Prince,* &c. &c.

BOURDON, (Sébaftien) très-habile peintre, né à Montpellier en 1616. Après avoir appris de fon père les élémens de la peinture, il paffa en Italie. De retour en France, il en fortit pour faire un voyage en Suède & revint à Paris, ou il fe fixa. La fécondité de fon génie, la beauté de fes compofitions, les exprefffions de fes têtes, la légéreté & la facilité de fon pinceau, lui ont acquis un rang très-diftingué parmi les plus habiles peintres de l'école Françoife. On a de fa main une quarantaine d'eftampes qu'il a gravées à l'eau-forte fur fes propres deffins, on y remarque le même efprit & le même feu que dans fes tableaux. Les principales font,

Le voyage de Jacob. p. p. en h.

Le renvoi de l'Arche aux Bethfamites par les Philiftins. m. p. en t. &c.

Un fujet de Vierge, où l'on voit une femme qui favonne du linge. m. p. en t. nommée la favonneufe.

Plufieurs autres jolis fujets de Vierges. p. p. en t.

Le Baptême de l'eunuque de Candace. p. p. en h.

Les Sept œuvres de miféricorde. g. ps. en t. dont les premières épreuves font avec l'adreffe de l'auteur, au fauxbourg Saint Antoine.

Douze grands payfages.

BOURGOGNE- (le Duc de) né en 1682, amateur, a gravé le Parnaffe & les neuf mufes, d'après *Coypel.*

BOURGUIGNON ; (Le) *Voyez* COURTOIS.

BOURLIER, (François), peintre né en 1672, élève de L. de Boulongne. Il a gravé à l'eau-forte,

Moyfe fauvé des eaux. m. p. en t. d'après *François Perrier.*

Quelques autres pièces d'après divers maîtres, tels que *Jules Romain*, &c.

BOUT, (Pieter) peintre Flamand, né en 1696. Il imita Jean Breughel, & peignoit ordinairement des petites figures dans les payfages de Bauduin. On a de fa main quelques gravures à l'eau-forte, en- tr'autres,

La Mariée conduite à l'églife. m. p. en t. de fa compofition.

Un Marché de campagne, faifant pendant avec la précédente. *id.*

Quatre petits fujets en travers & faifant pendans, fur deux defquels on voit quantité de figures qui pa- tinent fur la glace. *id.*

BOUTTATS, (Gafpar) a gravé dans le der- nier fiècle plufieurs pièces à l'eau-forte, d'après *Wou- vermans*, &c. Il ne faut pas le confondre avec Pierre Balthafar Bouttats, duquel on a de mauvaifes gravures imprimées à Antorff, en 1707.

BOUYS, (Jean) né en 1692, peintre & dif- ciple de François de Troy. Il a gravé en manière noire,

Le Portrait de M. de Boze.

Celui de Marais, fameux joueur de viole. m. p. en hauteur.

Quelques autres pièces, d'après *François de Troy*, &c. &c.

BOUZONNET,) Antoine, Claudine & Antoinette, *Voyez* STELLA.

BOVA, (Mariano) né à Naples en 1758, élève de Bartolozzi, a gravé à la manière pointillée, à Londres, en 1786 le portrait de Couvay, peintre Anglois, dans le coſtume Eſpagnol, aſſis au pied d'une colonne, d'après le deſſin de cet habile artiſte; divers ſujets, d'après *Cipriani* & autres.

BOYDELL, (Jean) graveur & marchand d'eſtampes, demeurant à Londres. On a de lui quelques pièces à l'eau-forte & au burin, entr'autres,

Deux Payſages enrichis de figures & d'animaux. g. ps. en t. d'après *Berghem.*

Il eſt éditeur d'un nombre infini de planches, d'après les plus célèbres tableaux qui ſont en Angleterre, qu'il a fait exécuter par les meilleurs graveurs Anglois & étrangers qui habitent la ville de Londres. L'argent que cette entrepriſe a répandu parmi tous les artiſtes, lui a mérité le titre de protecteur des arts & ami des artiſtes.

BOYER, (d'Aiguilles) *Voyez* AIGUILLES.

BRACELLI, (J. B.) On connoît de lui une ſuite de petites figures à l'eau-forte, dans le genre de Callot.

BRADEL,

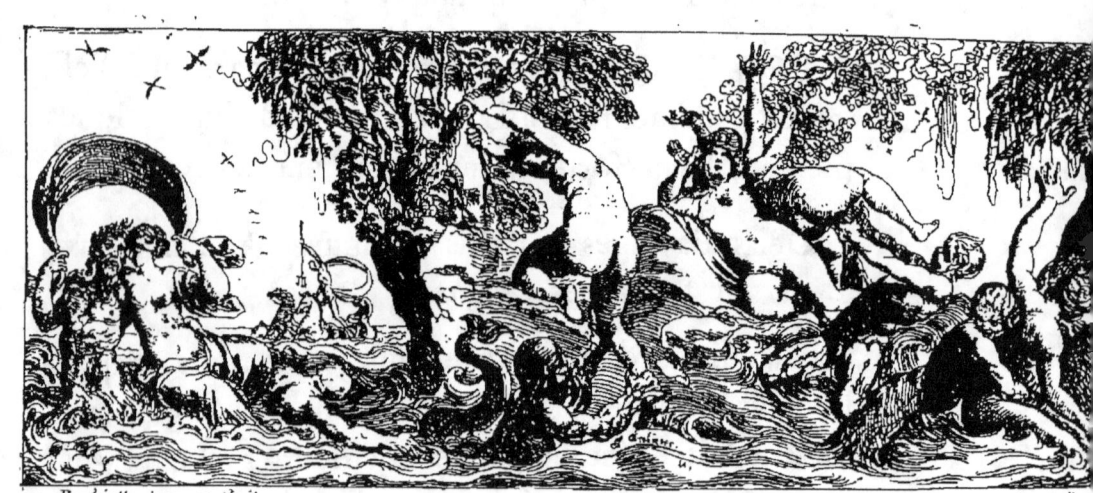

Brebiette inv. et fecit.

Page 97.

BRADEL, (Jean-Baptifte) a gravé en 1779, divers portraits, dont celui du Chevalier Déon, &c.

BRAEN, (Nicolas) graveur Hollandois, a travaillé dans la manière de Saenredam. On connoît de lui quatre pièces en oval, de fa compofition, qui repréfentent Samfon, Sifara, Judith & David tenant la tête de Goliath.

N. S. conduit au Calvaire, d'après *le Tintoret*. p. p. en hauteur.

La Madeleine, d'après *Jac. Maëthan.* p. p. en h.

Une fuite des images des Dieux, d'après *K. van Mander.*

BRAINCLAIRE, (L. Mademoifelle) a gravé nombre de planches, études d'architecture, chapiteaux & autres, à la manière du crayon.

BRAND, (Fréd.) peintre Allemand, a gravé quelques petits payfages, effets de nuit à la manière noire.

BRAUR. *Voyez* BROUWER.

BREBIETTE, (Pierre) Peintre François, natif de Mantes-fur-Seine en 1629. C'étoit un génie à peu près femblable à Gillot. On a de lui plufieurs eftampes à l'eau-forte, entr'autres,

Diverfes Frifes & autres morceaux de fa compofition. p. p. en t.

Une Sainte Famille. p. p. en h. d'après *Raphaël*, où S. Jean a le pied fur un berceau,

G

Autre Sainte Famille où S. Jean, aſſis par terre, eſt appuyé ſur un ſac. p. p. en h. d'après *André del Sarte.*

Le Martyre de S. George, d'après *Paul Veronèſe.* p. p. en h.

Pluſieurs pièces, d'après *le jeune Palme, George l'Allemand, François Queſnel, Claude Vignon,* &c.

BREEMBERGH, (Barthelemi) très-habile peintre de payſages & de ruines, né à Utrecht vers 1620, & connu parmi les amateurs, ſous le ſeul nom de Bartholomé. Il partit fort jeune pour l'Italie, où les études ſolides qu'il fit, le perfectionnèrent dans le genre de peinture qu'il avoit embraſſé. Il mourut en 1660, à 40 ans. On a de lui pluſieurs eſtampes à l'eau-forte, où l'on remarque beaucoup d'intelligence & d'effet. entr'autres,

Une Suite de 24 petites vues & payſages, ornés de ruines, de ſa compoſition.

BREEN, (C. van) dont on connoît un concert d'hommes & femmes, jouant du violon & de la guittare, d'après *Sbranſſen.*

BREGEON, (Angelique) épouſe de Tilliard, graveur, morte en 1782, âgée de 29 ans. On connoît de ſa main quelques pièces qu'elle a gravées ſous la conduite de M. Tardieu, dont elle étoit élève, entr'autres l'élève deſſinateur. p. p. en h. d'après *C. Vanloo;* elle a auſſi travaillé chez Feſſard, dans les premiers vol. des Fables de la Fontaine, in-8o.

BRESCE, (Jean-Marie de) religieux Carme, lequel a peint vers l'an 1500 l'hiſtoire d'Elie & d'Eliſée, qui ſe voit encore aujourd'hui chez les Carmes de la ville de Breſce. Il a gravé en 1502,

Une grande pièce en hauteur, repréſentant la Vierge aſſiſe ſur des nues, & au bas, S. Jean-Baptiſte, Saint Jérôme, & trois Saints de l'ordre des Carmes.

Il a gravé auſſi quelques autres pièces, par leſquelles on voit qu'il vivoit encore en 1534.

BRESCIANI,) Antoine) né à Parme en 1710, a gravé pluſieurs morceaux, d'après *les Carraches*, *Cignani*, &c. dont le plafond de l'égliſe cathédrale de Plaiſance.

BRETEUIL, (le Comte de) né à Paris en 1774, amateur duquel on a divers petits ſujets à l'eau-forte, d'après *Berghem* & autres.

BREUGHELS, (Pierre & Jean) fameux peintres Flamands, nés à Bruxelles en 1587 & 1589 ; l'un ſe nommoit Breughels de velours, & l'autre, Breughels d'enfer. Le premier a peint d'un grand fini des payſages & des marines, qu'il a ſçu orner de petites figures ſi pleines de vie & de caractère, qu'elles paroiſſent toutes en mouvement. Le ſecond, moins habile, ne peignoit ordinairement que des incendies, des aſſauts, des pillages & des ſabats. On prétend qu'ils ont gravé l'un & l'autre quelques payſages & groteſques à l'eau-forte.

G ij

BRICART, ( ) a gravé quelques pièces d'après *Jean-Baptiste Santerre* & autres, vers l'an 1730.

BRICCI *ou* BRIZZI, (François) peintre de Bologne, élève de Bartholomé Paſſaroti, & enſuite de Louis Carrache. Comme il ſçavoit parfaitement l'architecture & la perſpective, dont il donnoit même des leçons publiques, il ornoit ſouvent ſes tableaux de quelque ſuperbe morceau en ce genre, de quelque beau payſage, & d'autres acceſſoires qui relevoient infiniment le mérite de ſes ouvrages. On prétend qu'il a ſouvent aidé Auguſtin Carrache dans ſes gravures. Il mourut en 1623, à 49 ans. On a de lui pluſieurs eſtampes au burin & à l'eau-forte, entr'autres.

Une Sainte Famille. m. p. en h. & cintrée, d'après *le Correge*.

Saint Roch. m. p. en h. d'après *le Parmeſan*, dédié au Cardinal d'Eſt.

Un retour d'Egypte. p. p. en h. d'après *Louis Carrache*.

La Samaritaine. m. p. en t. d'après *Auguſtin Carrache*, qu'il grava l'année 1610, en concurrence de l'aumône de S. Roch, que le Guide gravoit alors, d'après Annibal Carrache.

BRICEAU, (Alexandre) deſſinateur, a gravé divers têtes, ſujets & payſages, dans la manière du crayon, & colorés d'après différens maîtres, ainſi que pluſieurs pièces d'anatomie, qui lui font honneur.

Il a une fille qui grave dans le même genre.

BRIL, (Paul) très-habile payſagiſte, né à Anvers en 1556, & mort à Rome en 1629, à 70 ans. On a de lui quelques payſages à l'eau-forte, dont il s'en trouve quatre grands dans la ſuite que Nieulant ſon élève, a publié. *Voyez* NIEULANT.

BRINCLAIR, (Eliſabeth) née à Paris en 1751, élève de Choffard. Elle a gravé à la manière du crayon, les développemens en grand de pluſieurs chapitaux de colonnes, de friſes & autres ornemens, d'après les meilleurs maîtres anciens & modernes, qui ſont utiles aux jeunes artiſtes.

BRION, (Antoine) né à Rheims en 1729, a gravé pluſieurs eſtampes, d'après Watteau & autres peintres modernes.

BRIOT, (Antoine) a gravé dans le dernier ſiècle une ſuite de divers habillemens, d'après les deſſins de *Saint Igny*, &c.

BROEDELET, (J.   ) graveur Hollandois, né à Amſterdam en 1722, dont on a pluſieurs pièces en manière noire ; entr'autres.

Cephale & Procris, m. p. en h. d'après *Gerard Hoet*, faiſant pendant avec Vénus & Adonis, que Jean Verkolje a gravé ſur ſon propre deſſin.

BRONKHORST, (Jean van) peintre né à Utrecht en 1603. Après avoir travaillé ſous divers maîtres, il ſe perfectionna à copier les ouvrages de

Corneille Poëlembourg. Il a gravé à l'eau-forte plufieurs jolis petits morceaux, d'après ce dernier.

BROOKSAW, (R.   ) a gravé à Londres,
en manière noire , dans l'année 1783 , une marine au
clair de la lune, d'après Kobell, & à Paris,

   Divers portraits de la famille royale de France.

BROSAMER, (Jean) l'un des graveurs nommés petits maîtres, du quinzième fiècle , dont on a
plufieurs petites pièces, entr'autres,

   Salomon facrifiant aux idoles, gravé en 1543.

   Samfon & Dalila.

   Betzabée au bain.

   Laocoon, en 1538.

   Marcus Curtius, dans un petit rond, en 1540. &c.

BROUWER ou BRAUR, (Adrien) très-habile peintre, naquit à Audenaerde en 1608. Il fut
difciple de François Hals, & mena un genre de vie
fort fingulier. Il excelloit à peindre des fêtes de village, des affemblées de joueurs & d'ivrognes, des
querelles de cabaret & autres femblables fcènes, où
il manquoit rarement de fe trouver. L'on remarque
dans fes ouvrages beaucoup d'expreffion, de fineffe
& de vérité, un pinceau moëleux, & un coloris qui
égale pour le moins celui de Teniers. Il mourut con-
fumé par les débauches, & dans un état fi miférable
qu'il ne laiffa pas de quoi fournir aux frais de fon en-
terrement. On a de fa main quelques fujets grotefques à l'eau-forte.

BROWN, (Jones) né à Oxford en 1719; il a gravé à Londres, à l'eau-forte plusieurs pièces que Woollett a terminées au burin. *Voyez* WOOLLETT.

BRUGGEN, (Jean van der) graveur du dernier siècle, duquel on a plusieurs estampes en manière noire, entr'autres,

Le portrait de *van Dyck*. p. p. en h. d'après ce peintre.

La copie du peseur d'or de *Rembrandt*.

Son propre portrait, & celui de Raimond la Fage, d'après *Largillière*.

Plusieurs petits sujets d'après *Adrien Brouwer*, *Teniers*, *Ostade*, &c.

BRUIN, (Abraham de) graveur qui florissoit à Anvers entre 1560 & 1580. On a de lui plusieurs estampes gravées d'un burin sec & très-dur. Ce qu'il a fait de mieux, sont des têtes & des portraits.

BRUIN, (Nicolas de) fils du précédent, naquit à Anvers en 1562, fut élève de son père. Il a gravé un grand nombre de planches remplies d'un travail immense & d'un soin prodigieux, ce qui rend sa manière sèche; nonobstant ces défauts, ses estampes ne sont point sans mérite, & l'on recherche encore,

Une vision d'Ezechiel, où ce prophète se voit au milieu d'un grand nombre de personnes nues. g. p. en t. de sa composition.

Une Suite de sujets tirés de la vie de Jesus-Christ, &c. g. ps en t. *id.*

G iv

L'Age d'or. g. p. en r. d'après *Abraham Bloemaert.* C'eſt la pièce capitale de Bruin. Elle a été copiée en petit, & dans une bordure ronde, par Théodore de Bry.

Divers grands payſages, foires, &c. d'après *Vinck-boons.*

BRUN. *Voyez* LE BRUN.

BRUNEAU, (Louis) a gravé à Londres di-vers payſages, d'après *Chatelin.*

BRUNETTI, (Gio.) de Ravennes, a gravé à Rome le portrait de Raphaël, d'aprés un buſte de marbre. p. p. en h.

BRUNI, (François) a gravé pluſieurs pièces à l'eau-forte, entr'autres,

Une Aſſomption de la Vierge. g. p. en h. d'après *le Guide.*

BRUSTOLONI, (Jean-Baptiſte) On connoît de lui une ſuite de 20 vues de Véniſe, gravées à l'eau-forte, d'après *Ant. Canal*, en 1763.

Une autre ſuite des 12 grandes planches, d'après le même, repréſentant les cérémonies qui s'obſervent à l'élection du Doge, ſon mariage avec la mer, &c.

BRY, (Théodore de) graveur & citoyen de Liège, lequel s'établit à Francfort vers 1570. Quoi-que l'on mette cet artiſte au rang des petits-maîtres, & que d'ailleurs ſon burin ſoit un peu ſec, il a cependant gravé plusieurs morceaux, que les amateurs recherchent avec raison, entr'autres,

La petite Foire de village, & la fontaine de Jouvence. 2 p. ps en t. d'après *Sebald Beham*.

Une Fête à l'honneur de Bacchus. p. p. en t. d'après *Jules Romain*.

Le Bal Vénitien. p. p. en rond, d'après *Théod. Bernard*.

L'Age d'or. p. p. en rond, gravée sur l'estampe de Nicolas de Bruin, d'après *Abraham Bloemaert*.

Plusieurs autres sujets & portraits, tant de sa composition, que d'après divers maîtres.

BRYER, (Henry) graveur Anglois, mort depuis quelques années; il étoit élève de Ryland, & a gravé plusieurs sujets dans la manière du pointillé Anglois, d'après *Ang. Kauffman*.

BUCK, (Samuel & Nathaniel son frère) graveurs Anglois, desquels on connoît une grande quantité de vues d'Angleterre, formant 3 vol. *infolio*.

BUFFAGROTTI, (Charles) a gravé plus. planches d'architecture, d'après *Bibienne*.

BURANI, (François) peintre natif de Reggio, en 1648, a gravé,

Bacchus assis au pied d'une cuve, & accompagné de trois satyres, m. p. en t. de sa composition, dans le goût de *l'Espagnolet*.

BURFORD, (Léonard) graveur Anglois, né à Londres en 1730, duquel on a plusieurs paysages, chasses, &c.

BURGMAIR, (Jean) vers l'an 1517, a gravé les chars de triomphe, d'après *Albert Durer*, fête intéressante, faite pour l'Empereur Maximilien I. ouvrage fort difficile à rassembler complet.

BURKE, (Thomas) né en Angleterre, a gravé divers sujets, en manière noire, ainsi qu'à la manière pointillée, d'après *Ang. Kauffman* & autres.

La bataille d'Azincourt, d'après *Mortimer*. g. p. en travers.

BUSCH , (G. P.) inspecteur des galeries du Duc de Brunswich, a gravé une suite de 28 p. ps. d'après *Rembrandt*, dont 8 sujets historiques & 20 têtes.

BUSINCK, (Louis) né à Manheim en 1654, a gravé dans le dernier siècle, quelques planches en clair-obscur, d'après *George Lallemand*, &c.

BYE, (Jacques de) graveur, libraire & marchand d'estampes à Anvers; il florissoit au commencement du dix-septième siècle. Il a gravé un grand nombre de pièces au burin, entr'autres,

Une partie de la vie de Jesus-Christ, qu'Adrien Collaert a publiée d'après *Martin de Vos*. p. p. en t.

La vie de la Vierge, conjointement avec Philippe & Théodore Galle, d'après le même.

Les portraits des Rois, des Reines & des Dauphins de France, pour la grande édition de l'histoire de Mezeray. p. p. en h.

BYE, (Corneille de) né à Anvers en 1620. Il étoit fils & élève de Jacques; il a gravé les figures iconologiques de Cefar Rippa. Il a auffi écrit fur la peinture.

BYE, (Marc de) graveur né à Oudenarde en 1634, duquel on a plufieurs fuites d'animaux, d'après *Paul Potter*.

BYRNE, (William) graveur né à Cambridge en 1746, a gravé

Divers payfages, d'après *Wilfon* & autres.

Le Fanal exaucé, d'après *Vernet*. g. p. en t.

La mort de Cook, d'après *Webber*, g. p. en t. dont Bartolozzi a fait les figures.

Nombre de jolies vues des campagnes d'Angleterre, &c.

C

CABEL, (Adrien van der) habile peintre de payfages & de marines, naquit à Ryfwick, proche la Haye, en 1631. Ayant appris les élémens de la peinture de Jean van Goyen, il paffa en Italie, & il s'y perfectionna; après quoi il s'établit à Lyon, où il mourut en 1695, âgé de 64 ans. Il a gravé à l'eauforte, pluf. pièces de fa composition, entr'autres,

·Deux grands payfages en hauteur, dans l'un defquels l'on voit un Saint Bruno, & dans l'autre un Saint Jérôme.

Deux *id.* en travers.

Trente-fix autres en petit, dont fix en hauteur.

CADES, (Jofeph) a gravé à l'eau-forte la mort de Léonard de Vinci, entre les bras de François I. g. p. en t.

CALDWAL, (Jean) né en Angleterre en 1739, a gravé diverfes marines, dont le combat des Frégates nommées la Surveillante & le Québec, d'après *Carter*.

L'apothéofe de Garrick, d'après le même. g. p. en travers.

CALLIARI *ou* CAGLIARDI, (Paul) *dit* Paul Véronefe, né à Veronne en 1526, & mort en 1558. Il a gravé diverfes pièces à l'eau-forte, de fa compofition; l'adoration des Mages, &c.

CALLOT, (Jacques) très-habile graveur à l'eau-forte, né à Nancy en 1593, d'une famille noble. Il fit paroître dès fa tendre jeuneffe un goût paffionné pour le deffin & la gravure; il avoit à peine 12 ans lorfque l'envie lui prit d'aller en Italie, pour fe livrer en liberté à l'étude de ces arts, & comme il n'avoit point d'argent, il trouva à propos de s'attacher à une troupe de Bohémiens pour faire ce voyage. Etant arrivé à Florence, un officier du

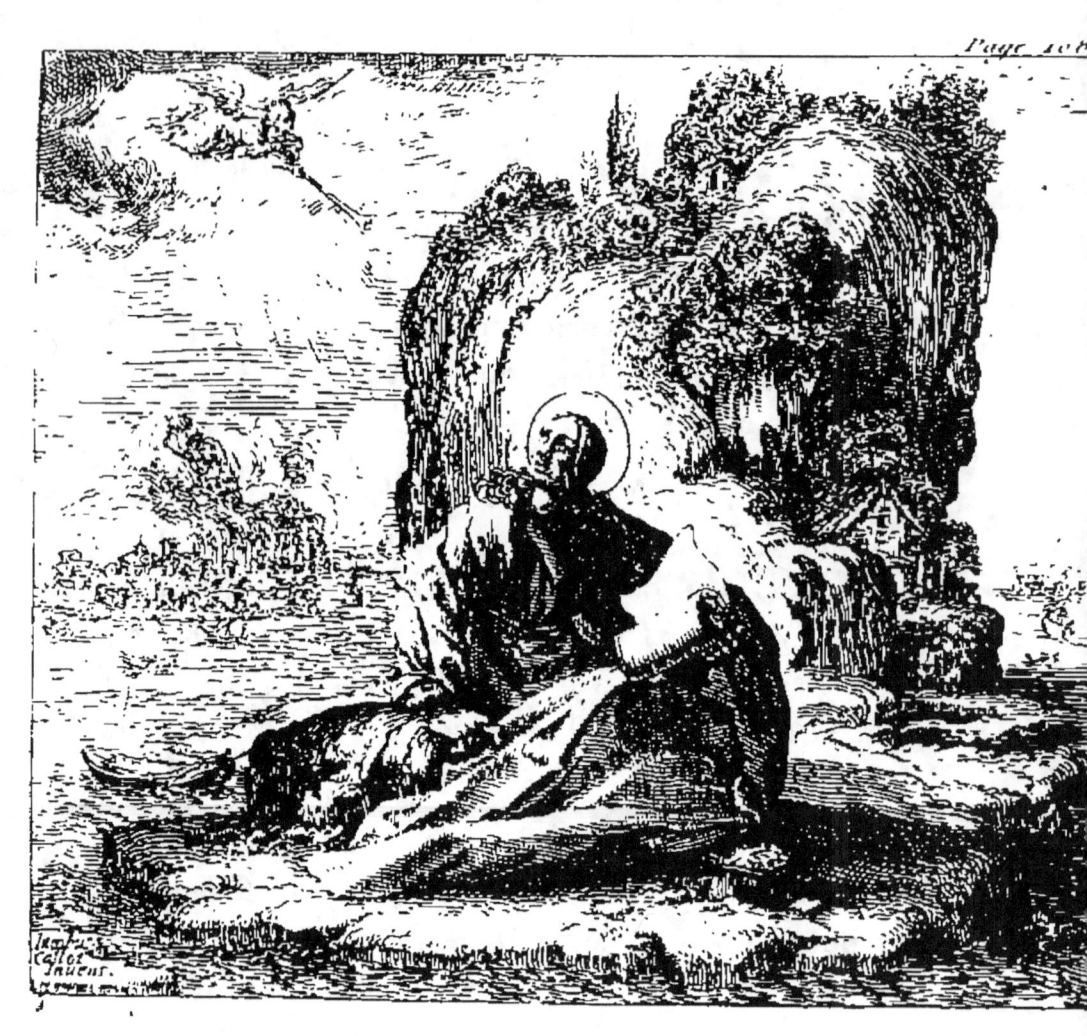

Callot Inuent.

Grand Duc le plaça chez Canta-Gallina, où il fit des progrès dans le deſſin. De Florence, il paſſa à Rome, où des marchands de Nancy l'ayant reconnu, le ramenèrent chez ſes parens, qu'il quitta bientôt après pour retourner en Italie; mais comme il paſſoit par Turin, il rencontra ſon frère aîné qui le ramena une ſeconde fois à Nancy. Ces obſtacles ne firent qu'irriter la paſſion que notre jeune artiſte avoit conçue pour des arts auxquels il s'étoit dévoué, & pour leſquels la nature l'avoit fait naître; de ſorte que ſes parens ſe trouvant contraints de le laiſſer ſuivre la carrière qu'il avoit commencée, il partit une troiſième fois pour l'Italie. Etant arrivé à Rome, il s'appliqua à deſſiner ſous Jules Parigi, qu'il ne quitta que pour entrer chez Philippe Thomaſſin, graveur établi en cette ville, duquel il apprit à graver au burin. De-là il ſe rendit à Florence, où il fut occupé par Coſme II, & où il réſolut de préférer la gravure à l'eau-forte à celle au burin; cette première manière étant beaucoup plus pittoreſque, plus expéditive, & par conſéquent plus convenable à ſon génie fécond & plein de feu. De Florence, Callot retourna à Nancy, & ſe maria en 1625. Trois ans après il fit un voyage à Paris où Louis XIII l'avoit mandé pour graver les ſièges de la Rochelle & de l'Iſle de Rhé. Il avoit gravé quelque tems auparavant le ſiège de Breda pour l'Infante Iſabelle, Gouvernante des Pays-Bas. Callot mourut à Nancy, le 28 Mars 1635, âgé de 42 ans. Cet excellent artiſte a ſçu rendre in-

téreffantes jufqu'aux moindres chofes qu'il a traitées ; tout en un mot concourt à rendre fes ouvrages
fi agréables, que l'on ne peut fe laffer de les admirer. Son œuvre paffe les 1500 pièces dont nous ne
donnerons que les principales. Ceux qui voudront
connoître plus particulièrement cet œuvre, pour-
ront avoir recours à la defcription que M. Gerfaint
en a faite dans fon catalogue des eftampes de M. de
Lorangere.

La petite Paffion, en 12 p. ps. en h. de fa compofition ; fuite très-difficile à trouver belle.

Le maffacre des Innocens. p. p. ovale & en h.
gravée à Florence. Callot a regravé ce même fujet
à Nancy, avec quelque différence dans les figures
du fond. Celui de Florence eft le plus rare ; l'un
& l'autre font affez difficiles à trouver belle ép.

Saint Nicolas prêchant dans le défert. p. p. en
t. *idem*.

Saint Jean dans l'isle de Pathmos. p. p. prefque
quarrée.

La tentation de S. Antoine. m. p. en t. & capitale. *id*. Il y en a une plus grande & beaucoup plus
rare, qui eft traitée différemment ; mais elle eft
moins belle que celle que nous annonçons.

Les Supplices. p. p. en t. & capitale. Pour que
cette eftampe foit parfaite d'épreuve, l'on doit y
découvrir vers le milieu, & tirant fur la gauche,
une tour quarrée qui s'élève au-deffus des maifons,

ainſi qu'une image de la Vierge placée à l'angle d'un mur, auſſi vers le milieu, mais un peu ſur la droite.

Les miſères de la Guerre, en 18 p. ps. en t. *id.* Il ne faut pas confondre cette ſuite avec une autre repréſentant les mêmes ſujets traités différemment ; cette dernière n'eſt qu'en 7 pièces, leſquelles ſont plus petites que les précédentes.

La grande foire de Florence : ainſi nommée, parce qu'elle fut gravée à Florence ; comme l'eau-forte n'a pas mordu également dans toutes les parties de la planche, elle eſt très-difficile à trouver belle épreuve. Callot ayant fait en peu de tems un grand débit de cette pièce, il la regrava à Nancy ſans aucun changement ; mais cette dernière étant d'un ton bien moins agréable & moins harmonieux que celle que nous annonçons, elle n'eſt pas ſi eſtimée. La première ſe diſtingue par ces mots qu'on lit au bas, & vers la droite, *in Firenʒe*, & celle de Nancy ſe connoît par ces autres mots, qu'on lit au même endroit, *Fe. Florentiæ, & excudit Nancei.*

La petite Foire, autrement dit les Joueurs de Boule. m. p. en travers. *id.* repréſentant une foire de village, où ſe voyent des joueurs de boule, une danſe de payſans, &c. C'eſt encore un des morceaux les plus eſtimés de Callot, & très-difficile à trouver belle épreuve, parce que l'eau-forte a manqué dans quelques endroits de la planche, & ſurtout dans les lointains.

La Carrière, ou la rue neuve de Nancy. m. p. en

t. où fe voit un caroufel & divers autres exercices.

Le parterre de Nancy, m. p. en t. fur le devant de laquelle il y a une terraffe où des jeunes gens jouent au balon.

Deux p. ps. en travers, dont l'une repréfente la vue du pont-neuf avec la tour de Nesle, & l'autre la vue du Louvre, avec la même tour *id.*

Quatre petits Payfages en t. dans l'un defquels on remarque uue efpéce de port de mer; dans le fecond, une rivière fur la droite, & un colombier fur la gauche; dans le troifième, deux femmes qui travaillent dans un potager; & dans le quatrième, une rivière, des mafures fur la gauche, & plufieurs baigneurs. *idem.*

CAMERATA, (Jofeph) graveur Italien, né à Frefcati en 1728, duquel on voit plufieurs pièces dans le recueil de la galerie de Drefde; fçavoir :

La Dragme perdue, & le père de famille qui fe fait rendre compte par fes ferviteurs. 2 m. ps. en h. d'après *le Feti.*

David affis tenant d'une main la tète de Goliath, & de l'autre le fabre de ce géant. m. p. en h. d'après le même.

S. Roch fecourant les peftiférés. g. & fuperbe compofition en t. d'après *Camille Procaccini.*

L'Affomption de la Vierge. g. p. en h. d'après *Annibal Carrache.*

L'Aumône de S. Roch. grande compofition en t.
d'après

d'après le même. C'est le sujet que le Guide a aussi gravé.

L'incrédulité de S. Thomas. m. p. en t. d'après *Matthias Preti*, pour le vol. de Dresde. Beauvarlet a terminé cette planche au burin. Le portrait de l'Electrice douairière de Saxe. Celui du Prince Xavier administrateur de Saxe, &c.

CAMPANA,) Pierre) graveur né à Rome en 1727, a gravé diverses choses, entr'autres,

S. Pierre délivré de prison par le ministère d'un Ange. m. p. en t. d'après *Mathias Preti*, pour le recueil de la galerie de Dresde, &c.

CAMPAGNOLA, (Dominique) peintre d'histoire, habile paysagiste & disciple du Titien. On a de sa main quelques gravures à l'eau-forte, de sa composition.

CAMPAGNOLA, (Jules) peintre Italien, florissoit dans le même tems que le précédent, & duquel on a aussi quelques pièces à l'eau-forte.

CAMPANELLO, (   ) a gravé à Rome d'après une statue de Poncel, Artémise, figure en pieds, appuyée sur une urne funéraire, &c.

CAMPIGLIA, (Gio. Dominico) a gravé nombre de portraits de différens artistes Italiens & autres de la galerie du Grand Duc à Florence, ainsi que plusieurs vignettes pour différens ouvrages de litterature imprimés à Rome & à Florence.

H

CAMPION de Terfan, (l'Abbé) & fon frère, amateurs modernes, lefquels ont gravé divers fujets & payfages d'après *Monet* & autres.

CANAL, (Jean-Antoine) né à Venife en 1697. On connoît de lui une fuite de vues de Vénife, de Padoue & d'autres lieux circonvoifins. Il fit deux voyages à Londres & revint mourir en fon pays natal, en 1768.

CANALE, (Jofeph) né en 1737, duquel on connoît plufieurs planches à l'eau-forte.

CANALETTI, (Pierre) peintre & graveur Vénitien, a gravé nombre de vues de Vénife & de Drefde. *Voyez* BELLOTO.

CANOT, (Pierre-Charles) graveur moderne, né à Paris. Il paffa en Angleterre en 1758; il y grava diverfes jolies vues, payfages, marines, &c. d'après *Van Goyen*, *le Lorrain*, *Pillement*. & autres.

CANTA-GALLINA, (Remi) peintre & graveur, né en 1556, & chez qui Callot apprit les premiers principes du deffin. Il a gravé quantité de payfages, de fêtes, de décorations, &c. tant de fa compofition, que d'après *Jules Parigi*.

CANTARELLI, (Jofeph) de Bologne, a gravé divers fujets de dévotion, ainfi que des figures de Saints & Saintes.

CANTARINI, (Simon) furnommé LE PESA-

RESE, naquit à Pefaro en 1610. Il apprit les élémens
de la peinture du Pandolfi, & entra enfuite chez
le Guide, dont il devint un des meilleurs élèves; il
mourut à Venife en 1648, à 36 ans. On a de fa
main une trentaine d'eftampes à l'eau-forte, qui,
par le goût, l'efprit & la manière avec lefquels elles
font exécutées, approchent tellement de celles du
Guide, qu'on les a fouvent prifes pour être de ce
dernier.

Le démoniaque guéri par S. Benoît. m. p. en h.
d'après *Louis Carrache*.

Mars & Vénus. p. p. en h. d'après *Paul Véronefe*.

Mercure endormant Argus. m. p. en t. de fa compofition.

L'enlèvement d'Europe. m. p. en t. *id.*

Et nombre de fujets de Vierges *id.*

CANUTI, (Dominique) habile peintre né à
Bologne en 1623, & l'un des meilleurs difciples du
Guide. L'on remarque dans fes ouvrages beaucoup
d'imagination, d'intelligence & de facilité. Il mourut en 1684, à 61 ans. On a de lui quelques eftampes
à l'eau-forte; entr'autres,

Un S. Roch. p. p. en h. de fa compofition.

Saint François en prière. p. p. en h. d'après *le*
Guide.

CAPELLAN, (Antoine) a gravé à Rome
en 1772, plufieurs eftampes de la fuite *Schola Italica*
Pictura, compofée de 40 pièces, d'après différens

grands maîtres Italiens, exécutées fous la direction d'Hamilton

Un Combat de deux Centaures, tigres & lions, d'après une mofaïque antique, trouvée à la Ville Adriene.

CAPITELLI, (Bernardin) peintre & graveur né à Lucques en 1646, fut élève du Bolognefe, qu'il accompagna en France. On a de fa main plufieurs eftampes à l'eau-forte; entr'autres,

Divers Sujets de la vie de S. Bernardin de Sienne. m. p. en t. d'après *Ventura Salimbeni.*

Un Repos en Egypte, où la Vierge affife, donne à boire à l'Enfant Jefus. p. p. en h. d'après *Rutilio Manetti.*

La Noce Aldobrandine, peinture antique. m. p. en travers.

Diverfes autres Pièces, tant de fa compofition, que d'après *le Correge, Alexandre Cofolano,* &c.

CAQUET, (Jean-Gabriel) né à Paris en 1749.

On connoît de lui une fcène de la Partie de Chaffe d'Henry IV. m. p. en h. d'après *Moreau* le jeune.

CARAGLIO, *ou* CARALIUS, (Jacques) habile deffinateur & graveur au burin, natif de Veronne, & contemporain de Marc-Antoine, dont il tâcha d'imiter la manière. Il mourut en 1551. On a de lui plufieurs eftampes; entr'autres,

Une Annonciation. g. p. en h. d'après *le Titien.*

Une Bataille. g. p. en t. d'après *Raphael* ou *Jules Romain*.

Les Amours des Dieux , en 20 p. ps. en h. d'après *Perino del Vaga*.

Les Divinités du paganisme représentées dans des niches. p. p. en h. d'après *le Rosso*.

Nombre d'autres Pièces, d'après *le Parmesan* & autres.

CARDI, (Louis) *dit* le Civoli, né en 1559, & mort à Rome en 1613. On connoît de lui le repas du Pharisien, gravé à l'eau-forte.

CARDON, (Antoine) a gravé le portrait en pieds du Prince George, fils du Roi d'Angleterre. m. p. en h. en 1766, il a gravé à Naples diverses planches du cabinet d'Hamilton.

CARETTONI, (Gir.) On connoît de lui plusieurs statues dans les vol. du *Museo Pio Clementino*.

CARLEVARIIS, (Lucas) né à Udine, en 1665, excelloit à peindre en petit des paysages & des marines, & grava à l'eau-forte les plus belles vues de Venise, qu'il publia en 1705, en cent planches. Il mourut en 1729.

CARMONA, (Salvador) graveur Espagnol, né à Madrid en 1751, élève de Dupuis, à Paris, & demeurant actuellement dont son pays natal. On a de lui ,

H iij

L'Histoire écrivant les fastes de Charles III, Roi d'Espagne, & les vertus accompagnant le médaillon de ce Prince. g. p. en h. sujet allégorique d'après *François Solimene.*

La Vierge & l'Enfant-Jesus. g. p. en h. d'après *van Dyck.*

La Résurrection du Sauveur. g. p. en h. d'après *Carle Vanloo.*

Une Adoration des bergers. g. p. en t. d'après *Pierre.*

Le Portrait de Boucher, & celui de Colin de Vermont. deux m. ps. en h. qu'il a gravés pour sa réception à l'académie royale de France, d'après *Roslin*, peintre Suédois.

CARMONTEL, (amateur & homme de lettres) né en 1729, a dessiné nombre de portraits de personnes de condition, & en a gravé quelques-uns à l'eau-forte; il réussit singulièrement à saisir le maintien de ceux qu'il dessine. On a gravé d'après lui, la famille Calas, le ballet de Sylvie, dansé par Mademoiselle Allard & Dauberval;

Différentes vues de la jolie maison de Monceaux, appartenant à Monseigneur le Duc d'Orléans, qui sont exécutées d'après ses dessins.

CARPI, (Hugo da) peintre, graveur en taille de bois, & l'un des premiers graveurs en clair-obscur, florissoit au commencement du seizième siècle. On a de lui plusieurs estampes en ce genre, pour lesquelles il fe fervoit ordinairement de papier gris, afin que les *rehauts* fuffent d'une teinte plus douce ; entr'autres,

David coupant la tête de Goliath. m. p. en travers, d'après *Raphaël*.

Le Maffacre des Innocens. m. p. en t. d'après le même.

Ananie punie de mort. *id.*

Enée fauvant fon père Anchife de l'embrafement de Troye. g. p. en h. *id.*

Diogene affis à l'entrée de fon tonneau. g. p. en h. d'après *le Parmefan*.

Diverfes Pièces d'après les mêmes, ainfi que d'après plufieurs autres peintres de fon tems.

CARPIONI, (Jules) né à Venife en 1611, réuffiffoit à peindre des Bacchanales, des jeux d'enfans, & autres fujets femblables. Il a gravé à l'eauforte quelques pièces de fa compofition ; entr'autres,

Un Chrift au jardin des Olives. m. p. en h.

Un Repos en Egypte. m. p. en h.

CARRACHE, (Louis) habile peintre en hiftoire, né à Bologne en 1555, apprit le deffin de Profper Fontana, & fe perfectionna dans la peinture par l'étude qu'il fit des tableaux du Titien, d'André del Sarte, du Correge, du Parmefan & autres. Quoiqu'il n'ait point porté l'art du deffin à un fi haut point de perfection qu'Auguftin & Annibal Carrache, fes coufins, l'on remarque toutefois plus de grace &

d'élégance dans fes figures, que dans celles de ces derniers. Il mourut en 1618, à 63 ans. On a de fa main quelques pièces à l'eau-forte & au burin ; entr'autres,

Une Sainte Famille. m. p. en t. de fa compofition, où S. Jofeph a la tête appuyée fur fa main.

Une petite Vierge vue de profil, laquelle donne le fein à l'Enfant-Jefus, qui eft en chemife, *id*.

Une Vierge affife, avec une draperie fur la tête, & tenant un livre à la main. p. p. en h. *id*. où l'Enfant-Jefus & S. Jean fe voient dans un coin.

CARRACHE, (Auguftin) coufin germain du précédent, dont il fut élève, ainfi que de Profper Fontana, naquit à Bologne en 1557, & mourut à Parme en 1605, à 48 ans. Il s'appliqua à la gravure & à la peinture, mais beaucoup plus à la première. Cet excellent Artifte, également verfé dans les fciences & les beaux-arts, a traité fes eftampes d'une manière fi parfaite, que l'on ne fait fi l'on y doit plus admirer la correction du deffin, que la beauté du travail. Les jeunes graveurs ne doivent pas négliger de voir avec quelle perfection & quelle facilité il a rendu les extrèmités de fes figures, & avec quel art il a fçu toucher le payfage avec le burin. Les uns prétendent qu'il apprit les élémens de la gravure de Corneille Cort, & d'autres avancent que ce fut fur les eftampes de ce dernier, qu'il apprit les principes de cet art, comme fit Aldegrever fur les eftampes d'Albert Durer. Quoiqu'il en foit, voici les principales pièces que l'on a de fa main :

S. François recevant les ftigmates. g. p. en h. de fa compofition, fur le devant de laquelle fe voit une tête de mort.

Le Cordon de S. François, pièce ainfi nommée, parce que ce Saint. qui fe voit fur un nuage, y diftribue fon cordon, que reçoit la religion placée fur un autel, pour le tranfmettre à des Papes, à des Cardinaux, à des Evêques, à des Rois, enfin aux perfonnes de tous états, qui fe voient au bas, & qui tiennent chacun un bout de ce cordon. g. p. en h. *id.*

Un *Ecce Homo*, à demi-fig. m. p. en h. d'après *le Correge.*

La Vierge affife avec l'Enfant-Jefus, auquel la Madeleine baife les pieds; S. Jérôme fe voit de l'autre côté. g. p. en h. d'après le même.

Le Portrait du *Titien*, vêtu d'une robe bordée de fourure. m. p. en h. d'après ce maître, & dont les premières épreuves font avant les lettres qui fe voient dans le haut des fecondes.

Une Adoration des Rois, g. p. en h. compofée de 7 morceaux, d'après *Balthazar Perucci.*

Le Calvaire. g. comp. en t. & en 3 feuilles, d'après *le Tintoret.*

Jefus-Chrift fur les nues, & confolant S. Antoine dans la tentation. g. p. en h. d'après le même.

L'Apparition de la Vierge à S. Jérôme. g. p. en h. d'après *le Tintoret*.

Mercure & les Graces. p. p. en t. *id*.

La Sageſſe accompagnée de la paix & de l'abondance, chaſſe le Dieu de la guerre. p. p. en t. faiſant pendant avec la précédente.

Enée ſauvant ſon père Anchiſe de l'embraſement de Troie. g. p. en t. d'après *Frédéric Baroche*.

Un Chriſt mort, auquel un Ange tient la main. m. p. en h. d'après *Paul Veroneſe*..

Une Sainte Famille ſur un piédeſtal, au bas duquel ſe voient S. Antoine & Sainte Catherine. g. p. en h. d'après le même.

Le Mariage de Sainte Catherine. g. p. en h. *id*.

Le Martyre de Sainte Juſtine. g. p. en h. de 2 planches *id*.

L'Extaſe de S. François. m. p. en h. d'après *Fr. Vanni*.

CARRACHE, (Annibal) frère du précédent, naquit à Bologne en 1560. Après avoir appris les élémens de la peinture de Louis Carrache, il étudia les tableaux du Correge, du Titien, de Raphaël, & l'Antique, & devint l'un des plus grands peintres de l'Italie. Il étoit doué d'un génie vaſte & ſublime; il poſſédoit le deſſin à fond; il ſavoit donner beaucoup d'expreſſion à ſes figures, & répandre dans ſes ouvrages un caractère de grandeur & de majeſté; mais il ignoroit entièrement la partie du clair-obfcur. Comme le penchant qu'il avoit toujours eu pour les femmes lui avoit ruiné le tempérament, il n'eut pas la force de furmonter le chagrin qu'il conçut de fe voir mal récompenfé de la galerie qu'il avoit peinte pour le Cardinal Farnefe, & mourut à Rome en 1609, âgé de 49 ans. On a de fa main quelques eftampes au burin & à l'eau-forte, de fa compofition; entr'autres,

Sufanne & les vieillards. m. p. prefque quarrée.

Une Adoration des bergers, dite la petite Nativité du Carrache, ou la petite crêche. p. p. en t. où l'on voit un Berger qui s'appuie fur une pièce de bois qui fe trouve au milieu de l'eftampe.

Une Adoration des Rois. p. p. en h.

Le Couronnement d'épines. p. p. en h.

Un Chrift mort fur les genoux de la Vierge, accompagnée de S. Jean & de la Madeleine. p. p. en t. connue fous le nom du Chrift de Caprarole.

Une Sainte Famille, où S. Jofeph, tenant un livre, eft affis & appuyé contre une colonne. p. p. en t.

Une Vierge tenant l'enfant-Jefus, & donnant à boire dans une taffe à S. Jean. p. p. en t. connue fous le nom de la Vierge à l'Ecuelle.

Vénus nue & endormie, contemplée par un Satyre que l'amour ménace. p. p. en t.

Silene couché, deux Satyres, &c. p. p. dans un rond d'environ 8 pouces de diamètre, dont le tour eft orné de pampres & de grappes de raifins. Cette eftampe que l'on nomme communément la Taffe d'Annibal, fut gravée, à ce que l'on prétend, au fond d'une foucoupe appartenant au Cardinal Farnefe.

CARRACHE, (François) neveu d'Auguflin & d'Annibal, defquels il apprit les élémens de la peinture, naquit en 1605. Il deffinoit correctement & avoit de grandes difpofitions pour fon art; mais la vie crapuleufe & libertine qu'il mena à Rome, lui attira le mépris de tous les honnêtes gens, & il mourut dans un des hôpitaux de cette ville en 1622, à 27 ans. Nous connoiffons un petit nombre de pièces gravées à l'eau-forte, de fa main; entr'autres,

Une Vierge & l'Enfant-Jefus fur un nuage. p. p. en h. d'après *Annibal Carrache*.

Semiramis, & trois autres femmes célèbres de l'antiquité. 4 p. ps en h.

CARRAVAGIO, (Michel-Ange) né dans le Milanois en 1560, & mort à Rome en 1609. On connoît de fa main S. Thomas touchant du doigt la plaie de N. S. à l'eau-forte.

CARRÉE, (   ) jeune artifte, a gravé en 1781 plufieurs pièces en couleurs & au lavis, d'après Freudeberg, Prevoft, &c.

Le Retour des champs, la balançoire, &c. m. p. en h.

CARS, (Jean-François) né à Paris en 1670, & mort en 1739, père du fuivant, a gravé quelques fujets de thèfes & autres pièces de ce genre.

CARS, (Laurent) graveur du Roi, né à Paris en 1703, où il eſt mort en 1771. Cet habile artiſte joignit à la correction du deſſin, une manière de graver ſçavante & agréable. On a de lui grand nombre d'eſtampes, dont voici les principales :

Adam & Eve avant leur péché. m. p. en h. d'après *le Moine*, & dont le pendant eſt Adam & Eve auſſi après leur péché, gravé par Flipart, d'après *Natoire*.

Allégorie ſur la fécondité de la Reine. g. p. en h. dans un ovale, d'après *le Moyne*.

Hercule filant auprès d'Omphale, & Perſée qui délivre Andromède. 2 m. ps. en h. *id*. & faiſant pendans.

Le Tems qui enlève la vérité, & la baigneuſe. 2 m. ps. en h. *id*.

L'Enlèvement d'Europe, & Cephale & l'Aurore. 2 g. ps. en h. *id*.

Le Sacrifice d'Iphigénie, & le brigand Cacus. 2 g. ps. en t. *id*.

Une Fuite en Egypte. m. p. en h. & cintrée par le haut, d'après *Carle Vanloo*.

Diverſes autres Pièces d'après *Rigaud, J. F. Detroy, Watteau*, &c.

CARTARUS. (Marius) *Voyez* KARTARUS.

CASA, (Nicolas de la) graveur au burin, que l'on prétend être né en Lorraine, vers l'an 1530. Il demeura preſque toujours en Italie. Il a gravé nombre de pièces aſſez médiocres.

CASALI, (André) né à Civita Vecchia, en 1724 ; il vint à Londres, où il se fixa ; il a gravé à l'eau-forte quelques pièces de sa composition, dont la Princesse Gunhilda, & Lucrece déplorant son sort, deux m. p. en hauteur, dont on connoît les mêmes sujets gravés à Londres par Ravenet.

CASANOVE, (François) né à Londres en 1732, peintre de batailles, membre de l'académie royale de peinture à Paris, où il fut reçu en 1763. Il a gravé plusieurs pièces à l'eau-forte, de sa composition.

CASEMBROT, (Abraham) Flamand, a dessiné & gravé une suite de quelques endroits du port de Messine, en 13 planches.

CASTELLUS GALLUS. *Voyez*. GUILLAUME CHATEAU.

CASTIGLIONE, (Benedette) très-habile peintre né à Gênes en 1616, & mort à Mantoue en 1670, à 54 ans. Après avoir appris les élémens de la peinture de J. B. Paggi & d'André Ferari ; il s'attacha à van Dyck, pendant le séjour que ce dernier fit à Gênes, lors de son voyage en Italie. Il peignoit l'histoire & le portrait, & excelloit à représenter des foires, des pastorales & des animaux. L'on remarque dans ses ouvrages une touche libre & pittoresque, & une grande intelligence du clair-obscur. Il a gravé à l'eau-forte une cinquantaine d'estampes

E.

CASTIGLIONE
GENOVESE

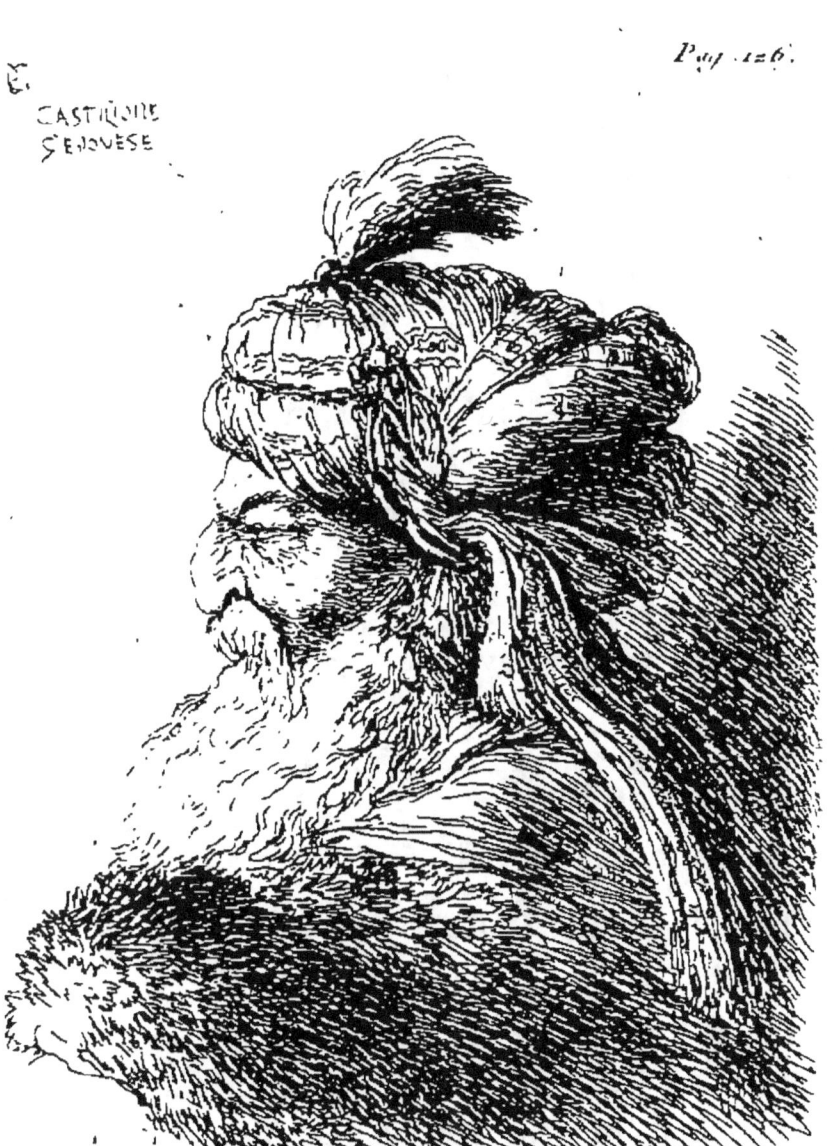

remplies d'esprit & de goût, & où la partie du clair-obscur n'est pas moins bien entendue que dans ses tableaux. En voici les principales :

Les Animaux prêts à entrer dans l'arche. m. p. en t. de sa composition.

L'Ange apparoissant à S. Joseph pendant son sommeil. p. p. en t. *id.*

Une Fuite en Egypte. p. p. en h. *id.*

La Résurrection du Lazare. p. p. en t. *id.*

Diogène avec sa lanterne. m. p. en t. *id.*

L'Invention des corps de deux saints Martyrs. m. p. en h. *id.*

Une Magicienne & plusieurs animaux. m. p. en t. *idem.*

La Mélancolie. p. p. en h. *id.*

Deux Sujets champêtres, avec des Faunes & des Satyres. p. p. en t. *id.*

Deux suites de Têtes d'hommes; l'une de 16, & l'autre de 6 p. ps. en h. *id.*

Plusieurs Sujets de caprice, allégories, &c.

CATHELIN, (Louis - Jean) né à Paris en 1739, élève de le Bas, duquel on a

Les quatre heures du jour, d'après *Vernet.* g. p. en t.

Divers portraits, dont celui de M. Paris Montmartel. g. p. en h. d'après un dessin de Cochin.

Celui de l'abbé Terray, Contrôleur général, d'après Roslin, qu'il a gravé pour sa réception à l'académie royale, en 1777.

Divers autres Sujets & portraits d'après différens maîtres.

C A T T I N I, (Jean) graveur moderne demeurant à Venife, duquel on a une fuite de quatorze groffes têtes d'après *Piazetta*, & dans le goût de celles que Pitteri a gravées d'après le même maître.

Diverfes Statues antiques de la ville de Venife, &c.

C A U K E R K E N, (Corneille van) habile graveur & marchand d'eftampes, qui floriffoit vers l'an 1660. On a plufieurs eftampes gravées de fa main; entr'autres,

Un Chrift mort, étendu par terre, ayant la tête appuyée fur les genoux de la Vierge, qui paroît évanouie. m. p. en t. d'après *Annibal Carrache*.

Le Martyre de S. Lievins, auquel on arrache la langue. g. p. en h. d'après *Rubens*.

Un Chrift mort, foutenu par la Vierge & par S. Jean; La Madeleine fe voit à côté. g. p. en hauteur, d'après *van Dyck*.

Une Pentecôte. g. p. en h. d'après le même.
Une Charité. m. p. en h. *id.*

C A V A L E R I I S, (Jean - Baptifte de) graveur Italien, floriffoit vers l'an 1560. On a de lui plufieurs eftampes, dont quelques unes ne font que des copies d'après d'autres eftampes; entr'autres,

Le Maffacre des Innocens, la multiplication des pain ;

pains, la bataille de Conſtantin & autres pièces d'après *Raphaël*. g. ps en t.

La Deſcente de Croix. m. p. en h. d'après *Daniel de Volterre.*

Divers Morceaux, d'après *Michel-Ange*, *Polydore de Caravage*, & autres maîtres.

CAYLUS, (Anne-Claude Philippe , Comte de) célèbre amateur & homme de lettres , membre honoraire des académies de peinture & belles lettres, mort à Paris en 1765 , âgé de 73 ans. On a de ſa main un grand nombre d'eſtampes à l'eau-forte; entr'autres,

Une Suite de plus de 200 pièces, d'après les plus beaux deſſins du cabinet du Roi.

Un Recueil de têtes d'après quelques deſſins du cabinet de M. Crozat. Quoique ces têtes ſoient attribuées à *van Dyck*, il n'eſt pas moins certain qu'à l'exception de deux, qui ſont de ce dernier; elles appartiennent toutes à *Rubens*, qui en a employées pluſieurs dans ſes tableaux.

Une Suite de têtes de caractère , & de charges, d'après les deſſins de *Leonard de Vinci.*

Diverſes Pièces d'après *Bouchardon*, &c. dont les fêtes Lupercales, les cris de Paris, qui ont été terminées au burin, par Feſſard.

CECIL, (Thomas) graveur Anglois, cité par M. Evelyn , dans ſon ouvrage ſur les artiſtes Anglois,

I

a eu grand succès dans la gravure de différens portraits au burin.

CERQUOZZI, (Michel-Ange) *dit* MICHEL-ANGE DES BATAILLES, naquit à Rome en 1602. Il réussit à peindre des batailles, des marches, des bambochades, des fruits & des fleurs, & mourut en 1660, à 58 ans. Il a gravé à l'eau-forte quelques pièces, dont le mérite consiste plus dans leur rareté, que dans la beauté de l'exécution.

CESAR DE AVIBUS, (autrement *dit* CESAR PALAVINUS) né en Allemagne en 1615. On connoît de lui une suite de portraits représentans tous les Souverains, Princes & Princesses de la maison d'Autriche, qui avoient existé jusqu'alors; cette suite est *in-folio*

CESIO, (Carle) habile graveur établi à Rome en 1680, a gravé,

La Galerie du palais Farnèse, d'après *Annibal Carrache.*

La Galerie Pamphile, en 15 morceaux, y compris le titre, d'après *P. de Cortonne.*

Nombre de pièces, d'après *le Guide, Lanfranc, le Dominiquin, Romanelli,* &c.

CHALON, (Christine) née à Amsterdam, fille d'un célèbre musicien; elle a gravé divers petits sujets de sa composition, dans le genre d'Ostade.

CHAMBARS, (Thomas) graveur Anglois moderne, duquel on a,

Saint Martin à cheval, & partageant son manteau aux pauvres. g. p. en h. d'après *Rubens*, ou plutôt d'après *van Dyck*.

La mort de Turenne, d'après *Palmieri*. g. p. en t.

Diverses pièces d'après d'autres maîtres.

CHAPERON, (Nicolas) peintre & habile graveur François, natif de Châteaudun, fut élève de Vouet, & demeuroit en 1640 à Rome, où, entr'autres choses il a gravé,

Les Loges du Vatican, en 52 ps. d'après *Raphaël*. C'est la meilleure suite que l'on ait gravée d'après ces tableaux.

CHAPONIER, (Alexandre) peintre en émail qui a préféré à son talent qui n'a été qu'éphémère, la gravure Angloise pointillée, en 1786 & 1787. Il a mis au jour divers sujets d'après *Huet* & autres, parmi lesquels on distingue le remède, d'après *Challes*. g. p. en t. &c.

CHAPUY, (Jean-Baptiste) a gravé en couleurs, d'après *Rottenhamer*, Mars & Vénus. g. p. en travers.

Les Graces Parisiennes & pendant, d'après *Lavreince*. p. p. en t.

CHARPENTIER, (Etienne) graveur & marchand d'estampes à Paris, duquel on a diverses pièces copiées d'après différens maîtres, pour éviter les frais de dessins originaux.

CHARPENTIER, (   ) graveur, mort à Paris, il y a quelques années, a mis au jour diverses marines & Paysages, d'après *S. Rose*, *Bonav. Peters*, *Vernet* & autres.

CHARPENTIER, (Pierre-François) natif de Blois en 1739, a travaillé à la casse d'imprimerie en lettres ; il est fort ingénieux pour la partie mécanique, il a gravé diverses planches dans le goût du dessin au lavis, d'après *Berghem*, *Vanloo*, *Boucher*, *Greuze* & *Doyen*. Ces trois artistes du même nom ne font cependant point parens.

CHARTRES, (le Duc de) né à Paris en 1726, a gravé en 1736 quelques paysages à l'eau-forte, dont il se trouve des épreuves au cabinet du Roi, dans le vol. de MM. les amateurs.

CHATEAU, (Guillaume) habile graveur François, né à Orléans en 1663, apprit à Paris les premiers principes de son art ; il alla ensuite à Rome, où il se perfectionna sous la conduite de Frédéric Greater ; après quoi il parcourut une grande partie de l'Italie pour examiner ce qu'elle offre de plus beau en fait de peinture. De retour en France, il y mourut âgé de 50 ans. On a de lui plusieurs estampes à l'eau-forte & au burin ; entr'autres,

Une Assomption de la Vierge. m. p. en t. d'après *Annibal Carrache*, du recueil du Cabinet du Roi.

Le Martyre de S. Etienne. m. p. en t. d'après le même. *ibid.*

morceaux qu'il a gravés d'après divers maîtres, l'on diſtingue,

Jeſus-Chriſt à table avec les pélerins d'Emaüs. m. p. en t. d'après *le Titien*. C'eſt le même ſujet que celui que Maſſon a gravé.

Un Concert. m. p. en quarré, d'après *le Dominiquin*. Ce même ſujet ſe trouve encore gravé par Etienne Picart, dans le recueil du cabinet du Roi.

La Vie de S. Bruno, d'après les tableaux de *le Sueur*, qui étoient dans le cloître des chartreux de Paris. Cette ſuite dont il a gravé la plus grande partie, eſt un de ſes derniers ouvrages.

Une Nativité. g. p. en h. d'après *Laurent de la Hyre*.

Méléagre qui préſente à Atalante la Hure du ſanglier de Calidonie. m. p. en t. d'après le même.

Diverſes autres Pièces d'après *le Brun* & autres.

CHEDEL, (Quentin-Pierre) né en Bourgogne & mort à Paris en 1762, âgé de 48 ans, a gravé quantité de pièces à l'eau-forte ; entr'autres,

L'Aurore, petit payſage en t. d'après *David Teniers*.

Le Puit, très-petit ſujet en h. & divers petits payſages, d'après *Boucher*.

L'Hermitage & ſon pendant. m. ps. en h. d'après *Pierre*.

CHENU, (Pierre) né à Paris en 1730, élève

de le Bas, a gravé nombre de pièces d'après divers maîtres, entr'autres,

Les Amusemens des matelots. m. p. t. d'après *D. Teniers.*

Le Boulanger Flamand cornant à sa porte, & le grivois Flamand. p. ps. en h. d'après *van Ostade.*

Bacchus & Prométhée. 2 m. académies en hauteur, d'après *Pierre*, &c. &c.

CHEREAU, (François) de Blois, habile graveur au burin. mort en 1729, âgé de 49 ans. Il eut pour maître G. Audran; il fut membre de l'académie royale. On a de sa main,

S. Jean dans le désert. m. p. en h. d'après *Raphaël*, du vol. de Crozat.

Le Portrait du Cardinal de Polignac, d'après *Rigaud.*

Celui de M. de Launay, d'après le même.

Plusieurs autres sujets, & principalement des portraits, d'après divers maîtres.

CHEREAU, (Jacques) *dit* le jeune, frère du précédent, & graveur au burin, demeurant à Paris, où il est mort en 1776 âgé de 89 ans, a gravé,

Une Sainte Famille. m. p. en h. d'après *Raphaël*, du vol. de Crozat.

La Vierge, l'Enfant-Jésus & S. Jean. m. p. en h. d'après le même *ibid.*

David tenant la tête de Goliath. m. p. en hauteur, d'après *le Feti. ibid.*

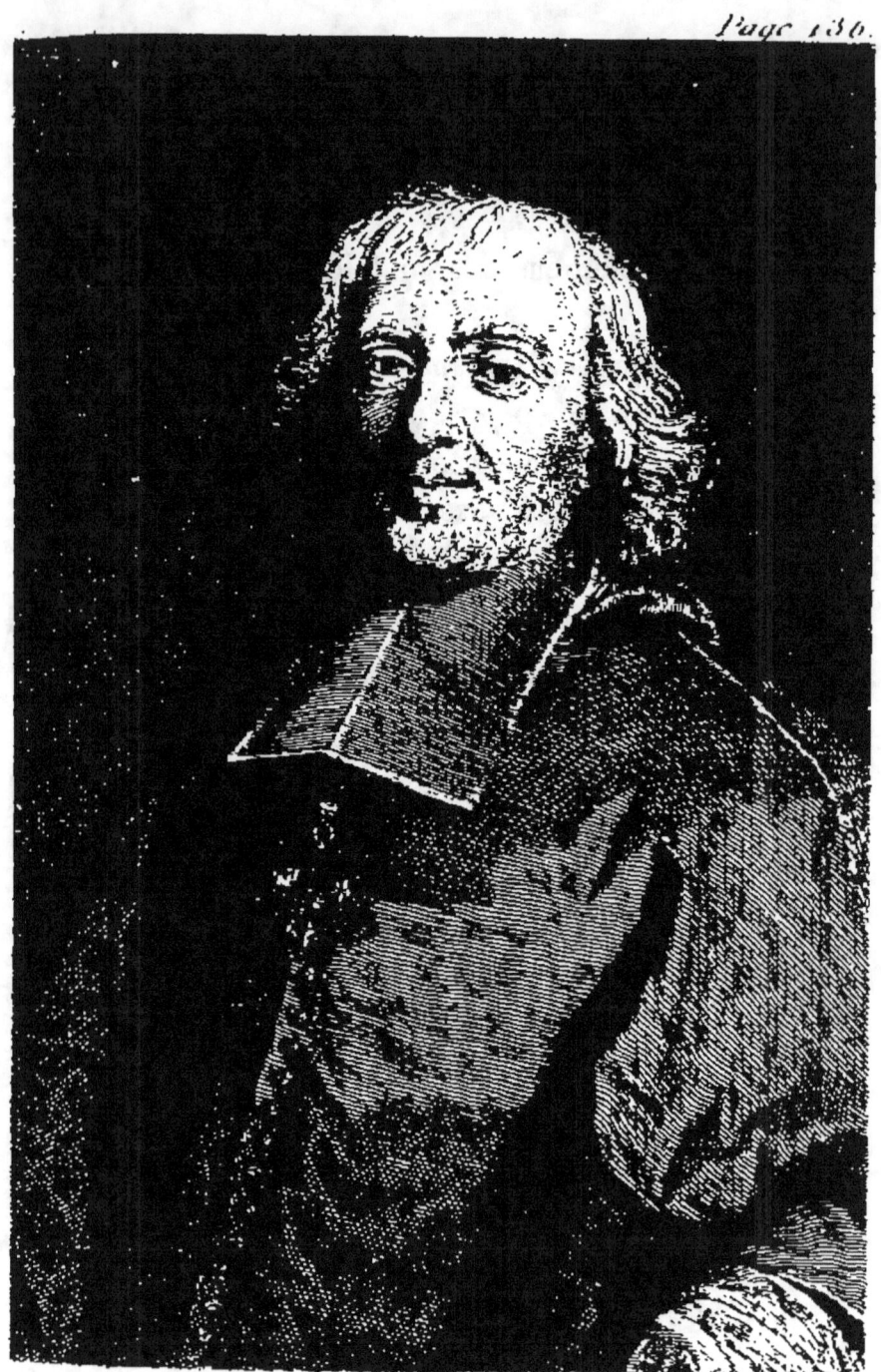

Messire Iacques Benigne Bossuet,
Evêque de Meaux.

F. Chereau Sculp.

Vertumne & Pomone. m. p. en h. d'après *François Marot*.

Le Lavement des pieds. g. p. en t. d'après *Nic. Bertin*.

Les Portraits des Evêques de Montpellier & de Sénez. m. p. en h. d'après *Raoux*.

Plusieurs autres Pièces d'après divers maîtres.

CHERON, (Louis) Peintre en histoire, né à Paris vers l'an 1660. Après avoir appris en France les élémens de son art, il alla en Italie où un séjour de 18 ans lui procura le loisir d'étudier les meilleurs tableaux de ce pays-là. Il composoit avec facilité, & dessinoit correctement ; mais ses figures manquent de graces. Il mourut à Londres en 1723, à l'âge de 63 ans. Il a gravé,

S. Pierre guérissant le boiteux, à la porte du temple. m. p. en t. de sa composition.

Ananie & Saphire punis de mort. m. p. en t. *id.*

L'Eunuque baptisé par S. Philippe. m. p. en t. *id.*

Vingt-trois Sujets, y compris le titre pour les pseaumes de David qu'avoit traduits en vers François sa sœur dont nous allons parler.

CHERON, (Elisabeth-Sophie) fille célèbre par l'universalité de ses connoissances & de ses talens, notamment par celui de la peinture, naquit à Paris en 1648, & mourut en la même ville en 1711, âgée de 62 ans. Il y a une suite de cornalines gravées sur ses dessins, dont trois le sont de sa main ;

elles repréfentent la nuit qui répand fes pavots,
Bacchus & Ariadne, Mars & Vénus ; le refte a été
gravé par Urfule & Jeanne de la Croix, fes nièces,
par C. Simoneau, B. Picart, J. Audran & autres.
Elle a encore gravé une defcente de croix, d'après
un morceau de fculpture en cire coloriée, exécuté
par un Sicilien nommé Zumbo, & un livre à deffiner, en 36 feuilles.

CHERUBIN-ALBERT, peintre en hiftoire, & habile graveur, naquit au bourg du Saint
Sépulcre en 1552, & apprit de fon père les élémens
de la peinture. Il a gravé nombre de pièces au burin, entr'autres,

Une Vierge & l'Enfant-Jefus fur un croiffant. m.
p. en h. de fa compofition.

Une Refurrection. g. p. en t. d'après *Raphaël.*

Adam & Eve chaffés du Paradis terreftre, & le
pendant, qui repréfente Adam travaillant à la terre,
& Eve élevant fes enfans. p. ps. en h. d'après *Polydore de Carravage.*

La plus grande partie des Frifes qui ont été peintes
fur des façades de maifons à Rome par le même
maître, entr'autres celles qui repréfentent la fable
de Niobé, l'enlèvement des Sabines, &c.

L'Ange & le jeune Tobie. p. p. en h. d'après *Pe-
legrino Tibaldi.*

Diverfes autres Pièces d'après *André del Sarte*, *le
Roffo*, *le Parmefan*, *Thadée & Frédéric Zuccaro*,
Fr. Vanni, &c.

Il est mort en 1615.

CHEESMAN, (T.) élève de Bartolozzi, a gravé à Londres en 1787, diverses pièces au pointillé, dans le genre de son maître.

Une Femme assise, occupée à coudre, d'après *Romney*, de forme ovale, dans la même manière.

CHESHAM, (François) a gravé à Londres, en 1782, d'après *Rob. Dodd*, le combat naval de l'amiral Parker, du 5 Août 1781. g. p. en travers, &c. &c.

CHEVILLET, (Juste) graveur Allemand, né à Francfort en 1729, duquel on a,

La Santé portée, & son pendant. 2 m. ps. en h. d'après *Terburg*.

Le bon Exemple & son pendant. *idem*. d'après *Heilmann*.

Divers Portraits, &c.

La mort de Montcalm, d'après *Watteau*. g. p. en travers.

CHEVREUSE, (le Duc de) amateur mort en 1771, a gravé à l'eau-forte quelques paysages & une tête d'après *Boucher*.

CHIARI, (Fabrizio) Peintre né à Rome en 1621, & mort en 1695, a gravé à l'eau-forte,

Mars & Vénus dans un paysage. p. en t. d'après *le Poussin*.

Vénus couchée, Mercure & plusieurs enfans. *id.* d'après le même, &c.

CHODOWIESCHI, (Daniel) peintre & graveur Allemand né en 1728, à Dantzic, établi à Berlin depuis 1754, duquel on a une très - grande quantité de vignettes gravées sur ses propres dessins. pour différens ouvrages imprimés à Berlin, soit traductions ou autres.

Les adieux de Calas à sa famille, &c.

CHOFFARD, (Pierre - Philippe) dessinateur & graveur, né à Paris en 1730. A force d'études & de recherches, il s'est formé un genre particulier & unique d'ornement spirituel & allégorique, qu'il a rendu, tant en dessins qu'en gravure, avec tout l'esprit possible. Son œuvre est très - considérable. On y distingue,

Plusieurs Vignettes & culs - de - lampes de sa composition dans la dernière édition des contes de la Fontaine, dans celle des métamorphoses d'Ovide, dans l'histoire de la maison de Bourbon, & quantité d'autres pour différens ouvrages de littérature.

Deux grandes Vues en t. de la nouvelle place de Rheims.

La Vue du pont d'Orléans. g. p. en t. d'après *Desfriches.*

La Vue de la cascade de Brunoy, m. p. en t. d'après *Gravelot.*

Deux jolis Cahiers de fleurs d'après *Bachelier.*

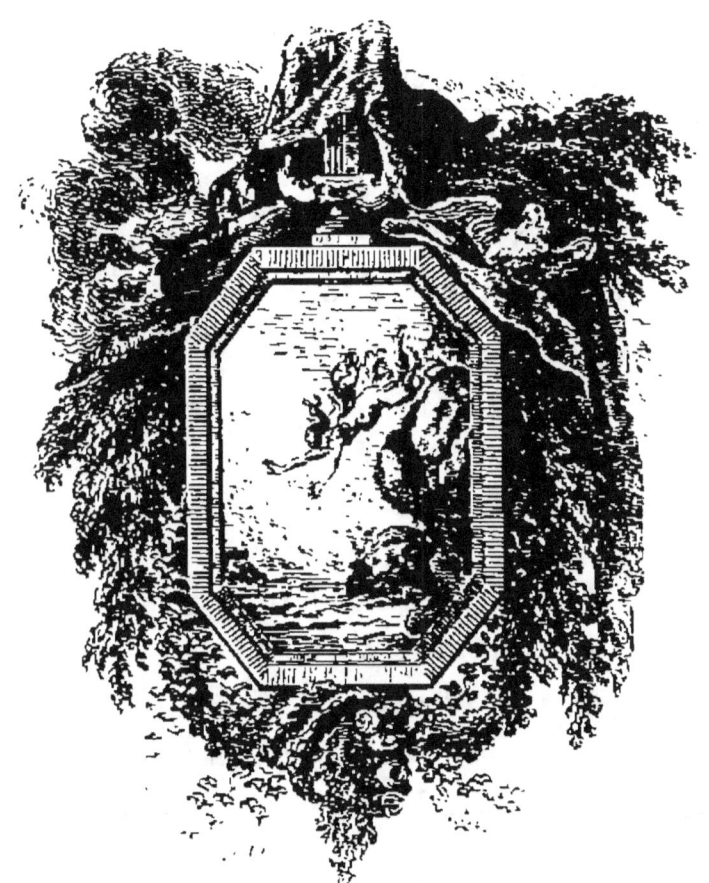

Sapho désespérée de n'avoir pu toucher l'infidèle Phaon, mit un terme à sa
vie et à ses malheurs en se précipitant du Rocher de Leucade dans la mer.

Une des grandes batailles de la Chine, exécutées sous la direction de M. Cochin.

Dix Sujets pour l'Héloïse de J. J. Rousseau, d'après *Cochin*.

CHOISEAU, (P. L.) peintre en miniature, a gravé à Paris, en 1787, deux petits sujets de forme ronde, à la manière Angloise représentant l'Amour domptant un lion, & pendant.

CHOLMONDLEY, (　　　) graveur Anglois, duquel on a diverses pièces d'après *le Chevalier Reynolds*.

CIAMBERLANO, (Lucas) graveur au burin, né à Florence, en 1603. On a de lui,

S. Jérôme étendu mort sur une pierre, & ayant les jambes pendantes. m. p. en h. d'après *Raphaël*.

N. S. apparoissant sous la figure d'un jardinier à la Madeleine. m. p. en h. d'après *le Baroche*.

Divers autres Sujets d'après *Polydore de Caravage*, *Jacques Palme*, *le Pomerance*, *Frédéric Zuccaro*, *Cherubin Albert*, *Annibal Carrache*, *le Dominiquin*, &c.

CIOCI, (Antoine) a gravé à Florence divers sujets de dévotion & figures de Saints & Saintes.

CIPRIANI, (　　　) peintre né à Rome en 1728, a passé de longues années à Londres où il est mort en 1785.

On connoît de lui une descente de croix, sujet en

hauteur, d'après *van Dyck*, qu'il a gravé à l'eau forte, avec efprit; quelques perfonnes l'attribuent à Bartolozzi. On lit au bas de cette eftampe une anecdote affez curieufe, dont voici le fens : un François entrant dans le cabinet de fon fils, pendant fon abfence, & trouvant fur fon bureau un traité qu'il faifoit fur la religion de fa patrie, fit pofer devant fon bureau le tableau d'après lequel cette eftampe a été gravée, & lui mit fur fon papier; *Vois ce qu'il en couta à un réformateur.*

CLARKE, (J.) élève de Bartolozzi, a gravé à Londres, en 1782, la mort de Cléopatre, fujet oval en h.

Vénus & l'Amour, *id.*

CLARUS. (Fabricius) *Voyez* Fabrizio CHIARI.

CLERC, (Jean le) peintre né à Nancy en 1587, & mort en 1633. Il travailla beaucoup en Italie fous Carlo Saracino, *dit* Charles Vénitien, dont il a fouvent très-bien faifi la manière dans fes propres tableaux, & d'après lequel il a gravé à l'eau-forte,

La mort de la Vierge. m. p. en h. dont on attribue mal à propos l'invention au Guide.

Plufieurs autres fujets, d'après différens maîtres.

CLERMONT, (le Comte de) Prince du fang royal a gravé en 1730, quelques payfages dont il y a des épreuves dans le vol. des amateurs, au cabinet du Roi.

CLERMONT, (Mademoiselle) fille de Clermont, peintre, directeur de l'académie de Rheims.
Elle a gravé à la manière du crayon, diverses études
d'après les desseins de son père.

CLOUET *ou* CLOWET, (Pierre) habile
graveur au burin, né à Anvers en 1606, florissoit
vers lé milieu du dix-septième siècle. Après avoir
appris les élémens de son art dans sa patrie, il alla en
Italie, où il se perfectionna en travaillant avec Spierre
& Bloemaert; après quoi il retourna en Flandres où
il mourut à l'âge de 62 ans. On a de sa main,

Josué combattant les Amorrhéens. g. p. en deux
feuilles, d'après *Guillaume Courtois*, frère du Bourguignon.

Une Descente de Croix. g. p. en h. d'après *Rubens*.

La mort de Saint Antoine. g. p. en h. d'après le
même.

Une Conversation entre plusieurs amans. g. p. en
t. *idem.*

Un grand Paysage en t. où il tombe de la neige,
& où se voit une étable de vaches, *id-* Cette pièce
fait suite avec les cinq grands paysages que S. A.
Bolswert a gravés d'après le même maitre.

Plusieurs Morceaux d'après *van Dyck*, tels qu'une
Vierge & l'Enfant-Jesus, la dame à la plume, &c.
ainsi que divers sujets d'après d'autres maitres.

. CLOUET *ou* CLOWET, (Albert) neveu
du précédent, travailla aussi à Rome, ainsi qu'il se

voit par quelques-uns de fes ouvrages, & notamment par quelques portraits de la *vie des peintres de Bellori*, imprimée en cette ville en 1672. Il étoit moins habile que fon oncle.

CLOWES, ( ) graveur Anglois, en 1778; il a gravé plufieurs fujets en manière noire.

COCHET, COUCHET, *ou* COGET, (Antoine) graveur au burin, du dernier fiècle, & duquel on a,

Le Tems qui couronne le travail & qui punit l'oifiveté m. p. en h. d'après *Rubens.*

Quelques autres Pièces d'après divers maîtres.

COCHIN, (Nicolas) deffinateur & graveur à l'eau-forte, natif de Troyes en Champagne, en 1619, florifloit au milieu du dernier fiècle. On a de lui plufieurs eftampes, entr'autres,

Le Paffage de la mer rouge. m. p. en de fa compofition.

Moyfe recevant les tables de la loi. m. p. en t. *idem.*

Une Adoration des bergers. *id.*

La Converfion de S. Paul *id.*

Diverfes Pièces d'après *Fouquieres, Callot, la Belle, Chauveau,* &c.

COCHIN, (Charles-Nicolas) habile graveur de ce fiècle, mort en 1754, âgé de 64 ans. On a de lui,

La Rencontre de Jacob & d'Efaü, m. p. en h. d'après *le Moine.*

L'Inflexibilité

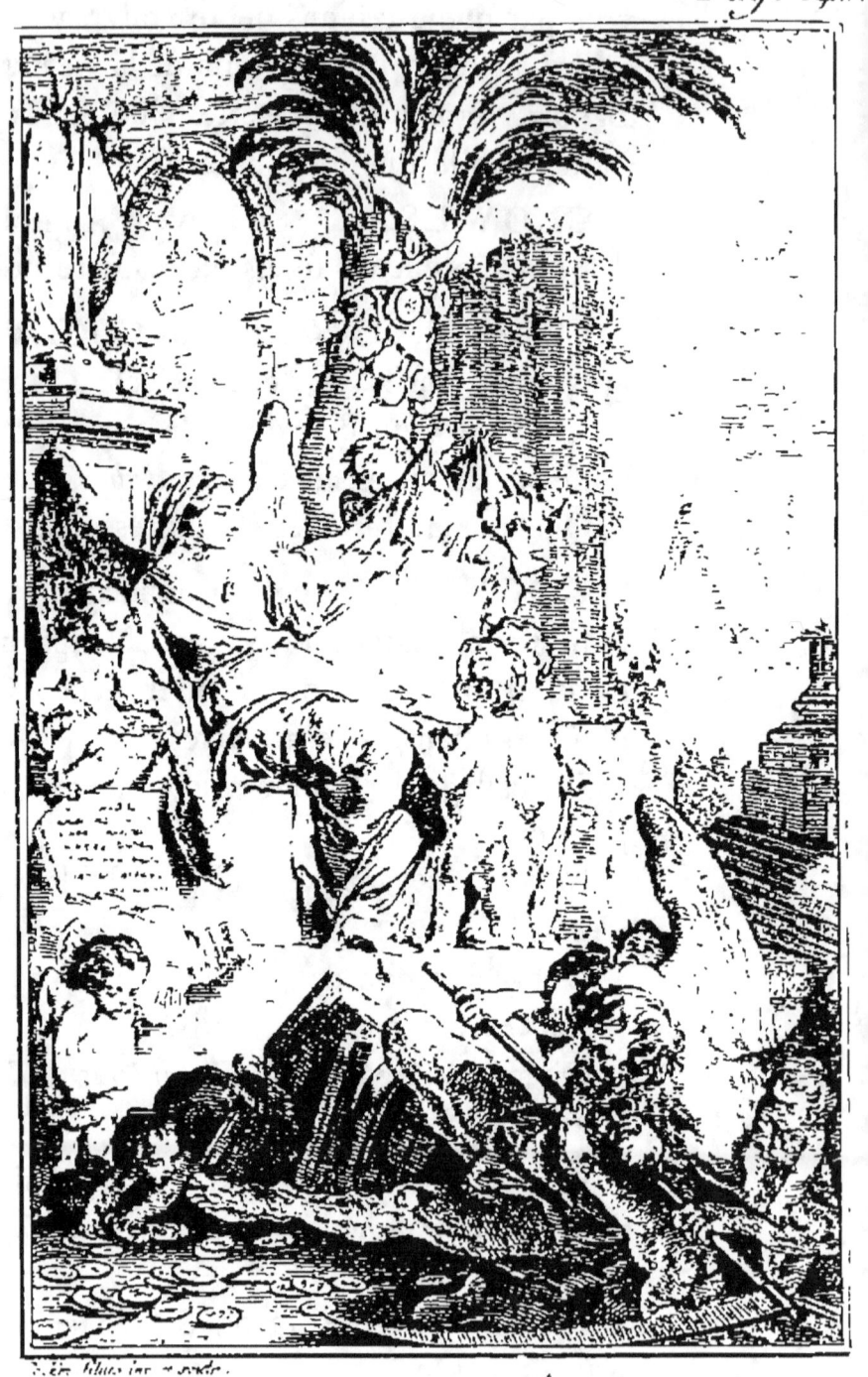

LE GENIE DES MÉDAILLES,

Reconnant l'Histoire et la sauvant de la fureur du Tems.

L'Inflexibilité de S. Basile devant Modeste, préfet d'Orient. p. p. en h. d'après le même.

Jacob & Laban. m. p. en h. d'après *Restout*, faisant pendant avec la rencontre de Jacob & Esaü, dont on vient de parler.

La Destruction du palais d'Armide. m. p. en t. d'après le même.

Nombre d'autres Pièces d'après *Nicolas Loyr*, *Noël Coypel*, *Charles de la Fosse*, *Jouvenet*, *Charles Parocel*, *Louis de Boulongne*, *N. Bertin*, *J. F. Detroy*, *Cazes*, *Watteau*, *Lancret* & autres.

COCHIN, (Charles-Nicolas) fils du précédent, né à Paris en 1715, Chevalier de l'ordre de S. Michel; aussi sçavant dessinateur que graveur habile, garde des dessins du Roi, Sécrétaire de l'académie royale de peinture, &c. On a de sa main,

La Mort d'Hippolyte. g. p. en t. d'après *J. F. Detroy*.

David jouant de la harpe devant Saül. m. p. en t. d'après *Carle Vanloo*. Le pendant de ce morceau est Abraham prenant Agar, par le conseil de Sara, gravé par Desplaces, d'après le même.

Plusieurs grandes Vues des ports de mer de France d'après *Vernet*, conjointement avec le Bas.

Diverses fêtes données à Versailles, & différens mausolés. g. ps. qu'il a gravés sur ses propres dessins.

Une Suite qui devient assez nombreuse, de por-

K

traits de perfonnes illuftres dans les fciences & dans les arts, en forme de médaillons. in-4°. & in-16.

Un grand nombre de très-jolis p. fujets de fa compofition, dont les premières épreuves font très-rares ; telles font les vignettes d'une nouvelle édition de la géométrie de le Clerc, celle des œuvres de Boileau, de l'abrégé chronologique de l'hiftoire de France par le Préfident Henault, &c. &c.

Son œuvre eft très-recherché des amateurs, & pffe 1500 pièces petites & grandes.

COCK, (Jérôme) peintre, graveur & marchand d'eftampes, natif d'Anvers, floriffoit vers le milieu du feizième fiècle. Il a mis au jour plafieurs pièces d'après *Michel Coxie*, *Martin Hemfkerk*, &c. Ce qu'il a fait de mieux eft une fuite de p. payfages. en t. d'après le vieux *Breughels*.

COCLERS, (Léonard-Bernard) peintre né à Maeftricht, a long-tems réfidé à Liège & à Leyde. Il a gravé nombre de morceaux de fa compofition, dans le genre d'Oftade & autres peintres Hollandois.

COCLERS, (Marie-Lambertine) fœur & élève du précédent, a aufli gravé à l'eau-forte divers petits fujets dans le genre d'Oftade.

COECH, (Pierre) bon peintre, & habile architecte, naquit à Aloft, en 1668 ; il alla fe perfectionner en Italie, & fit un voyage en Turquie, où il deffina ce qu'il trouva de plus remarquable parmi les coutumes & les ufages des Turcs. Ces deffins furent gravés en bois par la fuite. Il grava lui-même quelques autres pièces de fa compofition.

COELMANS, (Jacques) graveur & élève de Corneille Vermeulen, naquit à Anvers vers l'année 1670. M. de Boyer d'Aiguilles, Conseiller au parlement d'Aix, fit venir cet artiste en Provence, sur la fin du dernier siècle, pour y graver les tableaux de divers grands maitres, que ce magistrat possédoit. Cette suite fut finie en 1709, & ne parut qu'en 1744. C'est ce que Coelmans a gravé de plus considérable.

COGET. *Voyez* COCHET.

COIGNI, (le Marquis de) a gravé en 1749 plusieurs vues du château de Vincennes, dont on trouve des épreuves dans le vol. des amateurs, du cabinet du Roi.

COINI, (   ) jeune artiste né à Paris, a gravé divers paysages à l'eau-forte, d'après différens maitres.

Les Figures des fables de la Fontaine, en *in-12.* conjointement avec Simon, d'après les dessins de Vivier, élève de Cazanove.

COLBENSCHLAG, *ou* COLBENIUS, (Etienne) graveur Allemand, né à Salsbourg, en 1591. On a de lui quelques estampes qu'il a gravées en Italie, au commencement du dernier siècle, entr'autres,

Un Christ descendu de la croix. m. p. en hauteur, d'après *Annibal Carrache.*

Une Adoration des bergers. m. p. en h. d'après *le Dominiquin.*

COLIBERT, (N.) peintre, a gravé en 1786, à Londres, à la manière pointillée, deux sujets ovales d'Evélina, d'après ses deffins.

COLIBON, (   ) a gravé un payfage, vue des jardins de Monceau, appartenant au Duc d'Orléans, &c.

COLIGNON, (François) né à Nantes en 1639, graveur & marchand d'eftampes à Rome. Il gravoit avec efprit, & fa manière approche beaucoup de celle *de Callot*, dont il a copié quelques eftampes. Il a aussi gravé d'après *la Belle*, ainsi que quelques plans & profils de villes, &c. qui fe trouvent dans le grand Baulieu.

COLINET, (   ) graveur moderne, qui a gravé plufieurs portraits d'acteurs, &c. en petit format, celui de Cheron, de Mademoifelle Saint Huberti, &c.

COLLAERT, (Adrien) graveur au burin, floriffoit à Anvers dans le feizième fiècle. On a de fa main grand nombre d'eftampes exécutées avec affez de propreté ; entr'autres,

Une partie de la vie de J. C. d'après *Martin de Vos*.

Une Suite d'hermiteffes qu'il a gravée avec Jean Collaert, d'après le mème, & que l'on joint ordinairement aux hermites des Sadelers.

Une grande partie des Chaffes & des pêches de *Jean Stradan*.

Les douze Mois de l'année, d'après *Joße Momper*. Ce font ceux que Callot a copiés.

Il a auffi gravé d'après *le Barroche* & autres maîtres, pendant le féjour qu'il fit en Italie, où il étoit allé pour fe perfectionner dans le deffin.

COLLAERT, (Jean) fils du précédent, a auffi gravé au burin, mais d'un meilleur goût que fon père, qu'il a aidé dans quelques-unes des fuites que ce dernier a mifes au jour. On a encore de fa main,

Le Frapement du rocher: m. p. en t. d'après *Lambert Lombart*.

Les Eftampes du Miffel de Moretus, gravées fur les deffins de Rubens.

Plufieurs jolis titres de livres d'après le même.

Divers Sujets d'après *Hemfkerk*, *Martin de Vos*, *Stradan*, *Joße Momper*, *Henri Goltzius* & autres.

COLLIN, (Richard) graveur né à Anvers en 1631. On a de lui,

Efther devant Affuerus. g. p. en t. d'après *Rubens*, c'eft la même compofition qui a été gravée en petit par Panneels.

Divers autres morceaux d'après *Quellinus*, *Diepenbeck* & autres maîtres, ainfi que plufieurs portraits dont celui du Morillos, &c.

COLLYER, (Jofeph) graveur Anglois, dont on connoit diverfes pièces, entr'autres l'exercice de la troupe des volontaires d'Irlande. g. p. en t. &c.

COLOMBINI, (né à Orvietto, a gravé plusieurs portraits dans le *Muſæum Florentinum.*

CONDÉ, (Mademoiſelle de Soubiſe, devenue Princeſſe de) a gravé en 1754 des enfans jouant avec un chien, d'après *Soldini*; on en voit une épreuve dans le volume des amateurs, au cabinet du Roi.

CONGIUS, (Camille) graveur, floriſſoit au commencement du ſeizième ſiècle. On a de lui diverſes eſtampes, d'après *Tempeſte, André d'Ancone, Bernard Caſtelli, Gaſpar Celio, Julio Benſi* & autres.

CONRAD, (Abrah.) graveur Hollandois, né à Leyde vers l'an 1640. On connoît de lui quelques portraits, &c.

COOK, (   ) né en Angleterre en 1734. Il a gravé d'après *Weſt*, Jupiter & Semélé. g. p. en t.
Un Chien couchant, d'après *Milton*, &c.
Il eſt élève de Ravenet.

COOPER, (Richard) graveur né à Londres en 1730. On a de lui pluſieurs eſtampes; entr'autres,
La Proceſſion de l'ordre de la jarretière, d'après *van Dyck*. g. p. en t. de 2 feuilles, dans le genre du lavis.
Les Enfans du Prince de Galles. g. p. en t. où ſe voit un gros dogue, d'après *van Dyck*.

COPPA, (Stepha.) a gravé à Rome pluſieurs ſtatues de la galerie Cleméntine.

COR, (Olivarum) a gravé divers portraits, dont Antoine, Infant de Portugal, fait en 1746.

CORBUTT, (César) graveur, né aux environs de Londres, en 1730, a gravé à la manière noire plusieurs portraits, d'après *Kneller* & autres maîtres. Il étoit élève de *Smith*.

CORIOLAN, (Christophe) peintre & disciple du Valesio, a gravé en cuivre divers ouvrages d'après *le Guerchin* & autres maîtres. Il étoit né à Nuremberg ; il s'établit à Venise, où il mourut en 1600.

CORIOLAN, (Barthelemi) fils du précédent, & habile graveur en bois. On a de lui plusieurs estampes en clair-obscur, qui sont fort estimées ; entr'autres, S. Jérôme à demi-figure. p. ps. en h. d'après *le Guide*.

La Chûte des géans. g. p. en h. de quatre feuilles, d'après le même.

L'Amour endormi. m. p. en t. *id.*

Diverses autres Pièces dans le même genre.

CORNEILLE, (Michel) habile peintre né à Paris en 1642, fut élève de son père ; il alla en Italie pour se perfectionner. Personne ne dessinoit mieux que lui dans le goût des Carraches ; il entendoit bien le clair-obscur, & réussissoit sur-tout dans le paysage & la perspective. Il mourut à Paris en 1708, à 66 ans. Il a gravé à l'eau-forte, & d'un fort bon goût,

Une Vierge avec l'Enfant-Jesus, demies-figures p. p. en h. de sa composition.

Le Martyre de S. André. m. p. en h. *id.*

S. François intercédant auprès du Sauveur, pour le salut du genre humain. m. p. en h. *id.*

Diverses Pièces d'après *le Titien*, *les Carrache*, *le Dominiquin*, &c.

CORNEILLE, (Jean-Baptiste) frère du précédent, se distingua aussi dans la gravure, & grava à l'eau-forte quelques pièces de sa composition. Il mourut en 1695, à 59 ans. On a de lui,

Jesus-Christ apparoissant à Sainte Thérèse & au B. H. Jean de la Croix. m. p. en t. d'après le tableau qu'il a peint, & qui se voit à Paris dans l'église des carmes déchaussés.

CORNELISZ, (Jacques) peintre Flamand, né à Amsterdam en 1495, & mort en 1567. Il a gravé neuf planches d'hommes à cheval, qui sont singuliers, (dit M. Descamps, dans la vie de cet artiste.)

CORNHERT *ou* KOORNHERT, (Théodore) graveur au burin, & fameux écrivain, né à Amsterdam en 1522. Il mourut en 1590, à 68 ans. C'est de lui que Goltzius apprit les principes de la gravure. Ses gravures sont la plûpart d'après *Francfloris*, *Martin Hemskerk*, &c.

CORSI, (Marc-Antoine) duquel on connoît divers portraits d'artistes, de la galerie du Grand

Duc, à Florence, ainsi que plusieurs sujets d'après *Zocchi* & autres.

CORT, (Corneille) l'un des meilleurs graveurs au burin que la Hollande ait produit, naquit à Hornes, en 1536. Après avoir appris les élémens de son art, il alla en Italie pour se perfectionner, & se fixa à Rome, où il mourut en 1578, à 42 ans. L'on trouve dans ses estampes une grande correction de dessin, & un goût si exquis, qu'Augustin Carrache les regarda comme le modèle le plus propre à suivre pour se perfectionner dans la gravure. On a de lui,

Un S. Jérôme assis au pied d'un rocher. p. p. en h. d'après le *Titien*.

Le Paradis. g. p. en h. d'après le même.

Tarquin & Lucrece. p. p. en h. *id.*

Prométhée enchaîné sur le Mont-Caucase. m. p. en h. *idem.*

La Transfiguration. g. p. en h. d'après *Raphaël*.

Les sept Pénitens dans de grands paysages, dont six sont en h. & un en t. d'après *Jérôme Murien*.

Un Repos en Egypte, où la Vierge puise de l'eau dans une écuelle. m. p. en h. d'après *le Barroche*. La même estampe a aussi été gravée par Schiaminosi.

Une Sainte Famille, où Saint Jean tient un oiseau. m. p. en h. d'après le même.

Une Cène. g. p. en h. d'après *Thadée Zuccaro*.

Le Martyre de S. Laurent. g. p. en h. d'après *Marcel Venusti*.

Une Cêne. g. p. en h. d'après *Livio de Forli*, autrement dit, *Livio Agresti*.

L'Académie des beaux arts m. p. en h. d'après *Jacques Strada*.

Divers autres morceaux d'après *Michel-Ange*, *André del Sarte*, *Polidore de Caravage*, *Frederic Zuccharo*, *M. Hemskerck*, *Franc-Floris Spranger*, &c.

CORTERI. *Voyez* BOURGUIGNON.

CORVINUS, (Jean-Augu.) graveur moderne, a exécuté la plus grande partie des vues de Vienne, que Pfeffel a publiées.

COSSIN, (Louis) graveur au burin, né à Troyes en Champagne, en 1632. On a de lui diverses pièces d'après *Hallé*, *Sevin* & autres.

COSTA, (Jean-François) peintre, architecte & graveur, a donné en 1750, une suite de 140 vues de palais, & maisons de plaisance qui bordent la rivière, près de Venise, 2 vol. *in-fol.*

COTIBERT, (François) peintre & graveur, a gravé à Londres, depuis quelques années qu'il y séjourne, divers sujets champêtres, & autres à la manière pointillée Angloise.

COUCHÉ, (Jean) né à Paris en 1759, élève d'Aliamet, a gravé en 1782, le lit de la victoire & de la mort de Toiras; en 1784, le triomphe de la valeur, d'après *Monnet*.

Plusieurs paysages & ruines, d'après *C. Poëlem-*

bourg, & autres. Les Sabots. m. p. en h. d'après *La-vreince* peintre Suédois, &c.

En 1786, il a entrepris, avec succès, le cabinet du Duc d'Orléans, qu'il grave & fait graver par différens artistes, sur des dessins faits d'après les tableaux, par Borel & autres.

COULET, (Anne-Philbert) graveuse née à Paris en 1736, élève d'Aliamet & Lempereur, de laquelle on a,

Un joli Paysage orné de fig. intitulé *la bélle après-dinée*. m. p. en t. d'après *Vernet*.

L'heureux Passage, & le départ de la chaloupe. p. marines en t. d'après le même.

Les Pêcheurs Florentins, & les pêcheurs Napolitains. m. ps. en h. *id*. &c. &c.

COURTOIS, (Jacques) *dit* LE BOURGUIGNON, excellent peintre de batailles, naquit en 1621, à S. Hypolyte en Franche-Comté. Il n'avoit que 15 ans, lorsqu'il alla en Italie, où il fit connoissance avec le Guide & l'Albane, desquels il tira d'excellens préceptes pour son art. Ses tableaux sont exécutés avec autant d'intelligence que de feu & de génie, & sont beaucoup recherchés. Il se fit Jésuite, & mourut à Rome en 1676, à 55 ans. Il a gravé à l'eau-forte quelques batailles, où l'on remarque le même esprit que dans ses tableaux.

COURTOIS, (Guillaume) frère du précédent, fut élève de Pietre de Cortone, & se distingua auffi dans la peinture. Il mourut à Rome en 1679. Nous ne connoissons qu'une estampe gravée de sa main ; elle repréfente Tobie qui enfevelit les morts.

COURTOIS, (P. François) jeune graveur François, élève de Feffard. Il eft mort en 1768, à Rochefort, où il étoit allé, depuis peu d'années, en qualité de maitre à deffiner, pour la partie maritime. Il a gravé avant fon départ à Paris, diverfes vignettes, & un fujet d'après *F. Boucher*, repréfentant Vénus & Enée. p. p. en t.

Les Portraits à la mode, d'après *Aug. de Saint Aubin*. m. p. en t. & fon pendant.

COUSINET, (Elifabeth) femme de Lempereur, graveur du Roi, née à Paris en 1726 ; elle eft élève de Cars & Feffard ; & a gravé plufieurs eftampes ; entr'autres,

La Pyramide de Sextius, & les colonnes de Campo-Vacino ; ce font deux m. ruines en t. ornées de figures, d'après *J. P. Pannini*.

Le Départ de Jacob. p. p. en h. d'après *Boucher*.

Les Commerçans Turcs. m. marine en t. d'après *Vernet*.

COUSSIN, (Hardouin) né à Aix en Provence, en 1709, y a gravé à l'eau-forte quelques pièces, d'après *Puget*, *Rembrandt*, &c.

COUVAY, (Jean) graveur né à Arles en 1642. On a de fa main,

La Tentation d'un Saint, par le démon de la chair, qu'il fait fuir en lui montrant le crucifix. p. p. en t. & à demi-fig. d'après *le Guerchin*. C'est un sujet de nuit, où se voit une chandelle renverfée sur la table.

Le Martyre de S. Barthelemi. m. p. en h. d'après *le Pouffin*. Miteili a gravé la même compofition, fous le nom du martyre de S. Erafme.

Diverfes Pièces d'après *Raphaël, Annibal Carrache, le Guide, Vouet, Perrier, Stella glanchard, Seb. gourdon, le Sueur*, &c.

COYPEL, (Noël) habile peintre d'hiftoire, né en Baffe-Normandie, en 1618. Après avoir été quelque tems chez un nommé Poncet, peintre à Orléans, il alla à Paris, où il fe perfectionna fous la conduite de Charles Errard. On trouve dans fes tableaux, de la fécondité, de la correction & un affez bon ton de couleur. Il mourut à Paris en 1707, à 79 ans. On a de lui une Sainte Famille, qu'il a gravée avec des changemens, fur trois planches différentes.

COYPEL, (Antoine) fils & élève du précédent, naquit à Paris en 1661. Il accompagna fon père, lorfque ce dernier fut nommé directeur de l'académie établie par le Roi à Rome, & s'attacha principalement à étudier les ouvrages de Raphaël, de Michel-Ange & d'Annibal Carrache; par ces études ainfi que par celles qu'il fit à fon retour en

France ; il devint un fort bon peintre d'histoire. Il mourut en 1722, à 61 ans. On a de sa main quelques estampes à l'eau-forte, de sa composition ; entr'autres,

Un Ecce Homo. p. p. en h.

Une Judith. p. p. en h.

Une Sainte Cécile. p. p. en h.

Bacchus & Ariadne. g. p. en t. dont il a fait l'eauforte, & qui a été terminée par Gerard Audran.

Galathée. g. p. en t. terminée par Ch. Simonneau.

Le Portrait en grand & en petit, de la Voisin, célèbre empoisonneuse, qui fut brûlée en place de Grève.

COYPEL, (Noël-Nicolas) frère du précédent, naquit à Paris, en 1692. Après avoir appris de son père les élémens de la peinture, il se perfectionna en France, sans aller en Italie, & devint aussi un habile peintre d'histoire. Il mourut en 1734, à 43 ans. On a de sa main quatre estampes à l'eauforte, sçavoir :

Une Sainte Thérèse avec plusieurs anges. p. p. en ovale, de sa composition.

Le Triomphe d'Amphitrite. p. p. en t. *id.*

Une Femme dormant sous un pavillon, & surprise par un Satyre. p. p. en t. *idem.*

Une Femme qui caresse un pigeon. p. p. en travers. *idem.*

COYPEL, (Charles) fils d'Antoine, naquit à

Paris en 1694. Il fut élève de fon père, & fe diftingua comme lui par fon goût pour les belles-lettres, & par des écrits pleins de délicateffe & d'efprit. Il eft mort peintre du Roi, en 1752. On a de lui plufieurs pièces de fa compofition, qu'il a gravées à l'eauforte.

CRANACH, (Lucas von) peintre d'hiftoire & de portraits, né à Cranach, en Weftphalie, vers l'an 1472. Il travailla prefque toujours à Wirtemberg, & mourut à Weimar en 1552. On a de lui plufieurs gravures en cuivre & en bois, exécutées felon le goût du tems; telles font:

Adam & Eve. p. p. en h.

Quatorze Sujets de la Paffion, en grand & en petit.

Diverfes Joûtes & tournois.

Les Portraits de Melancton & de Luther. p, ps. en h.

Il ne faut pas confondre ce maître avec Lucas von Cranach, fon fils, qui peignit le portrait, & mourut en 1586, fans avoir rien gravé.

CRESPI, (Jofeph-Marie) habile peintre, furnommé l'Efpagnol, naquit à Bologne en 1645. Il travailla d'abord fous la conduite d'Ange-Michel Toni, & de Dominique Canuti, & entra enfuite chez Carlo Cignani, où il fe perfectionna. Il mourut à Bologne en 1665, à 82 ans. On a de fa main quelques pièces à l'eau-forte, entr'autres,

Les Aventures de Bertholde & de Bertholdino, en une suite de p. ps en h. de sa composition.

Une Résurrection de N. S. m. p. en h.

CRESPY, (Charles) graveur assez médiocre, né en 1684, mort dans ce siècle, a gravé,

Une Descente de croix. g. p. en h. d'après *Carlo Cignani*.

CRIVELLARI, (Bartholomé) duquel on connoît diverses pièces qui se trouvent insérées dans différens grands ouvrages imprimés à Bologne & Venise, &c.

CROISIER (Mariane) né à Paris en 1765, élève de Saint Aubin, a gravé Vénus corrigeant l'Amour, d'après *Rubens*, le même sujet qu'a gravé C. Galles.

CROIX, (Ursule & Jeanne de la) ont gravé, sur la fin du dernier siècle, quelques pièces de la suite des cornalines de la Demoiselle Cheron, leur tante.

CROUTELLE, (   ) jeune artiste, élève de Delaunay l'aîné, a gravé diverses vignettes d'après *Marillier*, &c.

CRUGER, (Théodore) né à Munich en 1589, passa jeune en Italie. On a de sa main plusieurs gravures en cuivre; entr'autres,

La Vie de S. Jean. m. ps. en t. d'après *André del Sarte*.

Une Cène. g. p. en t. d'après le même.

Quelques

Quelques Thèses & autres sujets, d'après *André d'Ancone, le Chevalier Borghèse, Jean Lanfranc* & autres.

CRUSIUS, (Théodore) graveur Saxon , né en 1730, vint à Paris en 1757, & y passa plusieurs années pour se perfectionner; il y grava l'Amour conduit par la Folie. p. p. en h. d'après *Schenau.*

Il a aussi gravé nombre de vignettes, ainsi que son frère Charles.

CRUYS, (Théodore) a gravé une partie des tableaux de la galerie de Florence, ainsi que divers portraits.

CUERENHERT. *Voyez* CORNHERT.

CUNDIER, (Jean) né à Paris en 1691, a gravé en 1727, le portrait du Cardinal le Bret, d'après *Rigaud,* &c.

CUNEGO, (Dominique) né à Véronne en 1727, a gravé à Rome une grande quantité de tableaux célèbres des plus grands maîtres connus dans cette ville. Son œuvre est très-nombreux & intéressant ; Cet artiste est maintenant établi à Berlin.

CURTI, (François) graveur né à Parme en 1625, a gravé au burin plusieurs sujets, entr'autres,

Le Mariage de Sainte Catherine. p. p. en hauteur, d'après *Denis Calvaert.*

L

Vénus à la forge de Vulcain. p. p. en t. d'après *le Carrache*.

Les Principes du deſſin, d'après *le Guerchin*.

Divers autres Morceaux d'après des maitres Italiens.

CUSTOS, (Dominique) graveur au burin, né à Anvers, & établi à Ausbourg, vers l'an 1610. Il a mis au jour nombre de pièces d'après *Joſeph Heintz*, *M. Kager*, *Rottenhamer*, &c. ainſi que divers portraits.

CUSTOS, (Raphaël) couſin du précédent, floriſſoit à Francfort vers le commencement de ce ſiècle. On connoît de lui nombre de petits morceaux, mais peu intéreſſans. Il mourut en 1751.

D.

DAGINCOURT, (François-Germain) ancien fermier-général, & amateur, né en 1729. Après avoir cultivé les arts dans ſa patrie, il s'eſt retiré à Rome pour y perfectionner ſes connoiſſances; il y a fait élever un monument au Pouſſin, dans une des ſalles de l'académie de cette capitale des arts; en 1758, il a gravé à l'eau-forte, pour ſon amuſement, pluſieurs payſages d'après *Boucher*.

DALEN, (Corneille van) *dit* le jeune, habile graveur Hollandois, né à Harlem en 1640. Sa manière approche, tantôt de celle de C. Viſſcher, & tantôt de celle de Bloeteling. On remarque dans ſes ouvrages beaucoup de goût, d'intelligence & de propreté. Il a gravé,

Divers Morceaux du cabinet de Rheynst, tels que les portraits de Bocace, de l'Arétin. m. ps. en h. que quelques personnes attribuent à C. Visscher.

Les quatre Pères de l'Eglise. m. p. en h. d'après *Rubens.*

La Nature embellie par les graces. g. p. en h. & en deux planches, d'après le même.

La Vierge présentant le sein à l'Enfant-Jesus. m. p. en h. d'après *Flinck.*

Vénus & l'Amour. m. p. en h. d'après le même.

Plusieurs autres Morceaux d'après divers maîtres.

DALRI, (Marc-Antoine) a gravé en cinquante-cinq planches, les palais & maisons de plaisance du Milanois.

DAMBRUN, (Jean) né à Paris en 1745, élève de le Bas, a gravé beaucoup de vignettes d'après *Marillier* & autres, & quelques morceaux dans les suites des cabinets d'Orléans, Choiseul & Poullain.

DANCKERS, (Corneille) graveur & marchand d'estampes, florissoit à Anvers vers le commencement du dernier siècle. Il a gravé en petit, & d'un goût assez piquant,

Plusieurs Sujets de la Passion, des ruines de Rome, & diverses autres suites.

DANCKERS, (Dancker) fils du précédent,

& habile graveur au burin, duquel on a plufieurs eftampes; entr'autres,

Divers Payfages hiftoriés, d'après *Pieter Nolpe*, *Wouvermans & Berghem*. Parmi ceux qu'il a gravés d'après ce dernier, on diftingue particulièrement une fuite de quatre en t. à l'un defquels fe voit un homme qui traverfe un pont.

Plufieurs autres pièces d'après *le Titien*, *Gerard Seghers*, *P. de Jode le jeune*, &c.

DANDELEAU, (N.) a gravé à Paris, en 1787 le portrait de Copernic p. p. en h.

DANNOOT, (Philippe) né à Bruxelles en 1648, a gravé dans le dernier fiècle une tête d'*Ecce Homo*, d'après *Rubens*; plufieurs études d'après le même.

Et quelques Portraits, dont celui de P. Aloyfia, la Cardinal Carafe, d'après *Sallarts*, fujet allégorique, &c.

DANZEL, (Euftache) né à Abbeville, mort à Paris vers l'an 1775. On a de lui quelques eftampes; entr'autres,

Les deux Fils de *Rubens*, dans l'adolefcence. m. p. en h. C'eft une copie de celle que Daullé a gravé pour le vol. de la galerie de Dresde, &c.

DANZEL, (Jérôme) né à Abbeville; graveur différent du précédent, & élève de Beauvarlet. On a de fa main,

Le Roi boit. g. p. en t. d'après *Tilborgh*.

Vénus & Adonis. m. p. en h. d'après *J. Bethon*.

Vénus & Énée, faifant le pendant de la précédente, d'après *A. Boifot*.

Le Sacrifice de Callyrhoé. g. p. en t. d'après *Fragonard*, dont le tableau a été fait pour la manufacture royale des Gobelins.

Vénus commandant les armes d'Enée. g. p. en t. d'après *Boucher*, &c.

Socrate prononçant fon difcours fur l'immortalité de l'ame à fes amis, après avoir bu la cigue. g. p. en t. d'après *Sané*.

DARCIS, (Louis) a gravé à Paris, en 1788, la rufe d'amour, pièce ovale, à la manière pointillée Angloife, d'après le tableau de Mouchet, &c.

DARET, (Pierre) graveur au burin, né à Pontoife en 1610. Il alla en Italie, où il travailla beaucoup pour fe perfectionner, tant dans le deffin que dans la gravure; il revint enfuite dans fa patrie, près la ville d'Ax, dans les landes de Bayonne, où il mourut âgé de 74 ans. On a de fa main un grand nombre d'eftampes, entr'autres,

S. Jean affis dans le défert, & tenant fur fes genoux un agneau. m. p. en h. d'après *le Guide*.

S. Pierre délivré de prifon. g. p. en t. d'après *le Dominiquin*. Ce fujet a auffi été gravé par J. Mariette.

Une Charité, avec quatre enfans. m. p. en t. d'après *Blanchard*.

Plusieurs autres Pièces, tant de sa composition, que d'après *Annibal Carrache*, *Polidore de Caravage*, *Otto Vænius*, *van Dyck*, *P. Champagne*, *Vouet*, *Stella*, *Laurent de la Hire*, *le Sueur*, *le Brun*, *Sarasin*, &c.

DARGENVILLE, (Antoine-Joseph Dezalier) né en 1715, mort à Paris en 1779, auteur d'un abrégé de la vie des peintres, & amateur. On a divers petits sujets & paysages de sa composition, qu'il a gravès à l'eau-forte.

DASSONVILLE, (Jacques) né au Port S. Ouen, près de Rouen, en 1719, a gravé à l'eau-forte, dans le goût de van-Ostade, plusieurs petits sujets de sa composition.

DAUDET, (Jean-Baptiste) né à Lyon, en 1737, a long-tems travaillé chez Wille. On connoît de lui divers paysages & marines d'après *Berghem*, *Wouvermans*, *Poëlembourg*, *Vernet*, &c. dans lesquels il a très-bien réussi.

DAULCEUR, (Louise de Montignî, épouse de M. le) a gravé à l'eau-forte plusieurs estampes d'après *Boucher*, *Pierre*, *Cochin*, *Bouchardon*, &c.

En 1770, elle a gravé, les vignettes du Poëme de Madame du Bocage, son amie.

DAULLÉ, (Jean) graveur du Roi, né à Abbeville, mort à Paris en 1763, âgé de 54 ans, a gravé avec un égal succès l'histoire & le portrait.

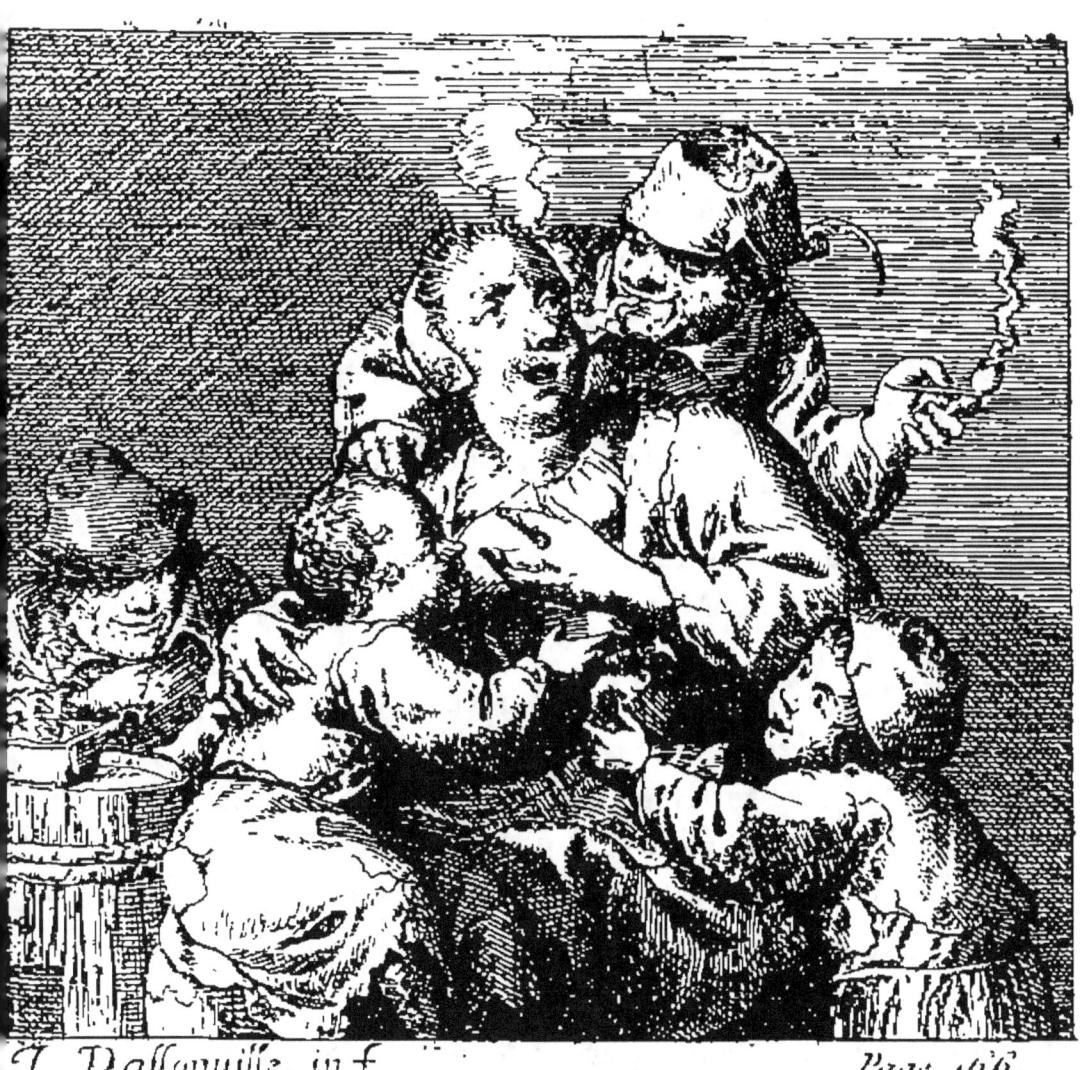

Entre les pièces que l'on a de sa main, on distingue particulièrement,

La Madeleine au désert. m. p. en t. d'après *le Corrège*, du recueil de la galerie de Dresde.

Diogène avec sa lanterne. p. p. en h. d'après *l'Espagnolet*, du même vol.

Le *Quos Ego*. g. p. en t. d'après *Rubens*, *ibid*.

Les deux Fils de *Rubens*, dans l'adolescence. p. p. en h. d'après le tableau de ce maitre, *ibid*.

Le Portrait de *Pierre Mignard*, & celui de la Comtesse de Feuquières, sa fille. m. p. en h. d'après ce peintre.

Le Portrait de Gendron, fameux oculiste, d'après *Rigaud*.

Celui de Maupertuis. *id*. d'après *Tourniere*.

Celui de Jean Mariette, graveur, m. p. en h. d'après *Pesne*.

Le Triomphe de Vénus. m. p. en h. & en ovale, d'après *Boucher*.

Les Quatre Saisons. m. ps. en t. d'après le même.

Mademoiselle Pélissier. m. p. en h. d'après *Drouais*.

Divers autres Sujets d'après differens maîtres.

DAVENE, (Christophe-Léon) né à Ostie en 1539, fut élève du Primatice, dont il grava quelques pièces ; il en a aussi gravé quelques-unes d'après *maitre Roux*, & autres peintres Italiens.

DAVID, (Charles) graveur François, du dernier siècle. On a de lui,

Une Eſtampe où ſe voit un homme qui tient un eſcargot ſur ſon doigt, un bouc portant une couronne d'eſcargots, & un plat ſur une table, qui en eſt rempli. p. p. en h. rare, d'après *Callot*.

La Vierge & l'Enfant-Jéſus, environnés d'anges. p. p. en h. d'après *Champagne*.

Divers autres Sujets & copies, d'après *Camille Procaccini*, *Tempeſte*, *Albert Durer*, *Franc-Flore*, *Matthieu* & *Paul Bril*, *Vouet*, *Vignon*, *Brebiette*, &c.

DAVID, (Jérôme) frère du précédent, grava auſſi nombre de pièces, entr'autres,

Pluſieurs Portraits & têtes de philoſophes, ſur ſes propres deſſins.

L'Aſſomption de la Vierge. p. p. en h. d'après *Camille Procaccini*.

La Vierge au Roſaire. p. p. en h. portant la date de 1633, d'après *le Guide*.

Un Chriſt montré au peuple. p. p. en h. d'après *Guerchin*.

Divers autres Sujets d'après *Robert Picou*, *Claude Vignon*, *Brebiette*, &c.

DAVID, (François-Anne) né à Paris en 1741, élève de le Bas, chez lequel il a exécuté pluſieurs morceaux d'après différens auteurs, dont

Le Marché aux herbes, d'Amſterdam, d'après *Metʒu* ; Le tableau eſt maintenant dans la collection du Roi de France.

Le Charlatan, d'après un tableau célèbre de K. du Jardin, qui est aussi dans la même collection.

Adam & Eve dans le paradis terrestre, d'après *Santerre.*

DAWKINS, (   ) graveur Anglois, dont on voit plusieurs estampes dans les vol. de Palmyre & Balbec, imprimés à Londres, en 1757 & 1769.

DAYES, (E.   ) graveur Anglois, duquel on connoît un sujet d'enfans dans un fond de paysage, d'après *Morland.* g. p. en t. à la manière noire, &c.

DAZINCOURT, (   ) Chevalier de l'ordre militaire de S. Louis ; fils de feu M. de Gagny, amateur, a gravé divers petits sujets & paysages à l'eauforte, à l'imitation du lavis, du dessin, & à la sanguine, d'après *Boucher*, & autres maîtres.

DE BILLY, (   ) amateur, a gravé, pour son amusement plusieurs pièces à l'eau-forte, d'après *Vouwermans*, &c.

DEBUCOURT, (Philbert-Louis) peintre du Roi, a gravé en 1787, en couleurs, plusieurs sujets champêtres & autres scènes domestiques de sa composition ;

La Promenade du palais royal, &c.

DEBUYNE, (L. A.) jeune artiste, élève de le Vasseur, duquel on connoît plusieurs estampes, dont une d'après *Otto Vænius*, représentant une femme qui presse son sein. p. p. en h. Cette même pièce a été gravée par Blot, dans la suite du cabinet de le Brun.

DEFRAINE, (Jean-Florent) jeune artiste & dessinateur, né à Paris en 1754, élève de Lempereur, occupant une place de professeur à l'école gratuite de dessin, établie à Paris. Il a gravé en 1785 plusieurs eaux-fortes pour le voyage d'Italie, de l'abbé de Saint Non, &c.

DELAMARE, (F.) a gravé un S. Jérôme, d'après *L. de la Hire.*

DELATRE, (Jean-Marie) né à Abbeville en 1746, a gravé avec succès à Londres, depuis plusieurs années qu'il y réside, divers sujet & vignettes d'après différens maîtres.

DELAULNE, (Etienne) graveur François, natif d'Orléans, en 1536, a gravé un nombre assez considérable de pièces au burin, entr'autres,

Le Serpent d'airain. m. p. en t. d'après le tableau que *Jean Cousin* a peint pour les Cordeliers de Sens.

Des copies en petit, du Goliath, du Massacre des Innocens, de l'enlèvement des Sabines, & autres pièces gravées par *Marc-Antoine*, ainsi que de la Léda, d'après *Michel-Ange.*

Quantité d'excellentes compositions en arabesques, de son dessin, à l'usage des damasquineurs & metteurs en œuvre.

DELAUNAY, (Nicolas) graveur du Roi, élève de Lempereur, né à Paris en 1739, agréé à l'académie en 1777, membre de l'académie des arts de Copenhague en 1780. On a de sa main,

La Partie de plaisir. g. p, en t. d'après *Wœninx.*

La première leçon de l'amitié fraternelle. g. p. en t. d'après *Aubry*.

La marche de Silène. g. p. en t. d'après *Rubens*.

La bonne Mère. g. p. en h. d'après *Fragonard*.

Le jeu de l'Escarpolette, & autres pièces d'après le même.

Plusieurs grands & petits Portraits, beaucoup de jolies vignettes d'après *Cochin*, *Moreau*, *Marillier*, &c. &c. pour les métamorphoses d'Ovide, les œuvres de J. J. Rousseau, de l'abbé Reynal, & autres suites de ce genre.

DELAUNAY, (Robert) le jeune, né à Paris en 1754, élève de son frère, ci-dessus dénommé. On a de lui,

Le Malheur imprévu. g. p. en h. d'après *Greuze*.

Les adieux de la Nourrice. g. p. en t. d'après *Aubry*.

Le Mariage rompu. m. p. en t. d'après le même.

Le Mariage conclu, faisant pendant, d'après *Borel*.

Plusieurs autres Sujets de même grandeur, d'après différens maîtres, & beaucoup de jolies vignettes pour les œuvres de Voltaire, J. J. Rousseau, &c.

DELAUNAY, (Marguerite-Thérèse) femme Maugeins, née à Paris, en 1736; elle a gravé plusieurs paysages d'après différens maîtres. Elle n'est pas de la famille des précédens.

DE LEU, (Thomas) graveur François, né en 1692, a gravé fort proprement au burin, nombre de portraits des personnes illustres de son tems.

La Vie de S. François, en 25 pièces,

DELFOS, (A.   ) né à la Haye, en 1729,

résidant en Hollande. On a de sa main,

Un Paysage & une marine, d'après *Berghem*. g. ps. en t.

Quelques autres Morceaux d'après *Teniers*, &c,

DELFT *ou* DELPHIUS, (GUILLAUME) habile peintre de portraits, natif de Delft, florissoit sur la fin du seizième siècle. Il a gravé fort proprement au burin nombre de portraits d'après *Mirevelde*, son cousin ; entr'autres,

Les trois Princes d'Orange, Guillaume, Maurice & Frédéric Henri. m. ps. en h.

Marc - Antoine de Dominis, Evêque de Spalatro. p. p. en h.

Jacques Roland, Ministre Protestant. *id.*

Hugues Grotius. *id.*

Abraham van der Meer, membre des Etats-Généraux. *id.*

Jean Olden Barneveldt. *id.*

Felix Sambix, maître écrivain à Anvers. *id.*

DELIGNON, (Jean - Louis) né à Paris en 1755 ; élève de Delaunay l'aîné, a gravé d'après *Lavreince*, la galante surprise. m. p. en h.

Plusieurs Pièces dans les vol. du cabinet de M. Poullain, & du Duc d'Orléans.

Quantité de Vignettes pour différens ouvrages, d'après *Moreau*, *Marillier* & autres.

DELORME, (Antoine) né à Paris en 1653, a gravé à l'eau-forte divers sujets critiques & licencieux, qui le firent périr en prison en 1723.

DELPO, (Pietro) peintre & graveur né à Palerme en 1610, & mort à Rome en 1692, fut disciple du Dominiquin, & réussit dans la partie du dessin. L'on a de sa main plusieurs gravures à l'eau-forte, entr'autres,

La Femme Cananéenne. m. p. en h. d'après *Annibal Carrache.*

Un Christ mort sur les genoux de la Vierge. p. p. en h. d'après le même.

La Vierge & l'Enfant-Jésus sur un trône, accompagnés d'un concert d'anges. g. p. en h. d'après *le Dominiquin.*

Quatre Angles représentans la Prudence, la Justice, la Force & la Tempérance, avec leurs attributs. g. p. en h. d'après le même.

Une Annonciation & un Enfant-Jésus dans la crèche, adoré par sa mère. p. ps. en t. d'après *le Poussin.*

Une Fuite en Egypte. m. p. en t. *id.*

Achille reconnu par Ulisse. m. p. en t. *id.*

Le même Sujet traité différemment. m. p. en t. *idem.*

DELVAUX, (Remy) né à Lille en Flandres en 1750, élève de le Mire, a gravé plusieurs pièces au cabinet de Choiseul; nombre de vignettes d'après

Moreau, *Marillier*; &c. pour l'histoire de France, les œuvres de J. J. Rousseau, &c.

DEMARTEAU, (Gilles) né à Liège en 1729, mort à Paris en 1776, pensionnaire du Roi. Il fut reçu à l'académie en 1764, sur un morceau d'après *Cochin*, représentant Licurgue blessé dans une sédition. On a de lui plus de 500 pièces à l'imitation du crayon ; entr'autres,

Diverses m. & p. pièces pastorales d'après *Boucher*.

Quantité de belles Têtes, d'après *Vanloo*, *Pierre*, *Boucher*, &c.

La Justice protégeant les arts p. p. en h. d'après *Cochin*.

Un Sujet allégorique sur la mort du Dauphin. *id.* d'après le même.

Plusieurs grosses Têtes & études académiques d'après *Raphaël* & autres.

DEMARTEAU, (Gilles-Antoine) neveu & élève du précédent, a continué à graver avec succès dans la manière de son oncle, ainsi qu'en couleurs, d'après *Huet* & autres célèbres artistes modernes.

DEMOULIN, (   ) architecte, a gravé en 1786, deux Ruines d'après *Robert*. p. p. en h.

DENNEL, (Louis) né à Abbeville en 1741, élève de Beauvarlet, a gravé quatre sujets en h. d'après *Lagrenée*,

Pigmalion amoureux de sa statue.

La Peinture chérie des graces, & pendant.

Quatre petits Sujets de femmes nues, d'après *Boucher & Madame le Brun.*

Plusieurs Sujets d'après *Wille le fils.*

DENON, (Dominique - Vivant) amateur & membre de l'académie royale de peinture à Paris, où il a gravé en 1785 & 1786, diverses pièces à l'eau-forte, avec beaucoup d'esprit, d'après *le Carrache* & autres ; plusieurs têtes d'après *van Dyck*, divers sujets d'après *Rembrandt*, &c.

Il a donné à l'académie en 1787 une planche gravée à l'eau-forte, d'après *L. Jordano*, représentant l'adoration des bergers. m. p. en t.

DEQUEVAUVILLER, (François) né à Abbeville en 1745, élève de Daullé, a gravé divers beaux paysages d'après *Berghem* & autres.

Plusieurs Sujets agréables, d'après *Lavreince*, dont l'assemblée au salon, & pendant.

Le Lever des ouvrières en modes, &c.

Divers Paysages dans la suite du cabinet de le Brun, &c. &c.

DERVET, (Claude) peintre né à Nancy en 1611, a gravé à l'eau-forte quelques pièces qui approchent beaucoup de la première manière de Callot, son concitoyen & son ami. Il est mort en 1642.

DESBOIS, (Martial) né à Paris en 1730, a gravé dans le dernier siècle quelques titres de livres d'après *Louis Dorigny*, &c.

DESCHAMPS, (Françoise) première femme de Beauvarlet, graveur du Roi, a gravé quelques pièces d'après *Greuze*, *Detroy*, *Galloche* & autres; elle a quitté la gravure pour se livrer au dessin, où elle a réussi, sur-tout dans les portraits en petit, aux trois crayons.

DESCOURTIS, (Charles Melchior) né à Paris en 1753, élève de Janinet, a gravé en couleurs, dans la manière de son maître, plusieurs ruines de Rome, ainsi que des vues de Paris d'après *de Machy*,

Une Noce de village d'après *Taunay*. m. p. en h.
Diverses Vues des glacières de Suisse, &c.

DESFRICHES, (   ) amateur né à Orléans, en 1723, a beaucoup dessiné de jolis paysages & vues des environs de sa ville; il en a gravé quelques-unes à l'eau-forte.

DESGODETS, (Antoine) né à Lyon, & mort à Paris en 1741, âgé de 65 ans, a gravé plusieurs planches de son vol. des édifices antiques de Rome.

DEMOULINS, (J. B. S. F.) né dans un village près de Paris, en 1740, a gravé à l'eau-forte diverses vues de l'Italie, de la Suisse, plusieurs pièces pour la partie de l'histoire naturelle sur laquelle il a des connoissances.

DESPLACES, (Louis) très-habile graveur François, mort vers 1740, âgé de 61 ans. On a de

fa main un grand nombre de pièces eftimées ; entr'autres,

Le Triomphe de Vefpafien & de Titus. g. p. en
t. d'après *Jules Romain*, du vol. de Crozat.

Le Lavement des pieds. g. p. en t. d'après *le Mutien. ibid.*

La Sageffe, compagne d'Hercule, & Paul Véronèfe entre le vice & la vertu. 2 m. ps en h. faifant
pendant, d'après *Paul Véronèfe. ibid.*

Le Martyre de S. Pierre. m. p. en h. d'après *le
Cavalier Calabrois.*

Diane & Actéon. m. p. en t. d'après *Carle Maratte.*

Orphée obtenant de Pluton le retour d'Euridice
fur la terre. m. p. en t. d'après *Rubens.*

Jéfus-Chrift guériffant les malades, très-grande
p. en t. d'après *Jouvenet.*

Une Elévation & une defcente de croix. deux g.
pièces en h. d'après le même.

S. Bruno en prière. m. p. en h. *id.*

Vénus faifant forger des armes pour Enée. m. p.
en h. *id.*

Aftianax arraché d'entre les bras de fa mère An-
dromaque. m. p. en h. *id.*

Le Portrait de M. Titon du Tillet, & celui de Mademoifelle Duclos, célèbre actrice. g. ps. en h. d'après
Largillière.

Vénus fur les eaux. g. p. en h. d'après *Antoine
Coypel.*

M

L'Amour refugié chez Anacréon. m. p. en hauteur d'après le même.

Hercule rendant Alcefte à Admete. m. p. en h. *idem.*

Une Annonciation. g. p. en h. d'après *Louis de Boullongne.*

Le Feu & l'Eau. g. p. en t. d'après le même, & dont Charles Dupuis a gravé les pendans.

Une Chaffe aux lions, & une autre aux tigres. m. ps. en h. d'après *C. Parrocel.*

Abraham prenant Agar, par le confeil de Sara. m. p. en t. d'après *Carle Vanloo*, & dont le pendant qui repréfente David jouant de la harpe devant Saül. a été gravé par Cochin.

Plufieurs autres Sujéts d'après *le Tintoret*, *Luc Jordan*, *le Sueur*, *le Brun*, *Cazes*, *Watteau*, *Lancret*, &c.

DESROCHERS, (Étienne) graveur du Roi. On a de lui plufieurs eftampes, d'après *le Correge*, qu'il a copiées d'après *Duchange.* Io, &c. & de plus une fuite confidérable de petits portraits d'hommes illuftres.

DE TERSAN. *Voyez* CAMPION.

D'EU, (Le Comte) amateur, a gravé en 1717, à l'eau-forte une femme fciant du bled, de fa compofition, dont il y a une épreuve dans le vol. des amateurs, au cabinet du Roi.

DEVAUX, (René) élève de Tortebat, a gravé d'après fon maître le portrait d'Edelinck.

DE WAEL. *Voyez* WAEL.

DE WITT. *Voyez* WIT *ou* WITT.

DEYSTER, (Louis) né à Bruges en 1656, mort dans la même ville en 1711. Il fut à Rome, où il fit plufieurs tableaux qui lui firent fa réputation & fa fortune; mais par inconftance, il perdit bientôt l'une & l'autre, en s'amufant à la méchanique des horloges, claveçins & violons, dont il voulut être auteur.

Il avoit gravé dans fa jeuneffe, en manière noire & à l'eau-forte, plufieurs fujets pieux, où il y a du feu & de l'imagination.

D'HEULLAND, (   ) a gravé plufieurs morceaux d'architecture & de géographie.

DIAMENTINI, (Jofeph) peintre né à Vénife en 1660, a gravé à l'eau-forte quelques fujets de fa compofition, qui montrent plus de génie que de principes du deffin. Il eft mort en 1722, dans fa patrie.

DICKINSON, (W.) a gravé à Londres divers fujets & têtes agréables, à la manière pointillée, d'après différens maîtres Anglois, différentes caricatures amufantes, d'après *Bunbury*.

DIETRICH, *ou* DIETRICY, (Chriftophe-Erneft) né à Weimar en 1712, fut élève de fon père & d'Alex. Thiele; il fe fixa à Drefde, où il mourut âgé de 72 ans. Il peignit avec un égal fuccès l'hiftoire & le payfage ; il a fouvent cherché à imiter la manière de Laireffe, Oftade & Rembrandt.

On a de fa main un grand nombre de fujets & payfages de fa compofition, qu'il a très-fpirituellement gravés à l'eau-forte. Son œuvre eft compofé de près de 150 morceaux, dont plufieurs font très-rares, & ne fe trouvent que dans la collection de l'Electeur de Saxe.

DIXON, (   ) graveur Anglois; il a gravé à la manière noire, diverfes pièces, entr'autres la Ducheffe d'Ancafter, le Comte Vgolino dans la prifon avec fes enfans, d'après *le Chevalier Reynolds.* g. p. en travers.

DOBSON, (Guillaume) peintre né à Londres en 1610, & mort en là même ville, en 1647, à 37 ans. Il excelloit dans le portrait, & perfonne n'a en ce genre plus approché de Van Dyck que lui; il auroit même égalé ce grand peintre, fi fon éducation eût répondu aux grandes difpofitions dont la nature l'avoit doué pour le genre qu'il avoit adopté. Il a gravé à l'eau-forte,

Son Portrait, digne de Van Dyck.

DOES, (Antoine van der) né à la Haye en 1610. On a de cet artifte plufieurs eftampes, entr'autres,

Ferdinand, Cardinal-Infant d'Efpagne, Gouverneur des Pays-Bas, à cheval. Le fond offre une vafte campagne, où fe voit la bataille de Nortlingue, que ce Prince & le Roi d'Hongrie gagnèrent fur les

Suédois, en 1634. m. p. en h. d'après *Rubens*, ou plutôt d'après *Diepenbeck*.

Une Madeleine. p. p. en h. d'après *Van Dyck*

Une Vierge & l'Enfant-Jésus qui tient le sein de sa mère. p. p. en h. d'après *Erasme Quillinus*.

Une Sainte Famille, où un Ange chauffe devant le feu les drapeaux de l'enfant. m. p. en h. d'après le même.

DOES, (Jacques van der) peintre de paysages & d'animaux, né à Amsterdam en 1623, & mort en la même ville en 1673, à 50 ans, fut disciple de Nicolas Moyaert, & s'attacha à imiter la manière du Bamboche. Il a gravé à l'eau-forte divers petits paysages ornés d'animaux, de sa composition. Il ne faut pas le confondre avec un autre Jacques van der Does, qui peignoit l'histoire à Amsterdam, vers le commencement de ce siècle, & qui n'a rien gravé.

DOES, (Simon van der) fils & élève du précédent, né à Amsterdam en 1653, réussit, ainsi que son père, dans les paysages & les animaux. Il a gravé à l'eau-forte quelques morceaux de sa composition.

DOFIN, (Olivier) peintre & graveur établi à Bologne, où il mourut vers l'année 1693. On a de sa main nombre de pièces à l'eau-forte d'après divers maîtres, & particulièrement d'après *les Carraches*.

DOLENDO, (Barthelemi) né en Allemagne vers l'an 1550, graveur au burin. On connoit de lui

M iij

quelques eftampes d'après *Albert - Durer*, *Spranger*, &c.

DOLENDO, (Zacharie) graveur en cuivre, de la famille du précédent, floriffoit auffi en Allemagne dans le feizième fiècle. On a de lui quelques eftampes d'après *le Caravage*, *Spranger*, *Abraham Bloemaert*, &c.

DOLIVAR, (Jean) deffinateur & graveur né à Saragoffe en 1641. On place fes eftampes à côté de celles de Chauveau & de le Pautre; mais il avoit le génie moins fécond que ces derniers.

Il eft mort à Paris en 1701

DOMENICO FIORENTINO. *Voyez* DOMENICO DEL BARBIERE.

DOOD, (Rob.) a gravé à Londres à l'eau - forte & au lavis plufieurs vues de mer, avec différens vaiffeaux Anglois.

DORBAY, (   ) On connoît de lui plufieurs pièces qui fe trouvent dans le vol. de la grotte de Verfailles.

DORIGNY, (Michel) peintre & graveur François, né à S. Quentin en 1609, fut difciple de Vouet, dont il époufa la fille, & duquel il fuivit le goût dans fes ouvrages. Il devint profeffeur de l'académie de peinture, & mourut à Paris en 1665, à 48 ans. On a de lui nombre d'eftampes, entr'autres,

L'Adoration des Mages, d'après les peintures de

Vouet, dans la chapelle de l'hôtel Seguier. Cette pièce eft compofée de 4 morceaux en forme.

Vénus à fa toilette. m. p. en h. d'après *Vouet*.

Vénus arrachant des plumes aux aîles de l'Amour. *idem*.

Mercure & les Graces. *id*.

L'Enlèvement d'Europe. *id*.

Iris coupant les cheveux de Didon. *id*. &c.

Plufieurs autres Sujets, tant de fa compofition, que d'après *le Sueur*, *Sarrafin* & autres maîtres.

DORIGNY, (Louis) fils du précédent, & peintre d'hiftoire, naquit à Paris en 1654, fut difciple de le Brun, & paffa enfuite en Italie, où il fe fixa. Il avoit le génie facile & propre pour les grandes compofitions; fes figures font correctes, mais leur caractère manque fouvent de grace & d'élévation. Il mourut à Véronne en 1742, à 88 ans. L'on a de fa main quelques eftampes à l'eau-forte, entr'autres,

Une Suite de 32 p. ps. en h. de fa compofition, y compris le titre, lefquelles ont été faites pour une édition Italienne des *Penfées Chrétiennes* du père Bouhours.

Cinq Emblêmes d'Horace. p. ps. quarrées *idem*.

La Defcente des Sarrafins au port d'Oftie. m. p. en t. d'après *Raphaël*.

DORIGNY, (Nicolas) frère du précédent, naquit à Paris en 1657. Après avoir étudié quelque tems la peinture avec peu de fuccès, ilfe livra à la gravure, à laquelle il s'eft continuellement attaché, ce qui nous a procuré d'excellens morceaux de fa main. On admire avec raifon dans fes ouvrages, le bon goût de deffin, & une manière fçavante & pittorefque qu'il devoit à fes réflexions judicieufes fur les tableaux des plus grands maîtres, pendant un féjour de 22 ans qu'il fit en Italie. Il demeura enfuite quinze années à Londres ; après quoi il revint à Paris, où il fut reçu à l'académie de peinture en 1725. Il mourut dans cette ville en 1746, à 89 ans. On a de fa main,

La Transfiguration g. p. en h. d'après *Raphaël.*

Les Cartons d'Hamptoncourt, en 7 g. ps. en t. d'après le même, y compris le titre.

La Defcente de croix. g. p. en h. d'après *Daniel de Volterre.* C'eft la meilleure eftampe que l'on ait d'après le fameux tableau de ce maître.

S. Pierre guériffant les boiteux à la porte du temple. g. p. en h. d'après *le Civoli.*

Le Martyre de S. Sébaftien. g. p. en h. d'après *le Dominiquin.* Ce même morceau eft auffi gravé par Frey.

La Mort de Sainte Petronille. p. en h. d'après *le Guerchin.*

Saint Pierre marchant fur les eaux. g. p. en h. d'après *Lanfranc.* Ce même tableau a été gravé par G. Audran.

Une Adoration des Rois. g. p. en h. d'après *Carle Maratte.*

La Coupole de l'églife de Sainte Agnès de la place Navonne, en 7 g. ps. en t. outre une huitième, qui donne la compofition entière, d'après *Ciro-Ferri.*

La Vierge & l'Enfant-Jéfus fur un piédeftal, à côté duquel font S. Liboire & S. Charles Borromée, m. p. en h. d'après *Lamberti.*

S. Bernard reçu dans l'ordre de Citeaux, par S. Etienne, troifième abbé de cet ordre. g. p. en h. d'après *Jofeph Paffari.*

Plufieurs autres Sujets d'après *Annibal Carrache, le Guide, Lanfranc, le Cavalier Bernin, Carlo Cignani, Louis Dorigny,* &c.

DORVILLIERS, (Hector) financier, amateur, a gravé à l'eau-forte, en 1736; un fujet de vierge d'après *C. Maratte,* dont il y a une épreuve dépofée au cabinet d'eftampes du Roi.

DOSSIER, (Michel) né à Paris en 1684. Il a gravé au burin diverfes pièces, parmi lefquelles on diftingue,

Le Repas chez le Pharifien, g. p. en t. d'après *Nicolas Colombel,* faifant pendant avec la femme adultère que Claude Duflos a gravée d'après le même maître.

Les Aveugles de Jericho. g. p. en h. d'après le même.

N. S. chaffant les vendeurs du temple. g. p. en h.
idem

Le Mariage de la Vierge. g. p. en h. d'après *Jou-venet.*

Le Portrait de J. B. Colbert, Marquis de Torcy.
g. p. en h. d'après *H. Rigaud.*

Vertumne & Pomone. m. p. en h. d'après le même.

DOUBLET, (Louis) amateur vivant l'an 1731,
a gravé plufieurs portraits, entr'autres, celui de De-troy le père.

DREVET, (Pierre) né à Lyon, très-habile
graveur, qui floriffoit fur la fin du dernier fiècle, &
au commencement de celui-ci. Il mourut à Paris
en 1738, âgé de 75 ans. La beauté de fon burin, &
la vérité avec laquelle il a fçu rendre les portraits,
feront toujours rechercher fes eftampes, dont les prin-cipales font,

Louis XIV en pieds, & Louis XV fur fon trône.
g. ps. en h. faifant pendant, d'après *H. Rigaud.*

Le Prince de Conty en pieds. g. p. en h. d'après
le même.

Le Comte de Touloufe. m. p. en h. *id.* Il y en a
deux planches différentes; dans l'une on voit une main
gantée, & dans l'autre, non gantée.

M. de Beauveau, Archevêque de Narbonne. m. p.
en h. *id.*

Nicolas Boileau Defpréaux, fameux poëte. m. p.
en h. *id.*

Madame la Ducheſſe de Nemours. m. p. en h. *idem.*

Le Cardinal de Fleuri, aſſis dans un fauteuil. m. p. en h. *id.*

Le Maréchal de Villars. g. p. en h. *idem.* Il faut avoir cette eſtampe avant le changement que l'on a fait à l'inſcription qui ſe voit au bas ; ce qui ſe diſtingue aiſément.

Hyacinte Rigaud. m. p. en h. *id.*

La Mère de H. Rigaud. m. p. en h. *idem.*

DREVET, (Pierre) fils du précédent, naquit à Paris en 1697. Il ſurpaſſa ſon père par le charme & la délicateſſe de ſon burin, ainſi que dans l'art de rendre le portrait dans la plus exacte vérité ; il a pouſſé ce genre de gravure à un dégré ſi fini, qu'il eſt impoſſible d'aller au-delà. Il mourut en 1739, à 42 ans. Parmi les eſtampes que l'on a de ſa main, l'on diſtingue particulièrement.

M. Boſſuet, Evêque de Meaux, en pieds. m. p. en h. d'après *Rigaud.*

Le Cardinal Dubois, aſſis. m. p. en h. d'après le même.

L'Abbé Pucelle, conſeiller au parlement. m. p. en h. *id.*

Samuel Bernard, aſſis. g. p. en h. *id.* & dont les premières épreuves ſont avant la qualité de *Conſeiller d'Etat.*, &c.

La Préſentation au temple. g. p. en t. d'après *Louis de Boulongne.*

Adam & Eve après leur péché. g. p. en h. d'après *Ant. Coypel.*

Rebecca. g. p. en h. d'après le même.

Louis XV dans sa jeunesse, conduit par Minerve au temple de la gloire. m. p. en h. *id.*

Mademoiselle le Couvreur, célèbre actrice du théâtre François. m. p. en ovale, d'après *Coypel le fils.*

N. S. au jardin des Olives. g. p. en h. d'après *Restout.*

DREVET, (Claude) cousin germain du précédent, né à Lyon en 1710, mort à Paris, âgé de 72 ans, a gravé pareillement avec succès, divers portraits; entr'autres,

Le Cardinal d'Auvergne, assis. m. p. en hauteur, d'après *Rigaud.*

M. de Vintimille, archevêque de Paris. m. p. en h. d'après le même.

M. le Comte de Sinzindorff. m. p. en h. *id.*

Madame le Bret en Cérès. m. p. en h. *id.*

DUBOS, (Marie-Renard) élève de Charles Dupuis, a gravé divers petits sujets, d'après les demoiselles *Rosalba & Basseporte*, ainsi que d'après *Robert* & autres.

DU BOURG, (Jean) a gravé en Hollande plusieurs jolis sujets pour des célébrations de mariages, & autres, dans le style de B. Picart.

DUC. (Jean le) *Voyez* DUCQ.

DUCHANGE, (Gaspar) habile graveur Français de ce siècle, conseiller de l'académie royale de peinture, mort en 1757, âgé de 98 ans. On a de sa main,

Jupiter & Leda; le même & Danaë. g. ps, en t. faisant pendant, d'après *le Corrège*. L'on joint ordinairement à ces deux estampes, Jupiter & Io, autre m. p. en h. mais beaucoup moins large, d'après le même maître. Il faut avoir ces trois morceaux avant le nom de Sornique qui les a retouchés, & y a ajouté des draperies.

N. S. au tombeau. m. p. en h. d'après *Paul Véronèse*, du vol. de Crozat. Augustin Carrache a aussi gravé ce sujet.

Quelques Pièces de l'histoire de Marie de Médicis, que l'on a gravée d'après les tableaux de *Rubens*, de la galerie du Luxembourg.

Le Repas chez le Pharisien, & les vendeurs chassés du temple. g. ps. en t. d'après *Jouvenet*, dont les pendans sont la pêche miraculeuse & la résurrection du Lazare, gravés par Jean Audran, d'après le même.

Tobie recouvrant la vue. m. p. en t. d'après *Antoine Coypel*.

Divers autres Sujets d'après *le Sueur*, *Noël Coypel*, *Nicolas Bertin* & autres.

DUCLOS, (Antoine-Jean) de Paris, né en

1742, élève d'Auguſtin de Saint-Aubin, réuſſit ſu-
périeurement à graver des vignettes, d'après *Moreau*
& autres, pour l'édition de J. J. Rouſſeau, &c. &c.
Il a auſſi gravé un trait de bienfaiſance de la Reine,
en faveur de M. de Bellegarde, d'après *Surugue des
Foſſés*, fils de *Surugue*, graveur du Roi.

Deux ſalles de bal, & de concert, d'après *Aug.
de S. Aubin*.m. p. en t.

DUCQ, (Jean le) diſciple de Paul Potter, &
bon peintre d'animaux, naquit à la Haye en 1636.
Il a gravé à l'eau-forte quelques pièces de ſa compoſition ; entr'autres,

Une Suite de huit Chiens, qu'il a ſçu rendre avec
autant d'intelligence que de préciſion.

DUCROS, (L. R.) a gravé à Rome en 1784,
dans la manière du lavis, deux marines ornées de
ruines & figures orientales, dédiées à Pie VI.

DUDLEY, (Thomas) graveur Anglois, élève
d'Hollar, a gravé pluſieurs pièces dans le goût de
ſon maître ; entr'autres,

Divers Morceaux des fables d'Eſope, deſſinées &
publiées par *Barlow*, en 1678.

DUFLOS, (Claude) graveur François, mort
en 1727, âgé de 47 ans. On a de ſa main,

Les Pélerins d'Emaüs. g. p. en t. & preſque quarrée, d'après *Paul Veronèſe*, du vol. de Crozat.

Sainte Cécile. g. p. en h. d'après *Pierre Mignard*.

La Femme adultère. g. p. en t. d'après *Nicolas Colombel*, & faisant pendant avec le repas chez le Pharisien, que Michel Dossier a gravé d'après le même maître.

L'Amour piqué par une abeille. g. sujet en h. & en ovale, d'après *Antoine Coypel*. Il a pour pendant Zéphir & Flore, gravé par Picart.

Divers autres Sujets d'après *le Dominiquin*, *la Rosalba*, *le Sueur*, *Bertin*, &c.

Les Portraits de la maison de Gondy, & autres.

DUFLOS, (Cl. August.) mort à Paris en 1785, âgé de 84 ans. Il étoit élève de B. Picart, chez lequel il a resté plusieurs années, à Amsterdam.

Il a gravé divers sujets pastorals, & autres, d'après *Boucher*, *Natoire*, & autres artistes François.

DUFLOS, (Pierre) né à Lyon en 1751, a gravé plusieurs vignettes d'après *Marillier* & autres, pour les œuvres de Dorat, &c.

Beaucoup de planches dans la suite des costumes des dignités, dont il est l'éditeur.

DUFOUR, (Noël) né à Abbeville en 1725, vint à Paris étudier chez Aliamet. On connoît de lui divers paysages d'après *Vernet*, *Veirotter* & autres.

DUFRESNE, (Charles) amateur & homme de lettres, a gravé en 1690, pour son amusement, quelques pièces, dont l'entrevue de S. Nil & de l'Empereur Othon. trois g. ps. en t. d'après *le Dominiquin*,

DUGHET, (Gaſpar) ſurnommé LE POUS-
SIN, à cauſe qu'il fut élève de Nicolas Pouſſin, &
que ce dernier avoit épouſé ſa ſœur, naquit à Rome
en 1613, & réuſſit à peindre le payſage. Il mourut
en 1675, à 62 ans. On a de ſa main pluſieurs eſtampes à l'eau-forte ; entr'autres,

Divers jolis Payſages de ſa compoſition, parmi
leſquels on en diſtingue 4 p. en rond, & 4 p. en t.

DUGHET, (Jean) autre beau-frère du Pouſſin, a gravé à Rome pluſieurs des principales pièces
de ce grand peintre ; entr'autres,

Les Sept Sacremens, d'après les tableaux que *le
Pouſſin* avoit peints pour le Commandeur del Pozzo,
& différens de ceux qui ſe voient à Paris, au palais-
royal. g. ps. en t. qui ſont copiés en moindre format
par Chatillon.

Le Jugement de Salomon. g. p. en t. *id.*

Le Parnaſſe. g. p. en t. *id.*

La Naiſſance de Bacchus. g. p. en t. *id.* &c.

DUGOURG, (   ) né à Paris en 1760,
élève de S. Aubin ; il a gravé une petite ſuite d'arabeſques de ſa compoſition ; il a, ainſi que Lagrenée,
peintre, fait l'eſſai de ce genre de gravure, opération
chymique par le moyen de laquelle, en deux heures de
tems on peut graver une planche, en employant une
encre mordante, inventée par Hoffinan ; mais cela
n'a pas réuſſi.

DUHAMEL, (   ) né à Paris en 1736,
fut en partie élève d'Aug. de S. Aubin ; il a gravé
pluſieurs

plusieurs morceaux d'après différens maîtres, entr'autres,

L'Occasion favorable, d'après *Queverdo*.

Un Sujet allégorique, &c.

DU JARDIN, (Karel) habile peintre, né dans une province de la Hollande en 1635, fut disciple de Paul Potter, ou, selon quelques-uns de Nicolas Berghem. Il parvint à rendre dans une grande vérité le paysage, les animaux, les foires, les attaques de coches, & autres sujets semblables, & mourut à Venise en 1678, à 43 ans. On a de sa main,

Une Suite de 52 pièces de sa composition, lesquelles sont gravées à l'eau-forte, avec autant d'esprit que de goût & de précision.

DUMÉE, (E. J.) graveur Anglois, duquel on connoît plusieurs sujets à la manière pointillée, d'après *Morland*, &c.

DUNCKER, (   ) né en Suisse, a passé plusieurs années à Paris, où il a gravé beaucoup de sujets & paysages d'après différens maîtres, pour le vol. du cabinet du Duc de Choiseul; il est retourné dans sa patrie, & il y exerce le même talent.

DUNKARTON, (Jones) né à Londres, a gravé depuis quelques années, d'après *le Guerchin*, à la manière noire plusieurs grands sujets de l'histoire de Joseph, &c. g .p. en travers.

DUPIN DE CHENONCEAUX, amateur, a gravé

N

à l'eau-forte, en 1739, trois vues de fon château, dont il a dépofé des épreuves au cabinet des eftampes du Roi.

DUPIN, (   ) né à Paris en 1753, élève d'Aug. de Saint-Aubin; il a gravé plufieurs jolis portraits, dont ceux d'Henri IV, Monfeigneur Comte d'Artois, le frère de l'Empereur, &c.

Beaucoup de planches de la fuite des coftumes François en 1777, & années fuivantes.

. Son père né en 1718, étoit auffi graveur, mais d'un talent médiocre; il a paffé une partie de fa vie à retoucher des thèfes ou autres pièces de ce genre.

DUPONCHEL, (Charles-Eugene) né à Abbeville en 1748, élève de Jacques-Nicolas Tardieu; il a gravé à Paris, en 1786, le portrait du général des Mathurins, & diverfes autres pièces d'après différens maîtres; il travaille maintenant fur divers tableaux de Madame le Brun, de M. Lagrenée, &c. de manière à fatisfaire les amateurs.

DUPONT, (Pierre) né à Paris en 1730, fixé à Londres depuis plufieurs années. Il y a gravé en manière noire le Colonel Saint Leger, en pieds, &c.

DUPUIS, (Charles) habile graveur François, mort à Paris en 1742, âgé de 67 ans, a gravé,

Pour le vol. de Crozat, la prédication de S. Jean dans le défert. g. p. en t. d'après *C. Maratte.*

Diverfes Pièces pour le recueil de la galerie de

Versailles, sur les desseins de Massé, d'après *le Brun*.

Ptolomée Philadelphe, accordant la liberté aux Juifs. m. p. en t. d'après *N. Coypel*.

Alexandre Sévère faisant distribuer du bled aux Romains, pendant de la précédente.

Deux Elémens, d'après *L. de Boulongne*, la terre & l'air; les deux autres ont été gravés par Desplaces. g. p. en t.

Le Portrait en pieds de Madame Bouché bourgeoise de Paris, sous l'habillement d'une Vestale. m. p. en h. d'après *Raoux*.

Plusieurs autres Morceaux d'après différens maîtres.

DUPUIS, (Nicolas - Gabriël) frère puîné du précédent, mort à Paris en 1771. Il étoit teinturier de son état, & a long-tems gravé des planches d'ornemens, pour les imprimer sur la toile; il étoit si modeste & si peu prévenu en faveur de son talent, qu'il ne pensa jamais à devenir membre de l'académie, où il fut reçu, après avoir exécuté pour M. Massé, deux planches de la galerie de Versailles, d'après *le Brun*, sur les desseins dudit sieur Massé. Ils furent si bien rendus, que l'académie lui fit écrire par son sécrétaire, pour l'admettre dans son corps. Il a de plus gravé diverses planches qui lui ont fait honneur, dont

Une Pastorale. m. p. en t. d'après *le Giorgion*, pour le vol. de Crozat.

L'Adoration des Rois. m. p. en h. d'après *P. Véronèse*, *ibid*.

La Vierge & l'Enfant-Jésus, sur un piédestal. avec plusieurs Saints au bas. g. p. en h. d'après *Annibal Carrache*, pour le recueil de la gal. de Dresde.

Enée sauvant son père Anchise. m. p. en hauteur d'après *C. Vanloo*.

Le Mariage de la Vierge. *ibid*.

Saint Nicolas, patron des mariniers, & S. François en prière. m. p. en h. d'après *Pierre*.

La Figure équestre de Louis XV, dans la ville de Bordeaux, exécutée par le Moine. g. p. en h.

La Statue pédestre du même Louis XV dans la ville de Rennes *ibid*.

Le Portrait de M. de Tournehem. m. p. en hauteur d'après *Tocqué*, qu'il a fait pour sa réception à l'académie, &c.

DURER. (Albert) *Voyez* ALBERT-DURER.

DURET, (Pierre) né à Paris en 1729, élève de le Bas. On a de sa main,

La Vue d'un village de Hollande. m. p. en t. d'après *Ruysdael*.

Deux Clairs-de-lune. p. ps. en t. d'après *Eglon van der Neer*.

Le Maréchal de campagne. m. p. en t. d'après *Wouvermans*.

Une Rade d'Italie. m. p. en t. d'après *Verner*.

Quatre autres grandes Marines d'après le même.

DURUISSEAU, (Antoine) né à Paris en 1654, a gravé dans le genre du crayon, divers cahiers de principes du dessin, d'après *Parizeau*, ainsi que plusieurs cahiers de principes d'architecture, dans le goût du lavis, d'après *de la Fosse*.

DUSART, (Corneille) peintre né à Harlem en 1665, fut disciple d'Adrien van Ostade, dont il imita le goût & la manière, sans cependant l'égaler. Il mourut en 1704, à 39 ans. On a quelques pièces de sa composition, qu'il a gravées d'une pointe facile & légère ; entr'autres,

Une Fête de village. p. p. en r. portant la date de 1685.

Divers petits Sujets en h. dont un cordonnier, un chirurgien de village qui panse un bras, un autre qui panse le pied à une femme, &c.

DUVEL, (Jean) ou le maître à l'étoile, graveur ancien, qui vivoit sous Henry II. On connoît de lui une suite de 24 m. sujets en h. représentant divers passages de l'apocalypse.

Adam & Eve accompagnés de la cour céleste, &c.

DU VIVIER, (Jean) excellent graveur de médailles, né à Liège en 1678, où il est mort. Il a quelquefois exercé son burin sur le cuivre ; & nous a donné deux portraits ; l'un est celui de Bertholet Flemaël, peintre Liégeois, de réputation, & l'autre celui de Pierre des Gouges, avocat en parlement, d'après *R. Tourniere.* m. ps. en h.

DYCK, (Antoine van) très-habile peintre d'histoire, & sur-tout de portraits, naquit à Anvers

N ij

en 1599, & fut le difciple de Rubens qui fit le plus d'honneur à fon maître. Lorfqu'il fut parvenu à un certain point de perfection, Rubens lui confeilla de voir l'Italie, où il profita beaucoup. Etant paffé à Londres, il peignit avec un tel fuccès Charles I. & toute la famille royale, que ce prince réfolut de fe l'attacher par les honneurs & par des bienfaits de toute efpèce. Van-Dyck fe fixa pour lors en Angleterre, où il fit un nombre prodigieux de portraits, qu'il fit payer à un fi haut prix, que fa fortune auroit furpaffé celle de Rubens, s'il n'eût donné dans des dépenfes extraordinaires. On a quelques pièces de fa compofition, qu'il a gravées à l'eau-forte ; entr'autres,

Le Chrift au rofeau. p. p. en h.

Plufieurs Portraits, tels que le Baron le Roi, Paul Pontius, Pierre & Jean Breughel, Juft Suttermans, Lucas Vorfterman, Adam van Oort, Jean de Wael, Jean Snellinck, Joffe Momper, François Sneyders, Francifque Franck, &c. toutes p. ps. en h.

Le Titien avec fa maîtreffe, appuyée fur une caffette qui contient une tête de mort. p. p. en h. d'après *le Titien* même.

DICK, (Daniel van den) peintre né à Venife en 1651. On a de lui,

La Déification d'Enée. m. p. en t. & à l'eau-forte, de fa compofition.

Une Bacchanale. m. p. en t. *id.*

E.

EARLOM, (Robert) habile deffinateur & graveur Anglois, né à Sommerfet, duquel on a diverfes eaux-fortes d'après *S. Rofe.*

Vénus & Adonis, du Pouffin. g. p. en t.

Jacob & Laban. d'après *Seb. Bourdon.* g. p. en t.

Diverfes belles Eftampes en manière noire, d'après *Rubens* & autres.

Une Suite de 240 payfages à l'eau-forte & au lavis, gravée fur les deffins de Cl. le Lorrain, que poffède le Duc de Dévonshire, ce qui compofe 2 vol. petit *in-folio.*

EARLOM, (Richard) a gravé à Londres en 1787, divers fujets d'après *Romney* & autres, dans la manière du pointillé Anglois.

EBERTS, (Jean-Henry) amateur, a gravé plufieurs petits fujets à l'eau-forte, d'après *Boucher.*

ECKMAN, (Edouard) très-habile graveur en bois, né à Malines en 1638. On a de lui plufieurs pièces d'après *Bufinck, Jacques Callot*, &c. entr'autres, la copie de l'éventail de ce dernier.

EDELINCK, (Gerard) très-habile graveur au burin, né à Anvers en 1627, étant venu s'établir à Paris, vers l'an 1665, & s'y étant fait admirer par fon habileté, il obtint plufieurs bienfaits de Louis XIV, un logement aux Gobelins, & fut reçu à l'académie de peinture. La fineſſe du deſſin, la beauté & la pureté du burin, jointes à une fonte de couleur admirable, ſe trouvent réunis dans ſes ouvrages. Il mourut en 1707. Les principales pièces que l'on a de ſa main, ſont,

Un combat de quatre cavaliers. g. ſujet en t. au bas duquel on lit : *L. de la Finſe pinxit*, quoique l'invention ſoit réellement de *Leonard de Vinci*.

Une Sainte Famille. m. p. en h. d'après *Raphaël*, du recueil du cabinet du Roi. Les premières épreuves ſont avant les armes de M. Colbert, que l'on voit au bas des ſecondes ; aux troiſièmes, ces armes ſe trouvent effacées ; ce que l'on remarque facilement par la place qu'elles occupoient. Frey l'a très-bien copiée à Rome.

La Vierge nommée la Couſeuſe. m. p. en h. d'après *le Guide*.

Pluſieurs grandes thèſes d'après *le Brun*, telles que celle de la paix, la deſtruction de l'héréſie, &c. Cette dernière n'a pas ſervi à ſa deſtination, & l'on n'en a tiré qu'un certain nombre d'épreuves.

La Famille de Darius. g. p. en t. & en deux feuilles, d'après le même. Cette eſtampe, dont les premières épreuves ſont avec le nom de Goyton, imprimeur du Roi, va ordinairement avec les batailles d'Alexandre, que Gerard Audran a gravées d'après le même maître.

Le Chriſt aux Anges. g. compoſition de 2 feuilles en h. *idem.*

La Madeleine foulant aux pieds ses atours. g. p. en h. *id.* & dont les premières épreuves sont avant la bordure.

S. Louis & S. Charles Borromée en prière. deux g. ps. en h. *id.*

La Tente de Darius. g. p. en t. & en 2 feuilles, d'après *Pierre Mignard*, & finie par P. Drevet.

Plusieurs Portraits très-estimés, entr'autres, celui de *P. Champagne.* m. p. en h. d'après le tableau de ce peintre.

Arnauld d'Andilli. p. p. en h. d'après le même.

Nathanaël Dilgerus. p. p. en ovale.

M. d'Hozier, célèbre généalogiste. m. p. en h. d'après *Rigaud.*

Frédéric Léonard, imprimeur du Roi. m. p. en h. d'après le même.

Martin van den Bogaert, sculpteur fameux. *id.*

Jean Dryden, célèbre poëte Anglois. m. p. en h. d'après *Kneller.*

Le Comédien Crispin. g. p. en h. d'après *Netscher*, faisant pendant avec le Mezetin de Vermeulen.

Divers autres portraits, tant séparés que rassemblés dans les hommes illustres de Perault. Parmi ces derniers, l'on distingue ceux de la Fontaine, de Blanchard, de Mignard, &c.

Nombre d'autres pièces d'après *le Corrège*, *P. de Cortone*, *le Guide*, *Jouvenet*, *F. Detroy*, *Vivien*, *A. Coypel*, &c,

EDELINCK, (Jean) frère du précédent, a gravé aussi quelques Pièces, entr'autres,

Le Déluge. g. p. en t. d'après Alexandre Turchi, dit *Alexandre Veronese*, du recueil du cabinet du Roi. Quelques personnes prétendent que Gerard Edelinck a beaucoup travaillé à cette planche.

EDELINCK, (Nicolas) fils de Gerard Edelinck, a gravé à Venise,

La Vierge & l'Enfant-Jesus. m. p. en h. d'après *le Correge*.

Vertumne & Pomone. m. p. en h. & cintrée, d'après *J. Ranc*.

Diverses autres pièces, d'après différens maîtres.

EDIE, (J. W.) peintre & graveur Anglois, duquel on connoît diverses marines dans le genre de Pollard, dont je le crois élève.

EHRENREICH,(   ) Allemand, a gravé en 1750, quelques têtes dans le style de Rembrandt.

EICHLER, (M. G.) a gravé une planche, n°. 22 de la galerie de Dusseldorff, d'après *Rubens*.

EIMART, (Georges-Charles) Allemand, a gravé vers l'an 1698, le portrait de G. Schweiger, celui de Henry Magnus Heïgel, médecin.

EISEN, (François) peintre natif de Bruxelles en 1700, mort à Paris en 1777, a gravé à l'eau-forte plusieurs pièces d'après *Rubens*, dont,

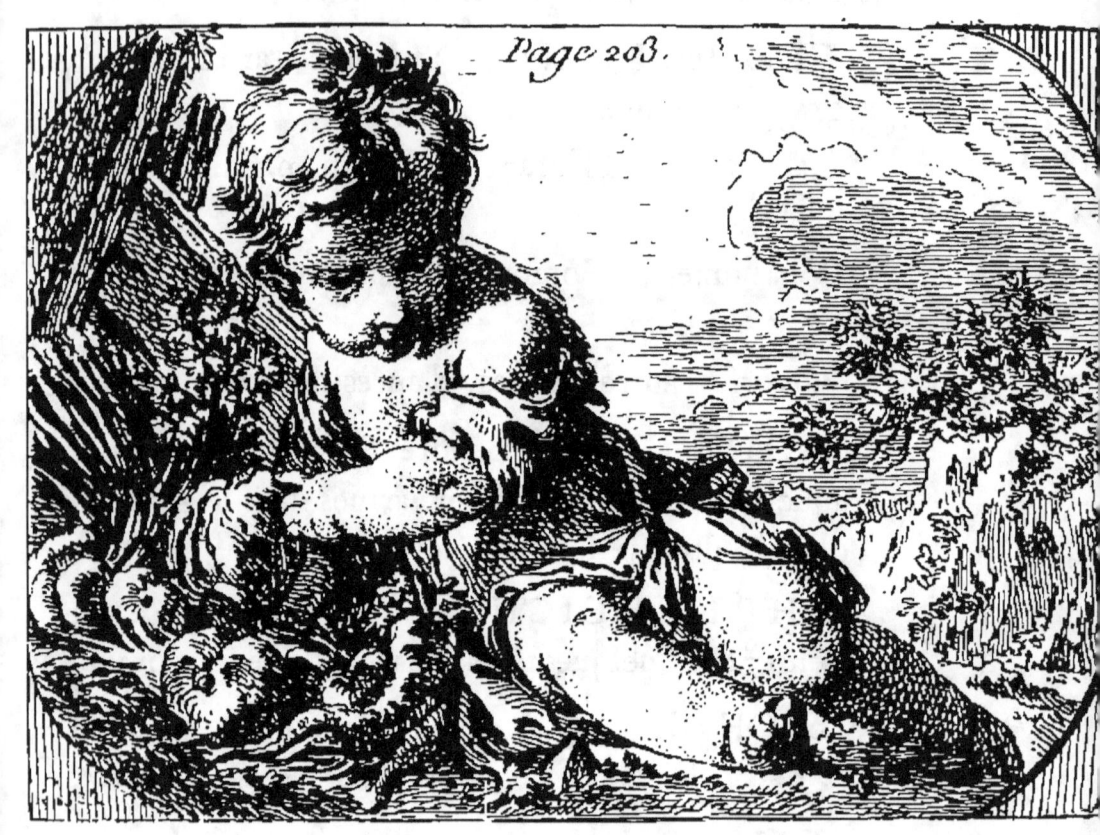

Page 203.

Jefus-Chrift donnant les clefs à S. Pierre. p. p.
en h.

EISEN, (Charles) fils du précédent, & deffinateur, né à Paris en 1721, & mort dans la même
ville, en 1780, a gravé diverfes petites eaux-fortes
de fa compofition, entr'autres,

Une Vierge & un S. Jérôme.

Un S. Eloy prêchant.

Un Enfant affis aüprès d'un tas de légumes, &c.

ELGERSMA, (M.) a gravé diverfes pièces
dans le genre de B. Picart, pour différens ouvrages
de littérature imprimés en Hollande.

ELLIGER, (Otmar) peintre d'hiftoire, né à
Hambourg en 1666, fut difciple de Ger. Lairefie,
travailla prefque toute fa vie à Amfterdam. Il a gravé au burin, divers morceaux de fa compofition,
dont une partie fe trouve dans la bible de Mortier.

ELLIOT, (Guillaume) graveur Anglois, né
à Hamptoncourt en 1717, mort à Londres en 1766.
On a plufieurs eftampes de fa main, entr'autres,

La feconde femme de Rubens, à demi-corps,
habillée en bergère, & vue à travers une efpèce de
fenêtre. p. p. en h. d'après le tableau de *Rubens*.

Divers petits Payfages d'après *Smith*, peintre de
Glocefter.

ELLIS, (W.) a gravé à Londres, en 1777,
quelques payfages d'après *Hobema*, &c. &c.

ELSHEIMER, (Adam) habile peintre, né

à Francfort fur le Mein, en 1574, fut difciple de Philippe Uffenbach, & alla fe perfectionner en Italie, où s'étant établi, il mourut de mifère en 1620, à 46 ans. Il excelloit dans le payfage & dans les fujets de nuit, dont les objets font éclairés de la lumière de la lune, ou de celle de quelques flambeaux. Il a gravé à l'eau-forte quelques pièces de fa compofition.

ELWIN, (Blaife) élève de Beauvarlet, né à 'Abbeville, a gravé l'offrande à l'Amour, & fon pendant, d'après *Dugourc*. g. p. en h.

Diverfes Vignettes pour différens ouvrages, &c.

EMPOLI, (Jacques) On connoît de lui divers fujets d'après différens maitres.

ENGELBRECHT, (M.) graveur & marchand d'eftampes à Ausbourg, a gravé plufieurs planches d'après *Rugendas* & autres maitres.

EPISCOPIUS, (Joannes) *Voyez* JEAN DE BISSCHOP.

ERMELS, (Jean-François) né à Cologne en 1621, mort à Nuremberg en 1693. On connoit de lui plufieurs payfages mêlés de ruines & animaux gravés à l'eau-forte en 1691.

ERTINGER, (François) graveur né à Colmar en 1640, duquel on a,

L'Hiftoire d'Achille, en huit m. ps. en h. & en

travers, d'après *Rubens*. La même suite a été beaucoup mieux gravée en 1724, par Baron.

Douze Sujets des métamorphoses, d'après les miniatures de *Werner*.

Les Noces de Cana. g. p. en t. d'après *R. la Fage*.

L'histoire des Comtes de Toulouse. en dix g. ps.
en t. d'après le même.

Divers autres Sujets d'après *le Poussin*, *vander
Meulen*, &c.

E S P A G N O L E T. (l') *Voyez* JOSEPH RI-
BERA.

E T C H I E R, (Marc-Gabriel,) né à Salzbourg,
en 1757, a gravé plusieurs pièces de dévotion, & un
portrait en pieds du Pape Pie VI.

E V E R D I N G E N, (Aldert *ou* Alard van) habile peintre de paysages & de marines, naquit à
Alkmaar en 1621, fut disciple de Roland Saveri &
de Pierre Molyn. On remarque dans ses ouvrages
une touche légère & facile, & une intelligence mer-
veilleuse. Il mourut en 1675, à 52 ans. Il a gravé
à l'eau-forte, & d'une manière très-spirituelle, diverses pièces de sa composition, entr'autres,

Une Suite de 100 petits paysages.

Une autre de 56 p. ps en t. dont les sujets sont
tirés d'un livre Allemand, intitulé : les tromperies du
Renard.

E S H A W, (Pierre van) graveur Hollandois,
On a de cet artiste,

Une jeune fille portant un panier de cerifes, accompagnée de deux petits garçons armés chacun d'un fufil. m. p. en t. d'après *Rubens*.

La Barque de S. Pierre battue de la tempête g. p. en h. d'après *Rembrandt*, & gravée dans la manière de ce maître.

EYNHOUEDTS, (Remoldus *ou* Rombaut) graveur à l'eau-forte, né à Anvers en 1631. On a de fa main,

Une Adoration des Rois p. p. en h. d'après *Rubens*.

Le Tableau que *Rubens* avoit peint pour fon tombeau. p. p. en h. qui fe trouve auffi gravée par Pontius.

Cambife, Roi des Perfes, ayant fait écorcher un mauvais juge, & fait mettre fa peau fur fon tribunal, y fait affeoir le fils de ce juge inique, & le fait juge lui-même. p. p. en quarré. *id*.

La Paix & la félicité d'un Etat. m. p. en t. *id*.

Diverfes autres Pièces d'après le même maître, *Corneille Schut*, &c.

F.

FABER, (Jean) habile graveur en manière noire, né en Hollande. Il paffa à l'âge de trois ans à Londres, où il mourut en 1756. On a de lui,

Guillaume III, Roi d'Angleterre, & fa famille. p. p. en t.

Les Enfans du Prince de Galles. g. p. en t. d'après *du Pan.*

Dom Jofeph Carreras, Efpagnol. m. p. en hauteur, d'après *Kneller.*

Le père Couplet, Jéfuite, en habit Chinois. m. p. en h. d'après le même.

Divers autres Sujets & portraits d'après *Bardwell, Dalh, Taylor, Ramfay, van Bleck, Highmore, Mercier,* &c.

Son père exerçoit le même talent avec moins de fuccès, & mourut à Londres en 1721.

FACIUS, (   ) a gravé à Londres, en 1778, plufieurs eftampes à la manière pointillée, d'après *Aug. Hoffman,* &c.

Vénus fortant des eaux, fujet oval en h. d'après *Barry.*

FAGE. *Voyez* LA FAGE.

FAITORNE. *Voyez* FAYTHORNE.

FALBE, (J. M.) a gravé à l'eau-forte, d'après *Dietricy,*

La Préfentation au temple. m. p. en h.

Diverfes Têtes d'après *Glume* & autres, &c.

FALCK, (Jérémie) graveur Polonois, né à Dantzic en 1629, a beaucoup travaillé en France, vers le milieu du dernier fiècle, chez Chauveau. Les principales eftampes que l'on a de fa main, font,

La Prédication de S. Jean. g. p. en t. d'après *A. Bloemaert.*

Quelques-uns des douze mois de *Sandrart*; dont Suyderhoef, Persyn & autres ont gravé le reste.

Divers Portraits de Seigneurs Suédois & Polonois, ainsi que celui de la Reine de Suède. p. p. en h. d'après *David Bech.*

La Vierge assise avec l'Enfant-Jésus, lequel présente de l'herbe à un agneau que tient S. Jean. m. p. en h. d'après *Jacques Stella.*

Divers autres Sujets d'après *Just van Egmont*, *Van Mole*, *Séb. Bourdon*, &c.

FALDA, (Jean-Baptiste) dessinateur & graveur à l'eau-forte, né à Venise en 1641, a gravé divers recueils qui contiennent les vues des églises, des palais, des jardins & des fontaines de Rome. p. ps. en t.

FALDONI, (Jean-Antoine) graveur né en Italie en 1730, a gravé au burin,

Plusieurs Statues antiques, qui font partie des 2 vol. in-fo. des statues de Venise.

Une partie des dessins du *Parmesan*, dont Zanetti a donné un recueil.

Une Sainte Famille. m. p. en t. d'après *Sebastien Ricci*, &c.

Le Portrait de Séb. Ricci. p. p. en h. d'après *la Rosalba.*

FANTETTI, (César) né à Florence vers l'an 1660, a gravé à l'eau-forte,

Plusieurs

Plusieurs Frises & bas-reliefs antiques.

Les Loges du Vatican, d'après *Raphaël*, de société avec Aquila.

La Mort de Sainte Anne. m. p. en h. d'après *André Sacchi*, tableau que Jacques Frey a aussi gravé

Diverses Pièces d'après d'autres maîtres Italiens.

FANTUZZI, (Antoine) né à Viterbe en 1631, a gravé à l'eau-forte, divers sujets d'après *le Primatice* & autres.

Quatre Morceaux représentant des vertus, la foi, la prudence, &c.

FAR. *Voyez* SAINT FAR.

FARINATI, (Paul) habile peintre d'histoire, né à Véronne en 1522, fut disciple d'Antoine Badile, de Nicolas Folsin. Il mourut à Rome en 1604, à 82 ans. On a diverses belles eaux-fortes de sa composition, entr'autres,

Le Passage de la Mer Rouge. g. p. en t.

L'Invention de la vraie croix. g. p. en t.

FARJAT, (Benoît) né à Lyon en 1646, fut élève de Guillaume Château, qu'il suivit à Rome, où il a gravé sur la fin du dernier siècle,

Le Mariage, ou, selon quelques-uns, le couronnement de Sainte Catherine. g. p. en h. d'après *A. Carrache*.

La Tentation de S. Antoine. m. p. en h. d'après

O

Annibal Carrache, & le même fujet qui a été gravé par Gerard Audran, & Claudine Stella.

La Communion de S. Jérôme. g. p. en h. d'après *le Dominiquin* ; le même fujet a été gravé depuis par Jacques Frey & autres.

Une Sainte Famille. m. p. en t. d'après *P. de Cortone.*

La Courfe d'Atalante. m. p. en h. d'après *P. Lucatelli.*

Le Baptême de J. C. g. p. en h. d'après *Carle Maratte.*

Plufieurs autres Sujets d'après l'*Albane*, *Ciro - Ferri*, *J. B. Gauli*, *F. Solimene.* &c.

FATOURE, (Pierre) né à Venife en 1584, fut élève du Jofepin & du Carravage ; il a gravé, d'après ce dernier, divers morceaux. Il mourut à Malthe en 1629.

FAUCCI, (Charles) graveur Italien, né à Florence en 1729. Il demeure actuellement à Londres, où il a gravé,

La Naiffance de la Vierge. m. p. en h. d'après *P. de Cortone.*

Une Adoration des Bergers. *idem* d'après le même.

Le Martyre de Saint André. m. p. en h. d'après *Carlo Dolce.*

Le Couronnement de la Vierge. m. p. en hauteur, d'après *Rubens*, & le même fujet qu'a gravé Pontius.

Une Bacchanale à demi-fig. m. p. en h. d'après le même.

Plusieurs Pièces dans le recueil de la galerie du Marquis de Gerini, qu'il a gravées à Florence avant de passer en Angleterre.

FAVANNE, (Jean-Henry) né à Paris en 1724, fils & élève de Favanne, peintre du Roi, d'après lequel il a gravé le triomphe de la religion. p. p. en t.

FAVENNES, (Jean de) graveur né en 1716, fut élève de Dupuis. On a de lui,

Les agrémens de l'Été, d'après *Watteau*.

FAY, (   ) a dessiné & gravé avec assez de propreté plusieurs cahiers de boîtes & autres bijoux à l'usage des ouvriers de ce genre.

FAYTHORNE, (Guillaume) habile graveur au burin & en manière noire, né à Devonshire en 1629. On a de sa main nombre de sujets & portraits d'après divers maîtres, entr'autres,

Marie Stuart, Princesse d'Orange. m. p. en h. d'après *van Dyck*.

Marguerite Smith. *id.* d'après le même.

Il eut un fils du même nom, dont on connoît pareillement divers portraits en manière noire.

FEBVRE. (Le) *Voyez* LEFEBVRE.

FEILG, (Jean) Allemand, a gravé d'après *Freudeberg*,

Le Bouquet de la Fermière, & pendant. m. p. en travers.

Une Femme nettoyant la tête de son enfant d'après *G. Dow*. dédié à l'Archiduc Ferdinand, en 1776.

FELNER, (P. Kolomanus) graveur Allemand, dont on connoît une pièce, d'après *Dietricy*, représentant la Circoncision, faite à Vienne en 1779, g. p. en travers.

FERABOSCO, (Martin) architecte né à Naples en 1629, a dessiné & gravé en 30 planches les différens aspects de la basilique de S. Pierre de Rome, en 1684.

FERADINI, (Claude) né en 1724, a gravé à Paris plusieurs marines d'après *Cl. Lorrain & Vernet*. La police interprêta mal pour lui, quelques tours & scènes d'adresse, qu'il fit ; ce qui le força d'aller à Toulon prendre l'air pendant plusieurs années.

FERDINAND, (Louis) peintre en portraits, né à Paris en 1640. Il étoit fils de Ferdinand Elle *ou* Helle, qui fut l'un des maîtres du Poussin. Il a gravé diverses pièces, entr'autres,

Quelques Portraits d'après *van Dyck*.

Quelques Pièces d'après *Louis de Boulongne*, *Louis Testelin*, &c.

FERG, (Paul) né à Vienne en 1689. Il peignoit très-bien le paysage & la figure. Il mourut à Londres en 1740. Il a gravé plusieurs paysages à l'eau-forte, qui sont assez rares.

FERRONI, (Jérôme) né à Parme en 1687, a gravé en Italie,

La Chasteté de Joseph. m. p. en h. d'après *Carle Maratte*.

Jahel tuant Sisara. m. p. en h. d'après le même.

Judith coupant la tête à Holopherne, pendant de de la précédente. *id.*

FERTÉ, (M. de la) amateur moderne, a gravé à l'eau-forte, en 1758,

Divers petits Paysages d'après *Boucher*, & autres.

FERTH, (Bertrand de) graveur né à Huring, en 1723, duquel on a quelques pièces d'après *Van den Bosc*, *Fontaine*, &c.

FESSARD, (Etienne) graveur du Roi, né à Paris en 1714, & mort dans la même ville en 1774. On a de sa main,

Une Fête Flamande. g. p. en t. d'après *Rubens*.

Les quatre Arts, représentés par des enfans. m. p. en h. d'après *Carle Vanloo*.

Jupiter & Antiope. m. p. en t. d'après le même.

Les Peintures de la chapelle des enfans-trouvés de Paris, en 16 g. ps. en h. d'après *Natoire*.

Herminie cachée sous les armes de Clorinde. g. p. en t. d'après *Pierre*, &c.

FESSARD, (Mathieu) graveur né à Fontaibleau, en 1740, élève de Longueil ; quoique portant le même nom que le précédent, il n'est point de là même famille. Il a gravé,

Une Suite de différens animaux.

Le Portrait de M. de Juigné, Archevêque de Páris. m. p. en h.

Plusieurs Paysages dans le voyage de la France, &c. &c.

FIALETTI, (Odoard) habile peintre né à Bologne en 1573, apprit du Cremonini les élémens du dessin, & alla ensuite à Venise, pour se perfectionner dans la peinture en l'école du Tintoret. Il mourut en 1648, à 65 ans. On a de sa main un grand nombre de gravures à l'eau-forte, entr'autres,

Une longue Frise en t. chargée de Trytons, de Syrènes, d'enfans, de dauphins & de divers monstres marins, de sa composition.

Un Recueil de 20 pièces, intitulé *Scherzi d'Amore*, ou *Jeux d'Amour*. p. ps. en h. *id.*

Un Vol. in-4°. rempli de figures qui représentent les habits de tous les ordres religieux de la chrétienté. p. ps. en h. *id.*

Vénus & l'Amour, Diane à la chasse, le Dieu Pan, & un homme qui tient un vase. 4 p. ps. en t. d'après *le Pordenon.*

Les Noces de Cana. m. p. en t. d'après *le Tintoret.*

FICQUET, (Etienne) graveur né à Paris en 1731, duquel on a une suite de petits portraits

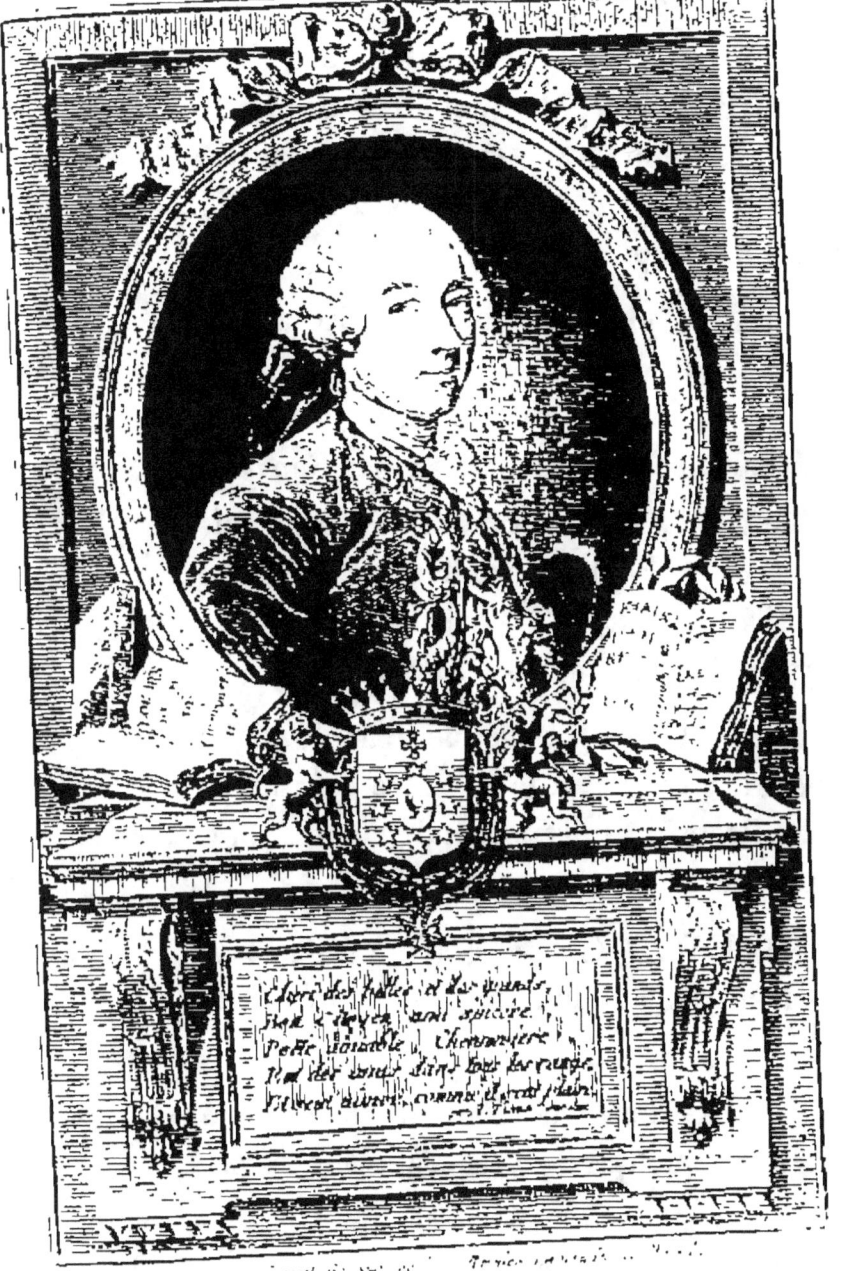

d'hommes illustres dans les arts & les sciences, qui devient intéressante. Parmi ces portraits, l'on distingue ceux de Descartes, de T. Corneille, de la Fontaine, de J. B. Rousseau, de Voltaire, de J. J. Rousseau, &c. Il a aussi gravé en 1753, une partie de ceux qui ornent la *Vie des peintres Flamands*, composée par Descamps.

FIDANZA, (Paul) graveur né à Rome en 1736, duquel on a,

Le Parnasse & le miracle de Bolzena g. ps. en t. d'après les tableaux peints au Vatican par *Raphaël*.

Un Christ descendu de la croix, & S. François à qui S. Pierre & S. Paul apparoissent. 2 p. ps. en h. d'après *Annibal Carrache*.

Diverses grosses têtes d'après *Raphaël*.

FIELDING, (Th.) élève de Bartolozzi, a gravé à Londres, en 1784, à la manière pointillée,

La mort de Procris, sujet en rond, d'après *Ang. Kauffman*, &c. &c.

FIESSINGER, (G.) a gravé à Vienne le portrait du Baron de Laudon, *in-fol.* d'après *Steimer*, &c.

FILLEUL, (Gilbert) né à Paris en 1644, élève de Daret, a gravé quelques pièces d'après *le Brun, Simpol*, &c.

FILLEUL, (   ) fils du précédent. On a de lui,

Les Voituriers. m. p. en t. d'après *Wouvermans* ; c'eſt le même ſujet qu'a gravé Fiſchler.

Pluſieurs Contes de la Fontaine , d'après *Pater* , &c.

FINIGUERRA , (Maſo) orfèvre de Florence, né en 1430, auquel on attribue l'invention de la gravure au burin , ou plutôt celle de l'impreſſion des eſtampes , vers l'an 1460. On raconte à ce ſujet , que comme il avoit coutume de tirer ſur de la terre ou ſur du ſoufre fondu , l'empreinte des gravures qu'il exécutoit pour émailler , il imagina un jour , que le noir qui s'amaſſoit au fond de ces gravures , & qui reſtoit imprimé ſur ces empreintes , pouvoit s'attacher de même au papier , & faire paroître ſes deſſins ainſi gravés & imprimés , comme s'ils euſſent été faits à la plume. On ajoute qu'après des eſſais de toute eſpèce , il trouva que le papier humecté étoit très-propre pour recevoir le noir broyé avec de l'huile dont il empliſſoit les traits de ſes gravures , & qu'ayant communiqué ſa découverte à Baccio Baldini , ſon confrère , ce dernier ſe mit à ſon tour graver quelques deſſins de Sandro Boticelli ; enfin, que ces deſſins gravés , ſont les premiers morceaux qui méritent de porter le nom d'eſtampes. Voilà ce que pluſieurs auteurs Italiens rapportent, ſans aucune preuve ſolide & ſatisfaiſante , ſur l'invention de ce que l'on nomme aujourd'hui gravure en taille-douce. D'un autre côté , les Allemands revendiquent cette invention ; mais comme ils ne lui donnent pas une origine mieux fondée que l'histoire des empreintes de Maso Finiguerra, les amateurs éclairés n'ajoutent pas plus de foi aux uns qu'aux autres. Tout ce que l'on peut dire fur ce point, est que Sandro Boticelli ayant gravé vers l'an 1560 les prophètes & les Sybilles, les Allemands copièrent aussi-tôt ces figures, d'une manière si imparfaite, qu'il y a toute apparence que la gravure en taille-douce doit son origine à l'Italie; mais l'auteur de cette invention est encore inconnu, ainsi que le temps auquel parurent les premières estampes.

Il a aussi gravé les figures pour le poëme de l'enfer, par le Dante, en 10 pièces.

Les Prophetesses en 21 ps. & les Sybilles en 10. ps.

La Conversion de S. Paul. Toutes ces pièces presqu'uniques, sont au cabinet du Roi de France, & ont été volées, dit-on, dans celui du Grand Duc, à Florence, en 1748.

FINLAYSON, (J.) graveur en manière noire, né en 1730, duquel on connoît le portrait de Garrick, dans l'habillement & caractère de Kitely, d'après *Reynolds*, ainsi que celui de la Signora Zamperini, dans ceux de Cocchina, acte II. d'après *Hone*, en 1769.

FIRENS, (Pierre) graveur médiocre, né à Paris en 1601. Il a copié d'un burin sec & dur, les hermites des Sadelers, & il a gravé diverses autres pièces d'après *Simon Vouet*, *Claude Vignon* &c. Il est mort en 1690.

FICHER, (Etienne) graveur Anglois moderne, duquel on a plusieurs belles estampes en manière noire, entr'autres,

Le Général Ligonier à cheval. g. p. en h. d'après *Reynolds*.

Deux jeunes Demoiselles, dont l'une est habillée en Sultane, & tient un oiseau. *id.* d'après le même. Comme la planche fut usée en peu de tems, les belles épreuves en font rares.

Elisabeth Keppel, & Lady Sarah Bunbury, portraits historiés, & faisant pendans. *idem.* g. ps. en hauteur.

FISCHLER, (A.) graveur moderne, duquel on a,

Les Voituriers. m. p. en t. d'après *Wouvermans.* C'est le même sujet qu'a gravé Filleul.

FITTLER, (James) né à Londres en 1758, a gravé dans la même ville, en 1783, &c. diverses marines d'après *Paton*, dont le combat de l'Amiral Rodney, du 12 Avril 1782,

Une Marine & paysage d'après *Cl. le Lorrain*. g. p. en t. &c. &c.

FLAMEN. (Albert) *Voyez* ALBERT-FLAMEN.

FLENNINGER, (   ) a gravé d'après *Loutherbourg*, divers sujets avec figures & animaux.

FLETSCHER, (Nicolas) graveur né à Stougar en 1731. On a de lui,

diverses Vues de Rome, d'après *Canaletti*.

Il y a eu un autre graveur du même nom, dont on connoît plusieurs petits portraits insérés dans des livres, & une estampe de Betzabée, d'après *S. Conca*.

FLIPART , (Jean-Charles) père des deux suivans, du même nom ; il a gravé plusieurs pièces dans le vol. de Crozat. Son fils aîné l'a surpassé en talent.

FLIPART, (Jean-Jacques) graveur né à Paris en 1723, fut très-bon dessinateur. Il fut reçu à l'académie royale en 1755 ; personne ne fut jamais plus modeste ni moins intéressé, doutant toujours de ses succès, ainsi que de son talent. Il mourut en 1782, âgé de 59 ans. On a de lui nombre de morceaux, entre lesquels on distingue,

Une Sainte Famille. m. p. en h. d'après *Jules Romain*, du recueil de la galerie de Dresde.

Adam & Eve après leur péché. m. p. en hauteur, d'après *Natoire*, faisant pendant avec Adam & Eve avant leur péché, gravés par Cars, d'après le Moine.

Vénus & Enée. m. p. en h. d'après le même.

Deux Sacrifices. m. ps. en h. d'après *Vien*, & dont les pendans sont gravés par Beauvarlet.

Une Tempête. g. p. en t. d'après *Vernet*.

Une jeune Fille devidant du fil. m. p. en hauteur, d'après *Greuze*.

Une autre pleurant la mort de ſon ſerin.. p. en ovale & en h. d'après le même.

Le Paralitique environné & ſoulagé par ſes enfans. g. p. en t. *id.*

L'Accordée de village, d'après le même, faiſant pendant à la précédente.

Le Gâteau des Rois; de même grandeur & d'après le même.

Le Combat des Centaures, &c. g. p. en t. d'après le tableau de *Boulongne*, fait pour ſa réception à l'académie royale de peinture.

Deux Chaſſes d'après *Vanloo*, & *Boucher.* m. p. en hauteur.

N. S. à la piſcine guériſſant les paralitiques. g. p. en t. d'après *Dietricy..*

F L I P A R T, (Charles - François) frère du précédent, mort en 1773, duquel on connoît quelques petites eſtampes d'après *Fragonard*, & autres maîtres modernes, de l'école Françoiſe.

F L O D I N G, (Pierre) graveur Suédois, né à Stockolm en 1721. On a de lui,

Un Sujet allégorique repréſentant le Roi de Suède comme protecteur de la religion, des loix, des arts & des ſciences. g. p. en h. & en ovale, d'après *Cochin*.

Divers morceaux dans le goût du lavis, d'après *Boucher* & autres.

F L O R E N T I N, (Céſar) né à Dijon en 1594,

fut élève de Mauperché; il a gravé à l'eau-forte, plufieurs morceaux d'après *le Primatice;* il mourut à Paris en 1663.

FO, ( ) Suiffe de nation, graveur en bois, du commencement du feizième fiècle; il a gravé les belles fig. des livres que Conrard Geffner, médecin à Zurich, a compofé fur les animaux. Papillon en fait éloge dans fon traité fur la gravure en bois.

FOIN, (Auguftin) né à Paris en 1726, a gravé plufieurs cahiers d'ornemens, d'après *Delalonde,* & autres.

FOKKE, (Simon) graveur né à Amfterdam en 1770. On a de lui,

Jacob gardant les troupeaux de Laban. m. p. en t. d'après *l'Efpagnolet,* du recueil de la galerie de Drefde.

Divers autres Sujets & vignettes, tant de facompofition, que d'après *B. Picart, Trooft, de Boyer,* &c.

FOLKEMA, (Jacob) graveur né à la Haye en 1724. On a de lui,

Le Martyre de S. Pierre & de S. Paul. g. p. en h. & cintrée, d'après *Nicolo del Abbate,* du recueil de la galerie de Drefde.

Divers autres Sujets, vignettes, &c.

FONBONE, ( ) a gravé diverfes vues de Verfailles qui fe trouvent dans les vol. de la fuite du cabinet du Roi.

FONTANA, (Jean-Baptifte) deffinateur & graveur à l'eau-forte, né à Veronne On a de fa main plufieurs pièces d'après divers maîtres, entr'autres,

Quelques Sujets tirés de l'Enéide de Virgile. m. ps. en t. de fa compofition.

La Bataille de Cadore donnée entre les Impériaux & les Vénitiens. m. p. en t. d'après *le Titien.*

FONTANA, (Dominique-Marie) graveur, né à Parme en 1673, apprit le deffin dans l'école de Bologne, & grava nombre de pièces au burin. Il ne faut pas le confondre avec Dominique Fontana , célèbre architecte, duquel nous ne connoiffons aucune gravure.

FONTANA, (Véronique) fille du précédent, apprit le deffin de fon pére, & d'Elifabeth Sirani, & grava très-proprement en bois, fur-tout des portraits en petit.

FONTANIEU, (Pierre-Elifabeth de) amateur, mort en 1784, a gravé, divers vafes, quelques petites eaux-fortes, telles que des animaux, &c.

FONTEBASSO, (François) né à Venife en 1681. Après avoir appris à Rome les élémens de la peinture, il fe perfectionna pour le coloris, fous *Sebaflien Ricci.* Il a gravé à l'eau-forte,

Une Suite de fept fujets de caprices. m. ps. en t. de fa compofition.

Divers Sujets d'après *Sebaftien Ricci*, entr'autres, une m. p. en h. repréfentant l'apparition de la Vierge à S. Grégoire, Pape, qui adreffe au ciel fes prières pour la délivrance des ames du purgatoire.

FORBIN, (le Comte de) amateur né en 1721, duquel on a quelques petites eaux-fortes.

FOSSATO, (David-Antoine) graveur Italien. né à Viterbe en 1724. On a de lui,

Une Suite de plufieurs payfages d'après *Marc Ricci*.

FOSSOYEUX, ( ) jeune artifte, élève de Delaunay l'aîné, a gravé diverfes vignettes d'après *Moreau*, *Gravelot*, &c. ainfi que quelques portraits.

FOULQUIER, (Hector) amateur, né en 1731, a gravé à l'eau-forte, nombre de caricatures, d'après *Loutherbourg*, ainfi que divers petits payfages.

FOUQUIERES, (Jacques) peintre de pay- fages, né à Anvers en 1580. Rubens l'a fouvent choifi pour orner les fonds de fes tableaux. Il fut en Ita- lie, & y fit des progrès; il paffa en France en 1621, où il fut accueilli de Louis XIII, qui lui donna des titres de nobleffe; cette diftinction le rendit fi or- gueilleux, qu'il ne travailloit plus que l'épée au côté, & lui fit négliger fon talent.

Il a gravé à l'eau-forte plufieurs payfages de fa compofition.

FOURDRINIER, (Philippe) né en France,

a gravé en Angleterre divers morceaux d'architecture & de décoration, avec beaucoup de propreté.

FRAGONARD, (Honoré) peintre né dans le Comté de Nice, en 1733 ; il demeure à Paris, où il a gravé à l'eau-forte plufieurs fragmens d'après divers beaux tableaux de l'Italie. Il fut reçu académicien en 1765 ; il a auffi donné quelques piéces à l'eau-forte de fa compofition, qui font fort recherchées.

FRAISSE, (   ) a gravé en 1755, un livre de deffins Chinois, *in-fol.*

FRANC, (François) peintre né en 1580. Il fe fixa long-tems à Venife, où il peignit les folies du carnaval. On connoît de lui deux eaux-fortes de ce genre. Il eft mort à Anvers en 1642.

FRANCFORT. (Adam de) *Voyez* A D A M E L S H E I M E R.

FRANCIA, (Fr. Maria) né à Bologne en 1657, & mort dans la même ville en 1735. On connoît de lui nombre de fujets de dévotion, d'après différens maîtres Italiens.

FRANCK, (Hans *ou* Jean) né en Allemagne en 1669, a gravé diverfes planches à Nuremberg, entr'autres,

Une Partie de la fuite des fontaines de Rome & de fes environs, conjointement avec Sufanne Sandrart, A. Zelt, & J. Meyer,

FRANCO,

FRANCO, (Jean-Baptifte) peintre, *dit* Baptifte, naquit à Venife en 1551. Il étudia beaucoup les
ouvrages de Michel-Ange, dont il copia le jugement dernier, & mourut en 1571. Il deffinoit bien,
& grava plufieurs eftampes au burin, entr'autres,

Le Frappement du rocher. m. p. en t. de fa compofition.

Une Adoration des bergers. m. p. en t. où fe voyent
fix anges dans le ciel. *idem.*

Jefus difputant dans le temple avec les docteurs
de la loi. m. p. en t. *id.*

Les Difciples mettant le corps mort de J. C. dans
le tombeau. g. p. en t. *id.*

La Donation faite à l'églife Romaine par Conf-
tant. g. p. en t. d'après *Raphaël.*

Une Bacchanale. g. p. en t. d'après *Jules Romain.*

Le Déluge univerfel. m. p. en t. d'après *Polidore
de Caravage.*

Divers autres Sujets, la plus grande partie, de fa
compofition.

FRANCO, (Jacques) graveur né à Venife en
1570, a gravé,

Une partie des figures qui fe trouvent dans l'édition
de la Jerufalem du Taffe, faite à Gênes en 1590,
p. ps en h. d'après *Bernardo Caftelli*, & dont Auguftin Carrache grava le refte.

Diverfes autres Pièces d'après *Baptifte Franco*, &c,

P

FRANCŒUR, (Fr. F.) dont on connoît une eſtampe repréſentant une Sainte tenant un lys, gravée dans le genre de le Pautre.

FRANÇOIS, (Jean - Charles) graveur né en 1703. On a de lui pluſieurs eſtampes dans le goût du crayon, d'après *Parrocel*, *Boucher*, *Pierre*, &c. Il a auſſi gravé au burin divers petits portraits, entre autres, celui du Comte de Saint-Florentin Il s'étoit fixé à Paris, où il eſt mort en 1757. Il fut le premier qui grava dans le genre du Crayon. Cela lui fit obtenir une penſion du Roi. Demarteau qui lui a ſuccédé en ce genre, l'a beaucoup perfectionné.

FREY, (Jean - Jacques) très-habile graveur, né en Suiſſe, en 1686, mort vers l'an 1760, à Rome où il s'étoit établi. On a de ſa main un grand nombre d'eſtampes, d'après les tableaux de divers grands maîtres d'Italie, entr'autres,

Une Sainte Famille. m. p. en h. d'après *Raphaël*, C'eſt une copie exacte de la planche qu'Edelinck a gravée ſur le tableau original qui ſe voit à Verſailles.

L'Aurore devançant le char du ſoleil. g. ſujet en t. d'après *le Guide*, qu'Auden - Aerd, Paſcalini & autres, ont auſſi gravé.

Bacchus rencontrant Ariadne abandonnée dans l'Isle de Naxos, pendant de la précédente, d'après le même.

Eſther, Judith, David & Salomon ſur ſon trône. 4 p. ps. en h. d'après *le Dominiquin*.

La Communion de S. Jérôme. g. fujet en hauteur, d'après le même, que Farjat & autres ont auffi gravé.

S. Charles Borromée faifant la proceffion pour obtenir du ciel la ceffation de la pefte. g. p. en hauteur, d'après *P. de Cortone.*

Un Repos en Egypte, où S. Jofeph debout, préfente des cerifes à l'Enfant-Jefus. m. p. en h. d'après *Carle Maratte.*

Le Martyre de S. André. m. p. en t. d'après le même.

Augufte faifant fermer le temple de Janus. g. p. en h. *idem.*

La Chafteté de Jofeph. m. p. en h. d'après *Carlo Cignani.*

Une Adoration des bergers. g. p. en t. d'après *Sébaftien Conca.*

Le Père Eternel, & la Vierge dans les nues, avec S. Philippe de Neri au bas. g. p. en h. & cintrée, d'après le même.

La Sainte Vierge donnant le fcapulaire à S. Simon Stock. g. p. en h. & cintrée. *id.*

S. François de Paul, rendant la vue à un enfant. g. p. en h. d'après *Bonaventure Lamberti.*

Divers autres Sujets d'après *André Sacchi, le Guerchin, Baleftra, Pietro Bianchi,* &c.

FREY, (J. M.) graveur Allemand. On connoît de lui divers fujets d'animaux & payfages d'après

Wagner, des bambochades foldatefques, ainfi que plufieurs fujets de tabagie, dans le genre de Bega, le tout fait à l'eau-forte, & pittorefquement traité, d'après *Grofmann*.

FREZZA, (Jean-Jérôme) graveur Italien, né à Oftie en 1659. On a de lui,

La Galerie Verofpi, en 17 pièces, y compris le titre, d'après *l'Albane*.

Le Jugement de Pâris. m. p. en t. d'après *Carlo Maratte*.

Diverfes autres eftampes d'après *le Dominiquin*, *Rubens*, &c.

FRIDERICH, (Jacques-André) graveur Allemand, né à Fribourg en 1726. On a de lui diverfes eftampes, entr'autres,

Quelques Huffards & autres troupes de cavaliers, d'après *Rugendas*.

FRIEDRICH, (J. C. J.) a gravé à Drefde en 1779 divers payfages à l'eau-forte d'après *Wagner*, qui ont été colorés avec intelligence dans le ftyle des Gouaches, d'après lefquelles ils ont été faits.

FRIQUET DE VAUROSE, (Antoine) peintre & difciple *du Bourdon*, a gravé quelques pièces d'après fon maître, &c.

FRISIUS, (Simon) graveur Hollandois, floriffoit vers la fin du feizième fiècle. On a de fa main,

Divers Portraits d'après *Henri Hondius*.

Quelques autres Sujets d'après *A. Bloëmaert*, &c.

FRITZSCH, (C.) Ruffe de nation, a gravé le

portrait du Czar Pierrele Grand, en 1761, de f. *in-8o.*

FRUSSOTTE, ( ) a gravé en 1785, une scène du devin de village, in-4°. &c.

FRUYTIERS, (Philippe) peintre en miniature, né à Anvers en 1641. Il a cherché à imiter Rubens, & a gravé à l'eau-forte plusieurs estampes.

FRYE, ( ) peintre & graveur, a fait en Angleterre, en manière noire plusieurs grosses têtes de son invention, &c.

FUESSLI, ( ) né à Zurich en 1710, a fait un ouvrage sur la vie des peintres Suisses & Allemands, en 3 vol. orné de vignettes composées & gravées par lui-même.

FYT, (Jean) peintre d'animaux, né à Anvers en 1650, a gravé à l'eau-forte divers animaux de sa composition.

G.

GABBIANI, ( ) peintre Italien, a gravé à l'eau-forte cent sujets divers, de sa composition, qui forment un volume intéressant.

GABBUGIANI, (Baldase) né à Gênes en 1689, a gravé un recueil de fêtes pour la naissance du fils de Charlemagne, d'après *Metelli.*

GAILLARD, (Robert) né à Paris en 1722. On a de lui,

Jupiter & Callisto. m. p. en t. d'après *Boucher.*

Les Bacchantes endormies. m. p. en h. d'après le même.

Quatre autres m. ps. en h. *id.* dont, les amans furpris, &c.

Le Portrait de la Reine de Suède. m. p. en h. d'après *Latinville*.

Celui de M. de Caftanier. m. p. en h. d'après *Rigaud*, & divers autres portraits.

Plufieurs autres Sujets d'après différens maîtres, *le Prince*, &c.

GAILLARD DE LONJUMEAU, (Pierre-Jofeph) amateur moderne, duquel on a plufieurs petites eaux-fortes, entr'autres,

Un Cahier des antiquités d'Aix.

Un Bufte d'homme, la tête de face, à cheveux courts, affis devant une table, d'après *Rembrandt*.

On a fon portrait gravé par Balechou, d'après *J. B. Vanloo*.

GAITTE, (Antoine-Jofeph) né à Paris en 1753, a gravé divers bâtimens nouvellement élevés dans Paris, les comédies Françoife & Italienne, &c.

GALESTRUZZI, (Jean-Baptifte) peintre & graveur; né à Florence en 1615, floriffoit à Rome vers le milieu du dernier fiècle. On a de fa main,

Diverfes Suites de bas-reliefs, d'après *Polidore de Caravage*.

Une Suite confidérable de pierres gravées antiques, qu'il a deffinées & gravées, & qui ont paru accompagnées des explications de Léonard Agoftini, en un vol *in-4o*.

GALIMARD, (Claude) graveur né à Troyes, en 1729, a gravé à Rome diverses pièces d'après *J. F. Detroy, Subleyras*, & autres maîtres. De retour à Paris, il y fut reçu membre de l'académie royale de peinture.

GALLE, (Philippe) graveur & marchand d'estampes, né en 1537, & mort à Anvers en 1612, s'est rendu célèbre par le grand nombre de recueils d'estampes sur toutes sortes de sujets, qu'il a mises au jour, tant de sa composition, que d'après *Martin Heemskerk, Stradan, Martin de Vos, le vieux Breughel* & autres maîtres.

GALLE, (Théodore) fils aîné du précédent, graveur & marchand d'estampes, étoit aussi établi à Anvers. Il voyagea dans sa jeunesse en Italie, & travailla quelque temps à Rome. On a de sa main un grand nombre de sujets & portraits, tant d'après *l'Antique*, que d'après *Martin de Vos, Rubens*, & autres maîtres.

GALLE, (Corneille) *dit* le vieux, frère du précédent, graveur & marchand d'estampes, aussi établi à Anvers. Cet habile artiste travailla long-tems à Rome, & surpassa tous les Galle, par la beauté de sa gravure, & par la correction de son dessin. On a de sa main un grand nombre d'estampes, dont les plus estimées, sont,

Un Paysage où se voit Vénus attachée à un arbre,

tandis que Minerve fouette l'Amour. p. p. en travers, d'après *Augustin Carrache*.

Adam & Eve. m. p. en h. d'après *J. B. Paggi*.

Une Fuite en Egypte. g. p. en h. & cintrée, d'après le même.

Vénus embrassant l'Amour. p. p. en h. *id.*

S. Pierre baptisant Sainte Prisque. p. p. en h. d'après *le Civoli*.

Une Sainte Famille, où la Vierge donne de la bouillie à l'Enfant-Jesus. p. p. en h. d'après *François Vanni*.

Jesus-Christ en Croix. m. p. en h. d'après le même.

Une Vierge tenant l'Enfant - Jesus, auquel S. Bernardin de Sienne offre un livre surmonté d'une croix & d'une branche de laurier. p. p. en h. *id.*

Judith coupant la tête à Holopherne. g. p. en h. d'après *Rubens*.

Les Quatre Pères de l'église. m. p. en t. *idem*. Il faut avoir cette estampe avant que la planche ait été élargie; ce qui se remarque par deux rayes noires qui se trouvent sur les côtés.

Une Vierge dans une niche, à laquelle des enfans attachent des guirlandes de fruits & de fleurs. g. p. en h. *id.*

Progné faisant voir la tête de son fils à son époux, après lui en avoir fait manger le corps. g. p. en t. *id.* faisant pendant avec l'enlèvement d'Hypodamie, que P. de Bailliu a gravé d'après le même maître.

La Broyeuse de couleurs. p. p. en h. *idem*. dont

Il y eut un nombre affez confidérable d'épreuves tirées avant les vers françois qui fe trouvent ordinairement au bas.

Le Portrait de Philippe Rubens, frère du peintre. p. p. en h. d'après le deffin de ce dernier.

Le Portrait de Jean van Havre. p. p. en h. *idem.*

Nombre d'autres Pièces d'après *Thadée & Frédéric Zuccharo*, *le Civoli*, *Annibal Carrache*, *J. B. Paggi*, *van Dyck*, &c.

GALLE, (Corneille) *dit* le jeune, & fils du précédent; il tâcha d'imiter fon père dans fa gravure; mais il ne l'égala point; cependant on a de fa main quelques eftampes qui ne laiffent point d'avoir leur mérite, entr'autres,

Le Portrait du Duc d'Olivarès. p. p. en h. gravée fur la copie de *Rubens*, d'après le tableau original de *Diego Velafquez*,

Vénus allaitant les Amours p. p. en h. d'après *Rubens*. MM. Watelet & Surugue l'ont auffi gravé.

L'Hofpitalité de Philémon & de Baucis envers Jupiter & Mercure. m. p. en t. d'après *Jean van Hoeck.*

Le Portrait de Ferdinand III. Empereur des Romains, celui de Marie d'Autriche, époufe de ce Monarque, & celui d'Henriette de Lorraine, d'après *van Dyck.*

Une Defcente de Croix. m. p. en h. d'après *Diepenbeck.*

GANDENSIS *fecit* ou *fculpfit*. Ces mots déſ notent Robert VAN AUDEN AERD.

GANIERES, (George) a gravé dans le dernier ſiècle quelques ſujets d'après *le Valentin*, *Blanchard*, &c.

GANTREL, (Etienne) graveur François & marchand d'eſtampes du dernier ſiècle, a gravé,

La Verge de Moïſe, dévorant celle des magiciens de Pharaon. g. p. en t. d'après *le Pouſſin*.

Le Paſſage de la mer rouge. g. p. en t. *id.*

Une Deſcente de Croix. m. p. en t. *id.* C'eſt le même ſujet qu'a gravé Remi Vuibert.

S. François Xavier reſſuſcitant une Indienne. m. p. en h. *id.*

S. Gervais & S. Protais traduits devant le Proconſul qui les doit juger. g. p. en t. d'après *le Sueur*.

GARDNER, (W. N.) graveur Anglois. On connoît de lui divers ſujets au pointillé, d'après *Hamilton*, &c.

GARFAGUINUS, (Joſeph) né à Veniſe en 1620., a gravé en bois les figures des jeux, d'après *Fr. Marcolini*.

GARNIER, (Auguſtin) né en 1579, a gravé au commencement du dernier ſiècle quelques-unes des peintures que *le Primatice* avoit exécutées à Fontainebleau, & celles de la chapelle du château de Fleury, par le même peintre. Il ne faut pas le confondre avec Noël Garnier, mauvais graveur en cuivre & en bois, qui vivoit vers le même tems. Il a aussi gravé divers autres morceaux d'après *le Poussin* , *Michel-Ange de Caravage* , & *Blanchard.*

GARREAU, (L.) a gravé à Paris en 1782 , diverses petites pièces de la suite de l'histoire de France, d'après les dessins de Moreau, plusieurs paysages d'après différens maîtres. Depuis plusieurs années, il demeure en Hollande.

GASPRE. (le) *Voyez* DUGHET.

GATTI, (Olivier) peintre & graveur au burin, natif de Parme, en 1598 , fut reçu en 1626 à l'académie de peinture de Bologne, passa dans cette ville la plus grande partie de sa vie. On a de sa main,

S. François Xavier à genoux sur le bord de la mer, & recueillant un crucifix qui se trouvoit à la merci des eaux. m. p. en h. de sa composition.

Un Livre à dessiner, d'après *le Guerchin.*

La Sainte Vierge à demie-figure, carressée par l'Enfant-Jesus p. p. en h. d'après *le Garbieri.*

Divers Sujets d'après *le Pordenon, Louis Carrache* & autres maîtres.

GAUCHER, (Charles) dessinateur & graveur né à Paris en 1740. Il est élève de Basan, ensuite de le Bas. On connoît de lui divers jolis portraits in-8o. tant d'après ses dessins, que d'après différens maîtres.

Les Joueurs de cartes ou l'après-dînée Flamande, m. p. en h. d'après *Tilborck*, & autres pièces.

Le Couronnement de Voltaire, d'après *Moreau*.

Quantité de jolies vignettes d'après *Cochin* & autres.

GAUGAIN, (Thomas) graveur né à Abbeville en 1748, élève d'Houston, a gravé à Londres, où il s'est établi, divers sujets à la manière pointillée, d'après différens maîtres, dont une grande barque prête à périr en mer, avec 12 officiers, en Septembre 1782. Cette estampe a pour titre les portraits. g. p. en t. d'après *Northcote*, &c. &c.

La Mort du Prince de Brunswick, arrivée en Avril 1785, d'après le même, & faisant pendant.

GAULTIER, (Leonard) graveur au burin, né à Mayence en 1552. Il a imité la manière de Crispin de Pas. On a de lui plusieurs estampes qu'il a gravées sur ses propres dessins, entr'autres,

Nombre de petits Sujets de l'histoire sainte.

Divers p. ps. en h. formant des suites de Prophètes, d'Apôtres & d'Evangélistes.

La Psyché d'Apulée, en une suite de p. ps en t.

Le Jugement dernier de Michel-Ange, copie assez exacte de la planche qu'a gravée Martin Rota.

Plusieurs autres Morceaux d'après *Daniel Rabel*, *Jean Caron*, &c.

GAULTIER, (N.) né à Paris en 1575, a gravé la famille d'Henry IV, composée de neuf figures.

La Proceffion de la ligue, & l'affaffinat d'Henry IV.

GAULTIER, (Pierre) peintre & graveur de ce fiècle, établi à Naples. On a de lui plufieurs eftampes d'après divers maîtres ; entr'autres,

L'Hiftoire de Bethfabée. m. p. en t. d'après *F. Solimène.*

Une Vifitation. m. p. en t. d'après le même.

Un S. Michel qui terraffe le diable. p. p. en h. *id.*

Le Combat des Centaures. m. p. en t. *id.*

La Défaite de Darius. m. p. en t. *id.*

Les Quatre Parties du monde. p. ps. en ovale *id.*

GAUTIER, (Jean) graveur en couleurs, démeurant à Paris. On a de lui, en ce genre, divers morceaux d'anatomie, d'hiftoire naturelle & de portraits, dont ceux de Louis XV, du Cardinal de Fleury, &c.

GAUTIER, (Dagotti) fils de Jean, a cherché à perfectionner l'art de la gravure en couleurs, avec plufieurs planches. Il a gravé plufieurs tableaux de la galerie du Duc d'Orléans, d'après *le Corrège, le Carrache* & autres célèbres auteurs ; mais il n'a pas continué. Il mourut en Italie, en 1784.

GELÉE. (Claude) *Voye$\overline{z}$* LE LORRAIN.

GEMINIANI, (Hiacinthe) peintre d'hiftoire, né à Piftoye en 1611, fut difciple du Pouffin & de P. de Cortone. Il mourut en 1681, à 70 ans.

L'on a de fa main quelques eaux-fortes de fa compofition, entr'autres,

Un Rofaire. m. p. en h.

Une Suite de 12 p. Sujets repréfentans des jeux d'enfans.

GENOELS, (Abraham) peintre de payfage, né à la Haye, en 1641, fut élève de Jacques Backerell ; il travailla en Italie & en France, où il mourut en 1703. Il a gravé à l'eau-forte,

Nombre de Vues & payfages de fa compofition.

Quelques pièces d'après *van der Meulen*.

GERARD, (Mlle) née en 1759, eft élève & belle-fœur de Fragonard. Elle réuffit à peindre dans le ftile de Terburg. Elle a gravé une pièce allégorique fur Franklin, ainfi que diverfes autres pièces. Sa fœur, Madame Fragonard, a auffi gravé quelques pièces à l'eau-forte.

GERMAIN, (Saint) peintre médiocre, né à Turin, en 1679, fut célèbre par la fortune confidérable qu'il fit en 1721, fur les billets du fyftéme de Law. Il grava dans fa jeuneffe quelques payfages qui ne font pas fans mérite.

GERMAIN, (Louis) né à Paris en 1733, a gravé d'après *Dumefnil & Schenau*, plufieurs fujets, entr'autres, la Balanceufe. La Marchande d'eau-de-vie, &c.

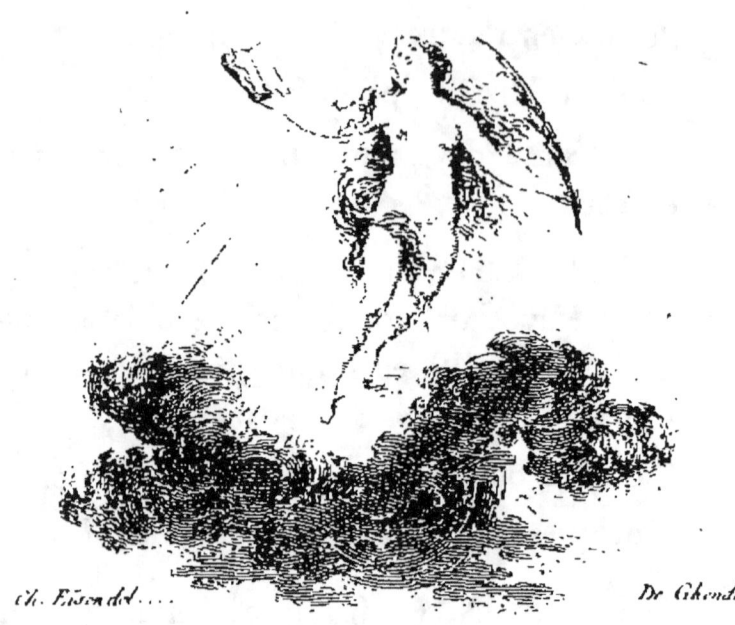

Ch. Eisen del....   De Ghendt Sc....

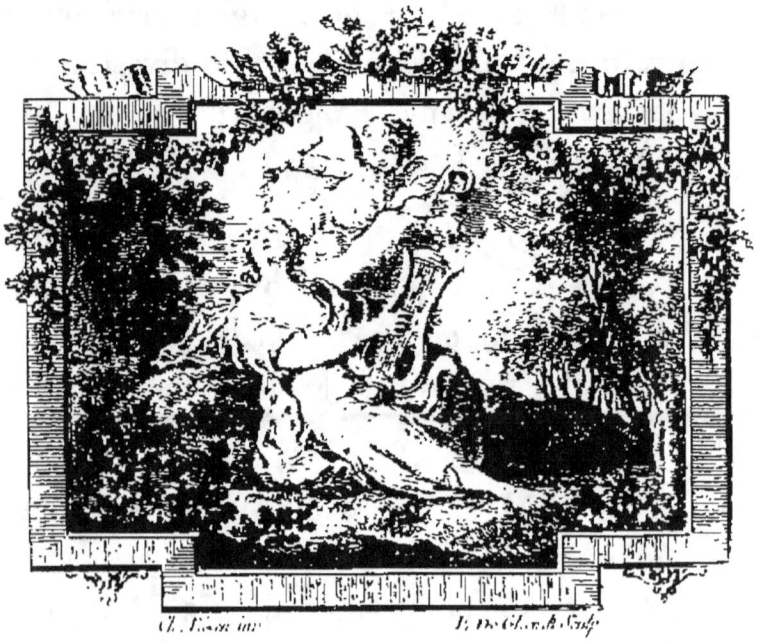

Ch. Eisen inv   F. De Ghendt Sculp

Sapho chante avec enthousiasme et s'accompagne en touchant de
la lire. L'Amour armé d'un flambeau, en détache une flamme sur
le front de Sapho.

Divers paysages à l'eau-forte, d'après *Oftade* & autres maîtres. Il a aussi gravé l'architecture.

GESNER, (Salomon) né à Zurich en 1734, auteur de la mort d'Abel, & de plusieurs autres excellens morceaux de poësie qui ont paru depuis quelques années, a gravé à l'eau-forte divers paysages de fa composition, & quantité de petits sujets qui fe trouvent inférés dans fes œuvres.

GEYSER, (Christian-Gottlieb) natif de la Luface, travaillant à Léipfick, depuis 1768, a gravé le Prince Henry de Pruffe, d'après *Chodowiefchi*, in-8°. Quantité d'autres portraits de personnages illustres, ainsi que beaucoup de vignettes pour différens ouvrages de littérature, & divers paysages d'après *Ferg* & autres.

GHENDT, (Emmanuel de) graveur né à Gand en 1749, élève d'Aliamet, & réfidant à Paris. On a de fa main diverfes pièces d'après *Baudouin* & autres maîtres, une quantité de vignettes pour les métamorphofes d'Ovide & autres ouvrages de littérature, ainsi que plufieurs planches du voyage d'Italie, de M. l'Abbé de Saint Non, &c.

GHET, (du) *Voyez* DUGHET.

GHEYN, (Jacques de) peintre & graveur, qui floriffoit en Hollande au commencement du dix-feptième fiècle. On a de fa main plufieurs eftampes exécutées d'un burin affez ferme, & dont plufieurs font recherchées; entr'autres,

La Confufion des langues obligeant les hommes à fe féparer après la conftruction de la tour de Babel. g. p. en t. d'après *C. van Mander.*

La Difpute d'Apollon & de Pan, *ou* le Jugement de Midas. g. p. en t. d'après le même.

Deux Sujets emblêmatiques fur la folie de ceux qui confument leur bien dans les plaifirs. g. p. en t. d'après le même.

Les quatre Evangéliftes. p. ps. en rond, d'après *Goltzius.*

Une Annonciation, où la Vierge eft affife au pied de fon lit. m. p. en h. d'après *A Bloëmaert.*

La Multiplication des pains. m. p. en t. de forme ovale, d'après le même.

Divers autres Sujets & payfages d'après *Spranger* & autres maîtres.

GHEZZI, (Pierre-Léon) habile peintre d'hif-toire, né á Rome en 1674; il fut éléve de fon père, d'après lequel il a gravé quelques pièces à l'eau-forte, ainfi que divers fujets de fa compofition.

GHISI. *Voyez* GEORGE MANTUAN.

GIAMPICOLI, (Julien) graveur né à Ve-nife en 1698, où il a gravé divers payfages d'après *Marc Ricci,* & autres maîtres.

GIBELIN, ( ) peintre né à Aix en Provence,

a gravé quelques pièces à l'eau-forte, & retouché à la manière du crayon.

GIFFART, (Pierre) né à Paris où il mourut en 1723, âgé de 86 ans. Il a gravé divers sujets de dévotion pour des miffels, &c.

GILLOT, (Claude) peintre, né à Langres en 1673, fut difciple de Jean-Baptiste Corneille, & le maître de Watteau. Ses ouvrages de peinture font totalement oubliés ; mais l'on recherche encore fes deffins & fes gravures, où l'on trouve de l'efprit & beaucoup de facilité. Ils confiftent la plûpart en fujets comiques, fatyriques, & autres de ce genre. Il a auffi gravé prefque toutes les planches pour une édition des fables de la Mothe-Houdard. Il mourut en 1722, à 49 ans. Il fut reçu à l'académie Royale en 1715.

GILLRAY, (J.) a gravé à Londres, en 1786, l'enfant trouvé, fujet de forme ronde, fait à la manière pointillée, &c. &c.

GIOVANNINI, (Jacques-Marie) habile graveur à l'eau-forte, né à Bologne en 1667, & mort à Parme en 1717, apprit le deffin de Jofeph Roli ou Rolli, & grava nombre d'eftampes, dont voici les principales,

Une Suite de douze pièces, d'après *le Corrège*, repréfentant la coupole du dôme de Saint Jean, à Parme.

Q

Les Peintures du cloître de S. Michel in Bosco, en 26 feuilles *in-fol.* d'après *Louis Carrache.*

La Communion des apôtres. g. p. en h. d'après *Marc-Antoine Franceschini.*

GIRARD, (René) jeune graveur François, né à Paris en 1751. Il a passé quelques années à Londres. De retour en sa patrie, il s'est appliqué au nouveau genre de gravure pointillée, dans lequel les Anglois excellent depuis plusieurs années.

Il a gravé la mort de Didon qu'il a copiée d'après l'estampe de Bartolozzi.

Plusieurs autres Sujets agréables, d'après *Lavreince*, &c.

GIRARDINI, (Melchior) peintre & graveur du dernier siècle, duquel on a quelques pièces à l'eau-forte d'après *P. de Cortone, le Guide* & autres maîtres.

GIRAUD, (Antoine - Cosme) né à Paris en 1760, élève de Lingée, a gravé diverses vignettes, d'après *Gravelot* & autres.

GLAUBER, (Jean) peintre de paysages, né à Utrecht en 1645, & mort à Amsterdam en 1726, Il fut disciple de Berghem, & grava à l'eau-forte,

Plusieurs estampes qui font partie de l'œuvre de *Berghem.*

Divers Paysages de sa composition & autres d'après le *Gaspre*, &c.

Quatre grandes Compositions d'après *G. Lairesse*, représentant la fin des quatre empires du monde.

L'Affyrie, par la mort de Sardanapale.

La Perfe, par celle de Darius.

La Grèce, par celle d'Alexandre.

Rome, par celle de Céfar.

GLOCKENTON, (Albert) natif de Nuremberg, où il floriffoit vers l'an 1510. On connoît de lui une fuite de la Paffion de N. S. en 12 morceaux, depuis fon entrée dans Jerufalem, jufqu'à fa réfurrection.

GLUME, (Jean-Gerard) peintre Allemand moderne, a gravé à l'eau-forte divers petits fujets & portraits de fa compofition.

GODEFROY, (François) né à Rouen en 1748, élève de Le Bas; On a de lui,

Divers beaux Payfages d'après *la Hyre*, *le Prince*, *Pillement*, & autres maîtres François.

Diverfes Vignettes pour les œuvres de Gefner, *in-4°*. &c.

Plufieurs Eftampes hiftoriques, fur les évènemens de la dernière guerre en Amérique, en 1782, dont Ponce a gravé l'autre moitié; ce qui forme un petit vol. *in-4°*. affez intéreffant.

GODFREY, (René-Bernard) graveur né à Londres en 1728, duquel on a,

Divers Sujets & payfages d'après *Brooking* & autres maîtres.

GODFRID, (Jean) graveur Anglois, né en

Q ij

1739, auteur de diverses estampes en manière noire, entr'autres,

Les Muficiens. m. p. en h. d'après *Schalken.*

GOLDAR , (Jean) graveur Anglois, né à Oxford en 1729. On a de lui plusieurs gravures médiocres, d'après divers maîtres.

GOLE, ; (Jean) graveur né en Hollande en 1724. On connoît de lui un grand nombre d'estampes en manière noire, d'après *Adrien Van Ostade, Gabriel Metzu, C. Bega, F. Mieris, Scalken, Adrien Brouwer, Teniers, Brakenburg*, &c. Il a aussi gravé quelques pièces au burin.

GOLTZIUS, (Hubert) peintre, graveur, & excellent antiquaire, né à Venlo en 1526. Après avoir appris les élémens de la peinture de Lambert Lombart, il voyagea en France, en Allemagne & en Italie, & fit dans ses voyages une ample moiffon de matériaux qui lui fervirent pour les ouvrages qu'il publia ensuite sur les inscriptions, les médailles & autres monumens antiques, dont il grava lui-même une partie des planches. Il mourut à Bruges en 1583, à 57 ans.

GOLTZIUS, (Henri) peintre & habile graveur, de la même famille que le précédent, naquit à Mulbracht dans le Duché de Juliers, en 1558. Il apprit les élémens de la peinture, de fon père & de Jacques Leonard; & ceux de la gravure, de Théodore Cornhert. Après avoir voyagé en Italie, il s'établit à Harlem, où il époufa la mère de Jacques Matham, & mourut en la même ville en 1617, âgé de 59 ans. Goltzius avoit le burin ferme, facile & agréable; mais fa manière manque d'intelligence, & fes traits ne rendent pas toujours la juftesse des contours, l'expreffion, ni l'effet du clair-obfcur, des figures & des tableaux d'après lefquels il a gravé. Malgré ces défauts, fes eftampes ont beaucoup de mérite, & les vrais connoiffeurs en feront toujours un grand cas. Voici les principales:

L'Hiftoire de la Paffion, en 12 p. ps. en h. de fa compofition.

Six grandes Pièces en h. nommées les chef-d'œuvres de Goltzius, parce que cet artifte les grava pour faire voir qu'outre la manière qui lui étoit propre, il fçavoit encore imiter parfaitement celle de divers autres maitres, tels qu'Albert-Durer, Lucas de Leyde, &c. Ces pièces repréfentent l'Annonciation de la Vierge, la Vifitation, la Nativité du Sauveur, la Circoncifion, l'Adoration des Rois & une Sainte Famille.

Quatre p. ps. en h. id. repréfentant les amours des Dieux, Jupiter, Mars, Apollon & Neptune.

Mars & Vénus furpris fous les rêts de Vulcain, & expofés à la rifée des Dieux. m. p. en h. id.

Les Compagnons de Cadmus dévorés par le dragon. m. p. en t. d'après *Corneille*, de Harlem.

Q iij

Hercule debout, tenant sa massue sur l'épaule. g. p. en h. *id.* dont le fond représente les divers travaux de ce héros.

Le Jugement de Midas. g. p. en t. *id.*

Une Suite de 52 m. ps en t. *id.* tirées des métamorphoses d'Ovide.

Les cinq Sens. p. ps. en t. *id.*

Une Suite de 8 m. ps. en h. *id.* (sans le titre) représentant Curtius, Horace Coclès & autres héros de l'ancienne Rome.

Le Chien. m. p. en h. *id.* Un jeune homme, que l'on prétend assez mal-à propos être Goltzius dans sa jeunesse, qui veut monter sur cet animal.

Plusieurs Portraits *id.* entr'autres, le sien propre, de deux manières différentes, & presque gros comme nature ; celui d'Henri IV. m p. en h. celui de Cornhert, graveur. g. p. en h. &c.

Galathée sur les eaux. g. p. en h. d'après *Raphaël.* C'est le même sujet que Marc - Antoine & autres ont gravé.

Saint Jérôme en oraison. m. p. en h. d'après *J. Palme.*

Le Bal Vénitien. g. p. en t. d'après *Théodore Bernard.*

Le Festin, ou l'assemblée des Dieux. très-grande p. en t. & en 3 feuilles, d'après *Spranger.*

Mars & Vénus. m. p. en h. d'après le même.

Les Statues antiques de l'Apollon du Belvedère,

de l'Hercule Farnèse , & de l'Hercule Commode. m. ps. en h.

Diverses autres Pièces d'après *Polidore de Caravage*, *Franc-Floris*, *Stradan* & autres, ainsi que nombre de petits portraits qui font autant de chef-d'œuvres.

Il en a existé plusieurs autres du même nom, & qui ont gravé diverses pièces, dans le même genre des précédens.

GONORD, ( ) On connoît de lui quelques académies de femmes, gravées au lavis , d'après *Cochin*.

GOUAZ, (Yves le) né à Brest en 1742. Il est élève d'Aliamet, & d'Ozanne son beau-frère. Il a gravé avec succès plus de 60 petites vues des ports de mer de France, d'après les dessins de son beaufrère.

Divers autres sujets de marines d'après le même , d'une vérité extraordinaire dans cette partie.

GOUDT, (Henri) Comte Palatin, & amateur des arts, particulièrement de la peinture & de la gravure, étoit natif d'Utrecht, & florissoit au commencement du dix-septième siècle. Il chercha dans ses tableaux à imiter Elsheimer, d'après lequel il a gravé sept estampes qui, à certaine distance, font le même effet que si elles étoient gravées en manière noire. Ces estampes, qui sont estimées, & assez difficiles à trouver belles épreuves, représentent,

Une Fuite en Egypte. m p. en t. & la plus grande des sept.

La Sorcière. m. p. en h. que Hollar a copiée, & dont le sujet représente l'aventure qui arriva à Cérès, lorsqu'elle cherchoit sa fille que Pluton avoit enlevée.

L'Ange & le jeune Tobie qui traîne un poisson. p. p. en t.

Le même Sujet, où Tobie porte le poisson sous son bras; pièce beaucoup plus petite que la précédente, & qui a été copiée par Hollar.

Philémon & Baucis accordant l'hospitalité à Jupiter & à Mercure. p. p. en quarré.

Un petit Paysage sans figures.

Un petit Sujet en ovale représentant la Décolation de S. Jean.

GOULAY, (   ) né à Paris en 1749, a gravé plusieurs vignettes d'après *Monnet*, *Moreau* & autres.

En 1784, il grava le portrait de Pilâtre de Rofiers, & celui de M. de Suffren.

GOUMAZ, (   ) élève d'Aliamet, a gravé en 1784 divers petits sujets & paysages d'après différens maîtres.

GOUPY, (Joseph) habile graveur de ce siècle, né à Nevers en 1729. Il s'est fixé en Angleterre, où il a gravé,

Une Suite de 8 m. payfages, les uns en t. les autres en h. d'après *Salvator Rofe*.

Diane & fes nymphes à la chaffe au cerf. m. p. d'après *Rubens*.

Zeuxis peignant dans fon attelier. m. p. en travers, d'après *F. Solimene*.

Divers autres Sujets d'après différens maîtres.

GOUWEN, ( ) graveur Hollandois de ce fiècle, duquel on a quelques gravures qui font partie de la bible publiée par van der Mark, &c.

GOYEN, (Jean - Jofeph van) bon peintre de payfages, né à Leyde en 1596, fut difciple de Guillaume Geritz & d'Ifaïe van de Velde ; il travailla beaucoup à la Haye, où il mourut en 1656. Il a compofé & gravé quelques payfages à l'eau - forte, de fa compofition, où l'on reconnoit fa touche graffe & facile.

GOYRAND, (Claude) né à Sens en 1662, a gravé diverfes chofes d'après *J. Stella*, *Quefnel*, *Mauperché*, *Callot*, &c.

GRAFTON, (William) graveur Anglois, né en 1720. On a de lui plufieurs eftampes en manière noire, dont quelques-unes font intéreffantes.

GRAND. *Voyez* LE GRAND.

GRANTHOME, (Jacques) a gravé divers fujets d'après *M. de Vos*.

GRASSET de Saint Sauveur, Conful au Cayre,

a gravé une affez grande fuite de coftumes civils, publiés en 1784, qui n'a pas eu grand fuccès.

GRATELOUP, (Jean-Baptifte) amateur, né à Dax en Gafcogne, en 1735 ; il montra dès fon enfance un goût naturel pour les arts, mais occupé par état au commerce, il n'a pu employer à celui de la gravure que fes momens de loifir. Il commença en 1771 par le portrait de Boffuet, qu'il copia d'après *Drevet*, de la grandeur de 4 pouces & demi, fur 2 pouces 3 lignes, dans un genre particulier de gravure, imitant le lavis ; mais avec des touches plus vigoureufes, que cette manière ne facilite pas ordinairement. Il a fait fix autres portraits du même genre, d'après *Edelinck*, *Ficquet*, &c. dont Dryden, J. B. Rouffeau, Defcartes, Montefquieu, &c. Il en a commencé plufieurs autres, tels que Fénélon, Mademoifelle le Couvreur, &c. mais que la cataracte, dont il eft affligé, lui empêche de terminer ; on peut dire à fa louange que ce font des chef-d'œuvres de l'art, en petit.

GRAVE, (J. E.) a gravé à Amfterdam diverfes vues de Harlem, &c. d'après fes deffins.

GRAVELLE, (Louis de) Confeiller au parlement, & amateur, a gravé à l'eau-forte, en 1735, deux nymphes, d'après *Boucher*. Il y en a des épreuves dépofées dans le vol. des amateurs, qui eft au cabinet du Roi.

Parmi ces mêmes amateurs, il s'en trouve qui mé--

ritent d'être cités, & beaucoup qui n'ont exécuté ce qu'on trouve de leurs productions, qu'avec leur teinturier, (terme tecnique à la chofe.)

GRAVELOT, (Hubert-François Danville) né à Paris en 1699, fut élève de Reftout; il féjourna nombre d'années en Angleterre, y fit beaucoup de deffins pour différens ouvrages de littérature; il revint à Paris en 1745, où il exerça le même talent que fon amour pour le travail, & fon inftruction lui firent rendre avec fuccès. Il y mourut en 1773; âgé de 74 ans. Il a gravé plufieurs petites pièces à l'eauforte, que d'autres graveurs ont terminées.

Son frère Danville, a été regardé, avec juftice, comme un de nos plus grands géographes. Il mourut en 1783; il étoit membre de l'académie des fciences.

GREBBER, (Pierre) peintre d'hiftoire & de portraits, né à Harlem, fut élève de fon père, & d'Henri Goltzius, & a gravé dans la manière de Rembrandt,

La Samaritaine. p. p. en h. de fa compofition.

GREEN, (Val.) graveur Anglois moderne, né à Londres, dont on a plufieurs belles eftampes en manière noire, d'après le Morillos & autres.

Regulus au milieu des ambaffadeurs Carthaginois, qui a pour pendant Annibal. 2 g. ps. en t. d'après Weft, &c. &c.

GREEN, (J.) né en Angleterre. On connoît de lui divers payfages & vues des antiquités de Cornwall, ainfi que plufieurs portraits.

GREENVOOD, (Jean) peintre & graveur né à Bofton dans la nouvelle Angleterre. On a de lui quelques fujets & portraits en manière noire, d'après *Metʒu*, *Verkolje* & autres.

GREFF, (Jérôme) né à Francfort. On connoît de lui l'apocalypfe de S. Jean, qu'il a copié de même grandeur que les originaux qui font d'Albert-Durer.

GREGORI, (Antoine) a gravé à Rome plufieurs ftatues de la galerie Clémentine.

GREGORIO, (Charles) graveur Italien, né à Milan en 1719, & mort à Florence en 1759. Il a gravé plufieurs des ftatues antiques des galeries de Florence, Clémentine & du Capitole, ainfi que plufieurs portraits, avec Faucci & autres.

Les tableaux de la galerie du Marquis de Gerini, à Florence. Ferdinand fon fils & fon élève, grave actuellement à Florence, où il demeure.

GREISCHER *ou* GRYSCHER, (Marc) graveur né à Francfort en 1712. On a de lui plufieurs eftampes d'après divers maîtres, entr'autres,

La Vierge affife dans un payfage, tenant l'Enfant Jéfus, & ayant Saint Jean auprès d'elle, d'après *Frédéric Baroche*.

GRENVILLE, (Jones) graveur Anglois, né à Dublin en 1723, a gravé quelques payſages de la ſuite de ceux que l'on a publiés à Londres d'après le Gaſpre, &c.

GRESE, ( ) a gravé en 1779, un Saint Jérôme, d'après le Guide, &c.

GREUTER, (Mathieu) graveur Allemand, né à Inſpruck. Il floriſſoit en Italie. On a de ſa main diverſes eſtampes, entr'autres,

L'Embraſement de Troye. m. p. en t. d'après Lanfranc.

GREUTER, (Jean-Frédéric) fils & élève du précédent, & l'un des meilleurs graveurs de ſon tems, naquit à Francfort en 1566. Il s'établit à Rome. Il y a gravé pluſieurs eſtampes, où l'on remarque beaucoup de correction de deſſin, entr'autres,

Les Forges de Vulcain, où ſe voient deux hommes qui tiennent un écuſſon aux armes d'un Cardinal. g. p. en t. d'après Lanfranc, ſon ami.

Marc-Antoine Colonne, porté en triomphe par les Divinités marines. g. p. en t. d'après P. de Cortone.

La Mort de Sainte Cécile. p. p. preſque quarrée d'après le Dominiquin.

Une grande Bataille en t. d'après Tempeſte.

Diverſes autres Pieces d'après le Pomerange, André d'Ancone, Joſepin, le Guide, Vouet, Stella, &c.

GREVILLE, (Lady de) née à Londres en 1721, a gravé pour s'amuſer en 1758, plusieurs payſages d'après *S. Roſe.*

GRIBELIN, (Simon) graveur & marchand d'eſtampes, floriſſoit à Londres vers l'an 1720. On a de ſa main,

- Les Muſes ſur le parnaſſe. m. p. en t. d'après *le Tintoret.*

L'Apothéoſe de Jacques I, Roi d'Angleterre. très-g. p. en long, d'après le plafond peint par *Rubens,* au palais de White-hall.

Il a eu un fils qui a gravé dans ſon même genre.

GRICOUR, (le Chevalier) amateur, a gravé en 1733, quelques payſages d'après *Berghem.*

GRIGNON, (Jacques) graveur François, du dernier ſiècle. On a de lui diverſes pièces d'après *Annibal Carrache, le Pouſſin, les Ferdinands, Chauveau,* &c.

GRIGNON, (Charles) graveur François, demeurant à Londres. On a de ſa main,

La Courtiſanne Phrinée & le philoſophe Zénocrates. p. p. en h. d'après *Salvator Roſe.*

Plusieurs autres jolis petits Sujets & vignettes d'après divers maîtres.

GRIMALDI, (Jean-François) *dit* LE BOLOGNESE, naquit à Bologne en 1606, apprit les élémens de la peinture en l'école des Carraches, &

devint un excellent payſagiſte. Il mourut à Rome en 1680, à 74 ans. L'on admire dans ſes ouvrages la beauté du feuillée, la fraîcheur du coloris, & une grande intelligence de la perſpective. Il a gravé d'un fort bon goût pluſieurs payſages de ſa compoſition, & d'autres d'après *le Tirien*, *Annibal Carrache*, &c.

Il a eu un fils qui ne l'a pas égalé en talent.

GROENSVELT, (Jean) né à la Haye vers l'an 1660, a gravé à l'eau-forte pluſieurs vues & payſages d'après *Berghem*, *van Goyen*, *Lingelback*, &c.

GRONTELLE, (L.) jeune graveur. On connoît de lui diverſes vignettes d'après *Marillier*, faites pour différens ouvrages de littérature.

GROSNIER, (Mademoiſelle) graveuſe moderne, dont on a quelques pièces d'après différens maîtres.

GROTTA, (Antoine) a gravé en 57 planches les portraits des Princes & Princeſſes de la maiſon d'Autriche, *in-fol*.

GROZER, (J.) a gravé à Londres, en 1787 & 1788, pluſieurs ſujets au pointillé d'après différens auteurs Anglois.

GUARANA, (Jacques) peintre Vénitien, né en 1716, a gravé à l'eau-forte, ſur ſes propres deſſins, divers grands ſujets tirés de la Fable, &c.

GUÉLARD, (Antoine) graveur né à Paris en 1719. On a de lui quelques pièces d'animaux, d'après *Oudry*, *Huet*, *P. van Bloemen*, &c.

GUERARDS, (Marc) né à Anvers en 1730, étoit peintre d'histoire & de paysage ; il a gravé les fables d'Esope, de sa composition & une vue de la ville de Bruges. Il est mort en Angleterre.

GUERCHIN. (Le) *Voyez* BARBIERI, surnommé *le Guerchin*.

GUEROULT, (Jacques de) né à Toulon en 1654, a gravé plusieurs cahiers des différens bâtimens de mer.

GUERTIERE, (François de la) peintre François, né en 1624, a gravé à l'eau-forte,
Les Grotesques des loges du Vatican, en 17 ps. d'après *Raphaël*.

GUIDI, (Raphaël) né en 1540, grava au burin nombre de pièces, d'après *le Baroche*, *Josepin* & autres, parmi lesquelles on distingue une descente de croix.

GUIDI, (Michel-Ange, fils du précédent, a aussi gravé au burin, mais avec moins de succès que son père.

GUIDO-RENI, *ou* LE GUIDE, très-habile peintre, né à Bologne en 1575, étoit fils de Daniel Reni. Il apprit les élémens de son art chez Denis Calvaert,

Calvaert, qu'il ne quitta que pour entrer en l'école des Carraches; il alla enfuite à Rome, où il acheva de fe perfectionner par l'étude qu'il fit des tableaux de Raphaël & d'autres grands maîtres. On remarque dans fes ouvrages un pinceau plein de fineffe, de douceur & de légereté; fes figures, fur-tout fes têtes de femmes, font pleines de graces & de nobleffe; mais elles manquent d'une certaine force d'expreffion qui remue l'ame du fpectateur; en général, la partie du clair-obfcur n'étoit pas ce qu'il entendoit le mieux. Il mourut en 1642, à 67 ans. On a de fa main un grand nombre d'eftampes à l'eau-forte, où l'on remarque une pointe légère & facile, & les mêmes beautés qu'on admire dans fes tableaux, les principales de ces eftampes font,

L'Enfant-Jéfus careffant S. Jean dans un fond de payfage. p. p. en t. de fa compofition.

La Sainte Vierge regardant avec tendreffe l'Enfant-Jéfus qui fe jette à fon col. p. p. en h. dans la manière du Parmefan. Il l'a gravée deux fois.

Les Planches qui entrent dans la defcription des obfèques d'Auguftin Carrache.

J. C. mis dans le fépulcre. p. p. en h. d'après *le Parmefan.*

La Sainte Vierge tenant l'Enfant-Jefus que Sainte Catherine adore. p. p. en h. à demie-fig. d'après *le Carrache.*

L'Aumône de S. Roch. m. p. en t. d'après *An-*

R

nibal Carrache, gravée l'an 1610, en concurrence de la Samaritaine que François Bricci gravoit en même tems d'après le même maître. Ce sujet a aussi été gravé par Camerata, pour le recueil de la galerie de Dresde.

GUILAIN, (Simon) sculpteur François, né à Tours en 1654, a gravé diverses pièces à l'eauforte, entr'autres,

La Vie de S. Diego, en 20 ps. d'après les peintures d'*Annibal Carrache*, qui sont dans l'église des Espagnols à Rome.

Les Cris de Bologne, en une suite de 80 p. ps. en h. d'après le même.

GUNST, (Pierre van) graveur Hollandois, né en 1724. On a de lui un grand nombre de pièces au burin, entr'autres,

Les Amours des dieux, en 9 m. ps. en h. & au burin, d'après *le Titien*. Cette suite a aussi été gravée en manière noire par Smith.

Une Suite de dix portraits en pieds, d'après *van Dyck*, à la tête desquels sont ceux de Charles I, Roi d'Angleterre, & d'Henriette de France, épouse de ce Prince. g. ps. en h.

Le Portrait de M. Chevreau. p. p. en h. d'après *Jean Petitot*. C'est la seule estampe que l'on connoisse d'après ce fameux peintre en émail.

Nombre d'autres Portraits, & divers autres sujets d'après *Karel de Moore*, *van der Werff*, &c.

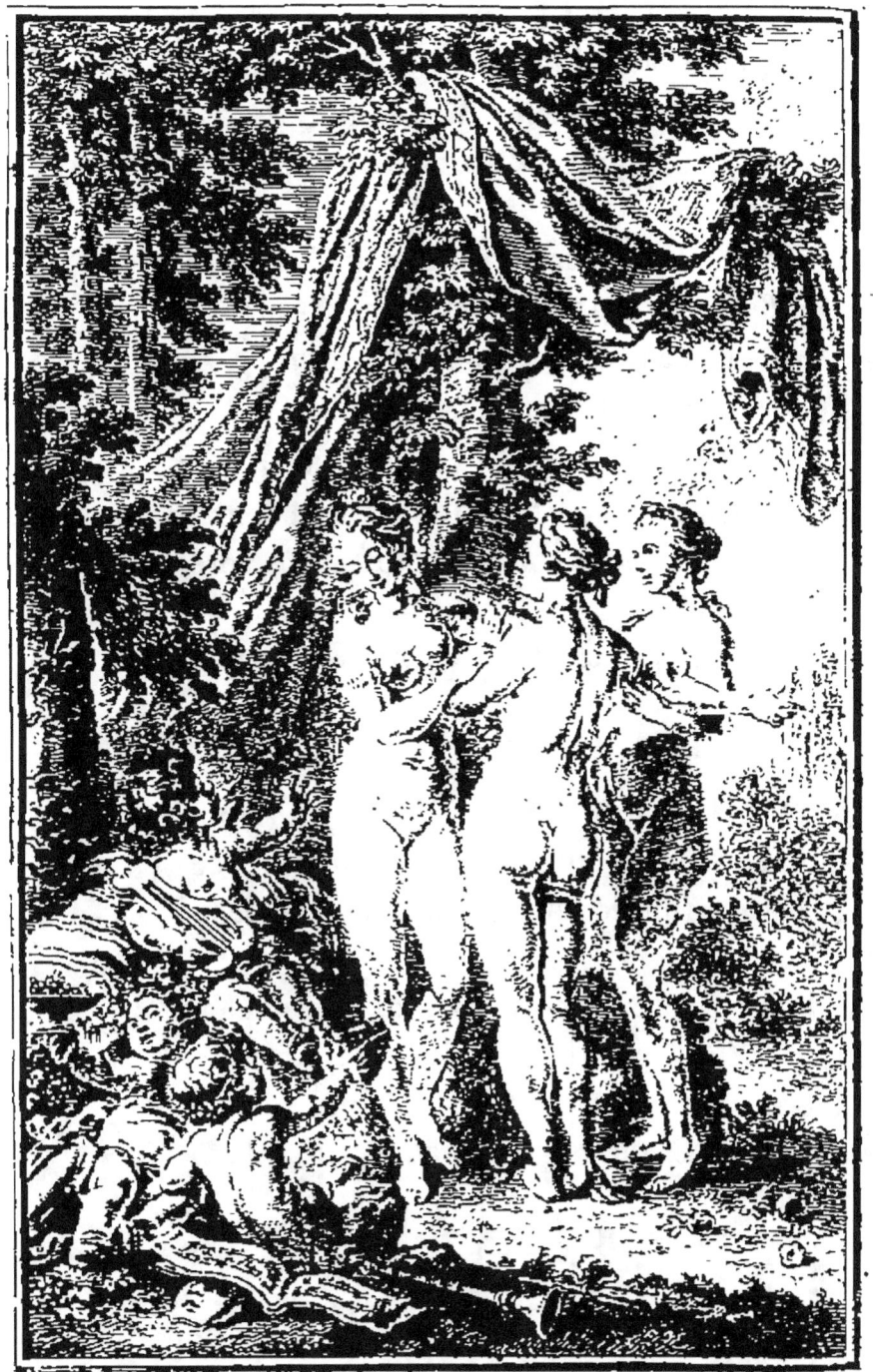

LES GRACES

GUTTENBERG, (Carle) né à Nurem-berg en 1744; en 1780, il se fixa à Paris. Il a gravé diverses pièces d'après différens maîtres, dont,

L'Invocation à l'Amour, d'après *Théolon.* m. p. en hauteur.

La Troupe ambulante. m. p. en t. d'après *Mayer.*

La Suppression des ordres monastiques dans toutes les villes sous la domination de l'Empereur. g. p. en t. d'après *France*, de Liège.

GUTTENBERG le jeune, (Henry) frère du précédent, a gravé à Paris diverses pièces, dont,

Les dernières paroles de J. J. Rousseau, d'après le dessin de *Moreau.*

Le rendez-vous de chasse d'Henry IV, d'après *Borel.*

Plusieurs Vignettes *in-4°.* &c.

GUTTWIN, (Jean) né à Munich en 1711, a gravé plusieurs morceaux d'après *Amiconi*, en-tr'autres, deux Amériquains, portant la date de 1744.

GUYOT, (Laurent) né à Paris en 1756, élève de le Grand & Tilliard. Il a gravé en 1787, en cou-leurs, divers sujets patriotiques, de forme ovale, en t. & autres pièces de ce genre, auquel il a donné la préférence.

H.

HAAKEN, (Alexis, graveur Hollandois, né en 1701. On a de lui plusieurs estampes en manière noire, qu'il a gravées en Hollande & en Angleterre.

HAAS, (Gerard) né à Copenhague en 1742, a gravé à Paris, d'après *Walderite*, la recréation des Bacchantes. m. p. en t.

Hercule faifant manger Diomède par fes chevaux, d'après *Pierre*, premier peintre du Roi, morceau fur lequel il fut reçu à l'académie en 1781. m. p. en h.

HACKAERT, *ou* HAKKERT, (Jean) peintre payfagifte, né à Harlem en 1652, a imité Jean Both, dont il fut éléve, & a gravé à l'eau-forte quelques payfages de fa compofition, dont,
La Mort de Virginie, d'après *Dance*. g. p. en t.

HACKAERT, ( ) jeune peintre Allemand, payfagifte, a gravé quelques petits payfages à l'eau-forte, de fa compofition.

HAFTEN, (Nicolas van) a gravé à l'eau-forte & en manière noire, diverfes bambochades de fa compofition.

HAGEDORN, (Chriftian-Louis de) amateur né à Hambourg en 1717, mort à Drefde en 1782, a gravé à l'eau-forte en 1744,
Une Suite de Têtes de caractère, de petits payfages de fa compofition.
Il étoit directeur de l'académie des arts de Drefde.

HAID, (Jean-Jacques) graveur & marchand

d'eftampes, demeurant à Ausbourg. On a de lui plufieurs pièces en manière noire.

HAID, (Jean-Godefried) graveur, de la même
famille que le précédent, a gravé à Londres, où il
demeure actuellement, diverfes eftampes en manière
noire, d'après *Rembrandt* & autres maîtres.

HAID, (Jean-Elie) graveur moderne, de la même
famille que les précédens, a auffi gravé quelques
pièces en manière noire.

HALBOU, (~~Jean~~ Louis) né en 1730, élève
de Dupuis. On a de lui diverfes pièces d'après *Jeaurat*, *Eïfen* le pere, & autres maîtres, ainfi que diverfes vignettes d'après *Marillier*. &c. &c.

HALEN, (Aarent van) graveur Hollandois.
On a de lui plufieurs eftampes en manière noire,
entr'autres,

Le Portrait de Jérémie Dekker, p. p. en h. d'a-
près *Rembrandt*, où au lieu du vrai nom de ce graveur, on lit : *Aquila fculpfit*, parce qu'Arent a la
même fignification en Hollandois, qu'Aquila en
latin. L'un & l'autre fignifient un aigle.

HALL, (John) Anglois, a gravé plufieurs eftampes au burin, entr'autres,

Le Portrait de Clément IX, m. p. en h. d'après
C. Maratte.

Pyrrhus, &c g. p. en t. d'après *Binjamin Weft*,
peintre Anglois.

HALLÉ, (Noël) peintre François, né à Paris en 1711, de l'académie royale, a gravé à l'eau-forte plusieurs morceaux de sa composition, entr'autres,

Antiochus renversé de son char, & son pendant. g. ps. en t.

HALM, (   ) graveur Allemand, élève de Wille, a gravé à Paris en 1769, d'après *Wille* le fils,

Le Concert champêtre & son pendant. m. p. en b.

HALVECH, (Antoine) graveur Saxon, dont on connoît plusieurs portraits *in-fol.* des Princes & Princesses de la maison de Médicis.

HANZELET, (Augustin) né à Toul en 1609, graveur médiocre, qui n'a exercé son art qu'à des pièces obscènes ; il est rare qu'un habile artiste avilisse ses talens sur de pareils sujets.

HARCOURT, (G. S. Vicomte de Newenham) amateur Anglois, a gravé en 1760, plusieurs paysages mêlés de ruines, vues prises dans le Comté d'Oxford.

HARDING ; (J.) a gravé à Londres, à la manière pointillée Angloise, divers sujets de forme ronde, &c. d'après *Angel. Kauffman* & autres.

HARDOUIN, (Michel) graveur François. On connoît de lui diverses vues des châteaux de Clagny & autres.

HARDWILLIER, (Julie) a gravé d'après *le Prince*, deux petites têtes, vieillard, & jeune femme, vues de profil.

HARMAR, (Th.) a gravé à Londres deux petits sujets de femmes, de forme ovale, dans un fond de paysage, lesquels ont pour titre en Anglois *from the Banquet*, &c.

HARREWIN, (François) graveur né à Bruxelles, en 1680, fut disciple de Romain de Hooge. On a de sa main nombre d'estampes de sa composition, ainsi que d'après *Rubens* & autres maîtres, gravées à l'eau-forte.

HAUSSART, (Jean) graveur François, de ce siècle, a gravé en 1727 diverses estampes, dont quelques-unes font partie du cabinet de Crozat, entr'autres,

Le Frappement du rocher. m. p. en h. d'après *Romanelli*, &c. &c.

HAWARD, (Francis) a gravé à Londres, d'après *le Chevalier Reynolds* ; dans la manière pointillée un sujet d'enfans, représentant la peinture. m. p. en t.

HAY, (Mademoiselle le) graveuse, a donné en 1706, un livre à dessiner, d'après les plus belles têtes de *Raphaël*, en 37 planches.

HAYARD, (   ) a gravé plusieurs grosses

têtes dans la manière du crayon, d'après *Vanloo*, divers ornemens d'architecture, &c.

HAYE, (Charles de la) né à Fontainebleau en 1641 ; a gravé en Italie, conjointement avec Spierre, Bloemaërt, Blondeau & autres,

Les Peintures des trois falons du palais Pitti, à Florence, d'après *P. de Cortone*.

La Sainte Vierge tenant l'Enfant-Jéfus fur fes genoux, & diftribuant des palmes à Sainte Catherine, à Sainte Martine, & à d'autres Saintes. g. p. en t. d'après *Ciro-Fetri*.

La Vierge dans les nues, & S. Philippe de Néri à genoux au bas, &c. g. p. en h. d'après le même.

Coriolan prêt à tirer vengeance des Romains, qui l'avoient exilé, fe laiffe fléchir par les larmes de fa mère & de fa fœur. g. p. en t. d'après le même.

Diverfes autres Pièces d'après différens maîtres.

HEARN, (Fr.) jeune graveur Anglois, élève de Woollett, a gravé divers payfages d'après *Barreth*, &c.

HEATH, (J.) graveur Anglois. On a de lui divers fujets en manière noire.

Le Portrait du Capitaine Henry Wilfon, gravé au burin.

HECKE, (Jean van den) peintre de fruits, de fleurs & d'animaux, né à Audenarde en 1604, a travaillé en Flandre & en Italie, & a gravé à l'eau-forte diverfes pièces de fa compofition, en-tr'autres,

Une Suité de 12 animaux divers. p. ps. en t. portant la date de 1656, & fur la première def-quelles fe voyent plufieurs animaux qui boivent dans une auge.

HECQUET, (Robert) né à Abbeville en 1673, où il eft mort en 1775. Il eft l'auteur du premier catalogue de l'œuvre de Rubens; il a gravé à Paris, en petit,

Les Travaux d'Hercule, d'après les tableaux du *Guide*, qui font à Verfailles, les mêmes qui ont été gravés par Rouffelet.

Un Bain de femmes. p. p. en h. d'après *le Pouffin*.

HEEMSKERKE, (Martin) peintre, dont le vrai nom étoit Martin van Veen, naquit à Heemf-kerke dans le Comté de Hollande, l'an 1478. Il travailla fucceffivement fous la conduite de Lucas & de Jean Schorel; après quoi il alla à Rome, où il fe perfectionna par l'étude qu'il fit des ou-vrages des grands maîtres de ce tems là. Il a gravé à l'eau-forte quelques-unes de fes compofitions; le plus grand nombre de fes deffins l'a été par Théo-dore Cornhert, Philippe Galle & autres graveurs Flamands, fes contemporains.

HEIDLOFF, (N.) a gravé d'après *Crozier*, un payfage avec chûte d'eau & fig. de baigneufes. p. p. en t. &c.

HEIL, (Leon van) peintre en petit, & architecte, né dans le Brabant, en 1624. On a de sa main quelques estampes à l'eau-forte, entr'autres,

Une Danse de villageois. p. p. en t. d'après *Rubens*.

HEIMLICH, (   ) a composé & gravé une incendie dans un village, au bord d'une rivière.

HEINCE, (Zacharie) peintre & graveur né en 1611, a gravé avec Bigron les portraits de plusieurs personnes illustres, que *Vouet* avoit peints dans une galerie du palais royal, qui a été détruite en 1764. Il est mort en 1669,

HEINZELMAN, (Elie) habile graveur, natif d'Ausbourg en 1580, fut élève de François de Poilly & grava nombre d'estampes d'après différens grands maîtres, entr'autres,

La Vierge & l'Enfant-Jésus qui dort. g. p. en t. d'après *Annibal Carrache*, connue sous le nom du *Silence*. Ce même sujet a aussi été gravé par Michel Lasne, ainsi que par Picart le Romain dans le vol. des tableaux du Roi; mais l'estampe que nous annonçons, est la meilleure des trois. Il y en a une aussi gravée en Angleterre par Fr. Bartolozzi.

Une Sainte Famille, où la Vierge savonne du linge. g. p. en t. d'après *le Bourdon*.

Autre Sainte Famille, où S. Jean présente son agneau à la Vierge. g. p. en t. d'après le même.

Autre Sainte Famille, où S. Jean présente une pomme à l'Enfant-Jésus. g. p. en t. *id.*

Quelques p. ps. en h. d'un deffin fort agréable, d'après *Joseph Verner*.

Plusieurs autres Morceaux d'après *l'Albane* & autres maîtres.

HEKEY, (Samuel) duquel on connoît diverses pièces en manière noire, gravées à Londres d'après *le Chevalier Reynolds*.

HELMAN, (Isidore - Stanislas) né à Lille en Flandres, en 1743, élève de le Bas, a gravé divers sujets & paysages d'après *le Prince*, *la Grenée*, *Lavreince* & autres.

La Suite des batailles de la Chine, en petit, d'après les grandes, exécutées par le Bas, Aliamet, Delaunay, Choffard, &c.

HELMONT, (Jacob van) peintre né à Anvers en 1683, mort dans la même ville en 1726, a gravé à l'eau - forte quelques pièces de fa composition.

HEMERY, (Antoine - François) né à Paris en 1751, a gravé la création d'Eve d'après *Procaccini*. g. p. en h.

Diverses Pièces d'après *Lépicié*, *Drouais*, &c.

L'Inauguration de la statue de Louis XV, d'après *de Machy* g. p. en t.

HEMERY, (Marguerite) sœur du précédent, née à Paris en 1745, femme Ponce, a gravé diverses vignettes d'après *Marillier* & autres.

HEMERY, (Th. Eléonore) sœur de la précédente, femme Lingée, née à Paris en 1753, a gravé supérieurement dans la manière du crayon, d'après *Cochin*, divers sujets & portraits, parmi lesquels on distingue,

L'Enlèvement des Sabines. m. p. en t.

La Famille des bonnes gens, &c:

Plusieurs Pièces du cabinet Poullain, &c. d'après *Netscher*, &c.

HENRIET, (Israël) graveur & marchand d'estampes, né à Nancy en 1608. Il étoit fils de Claude Henriet, peintre. Il alla à Rome, où il peignit quelque tems, sous la conduite d'Antoine Tempeste ; sa manière de graver approche fort de celle de Callot & de Perelle. Il mourut à Paris en 1661.

HENRIQUEZ, (Blaise-Louis) graveur né en 1732, élève de Dupuis. Il fut reçu à l'académie en 1779. On a de lui,

Un Sujet Russe d'après *le Prince*, intitulé *le Joueur de Balalaye*. m. p. en h.

Plusieurs autres Sujets d'après *Natrier*, *Eisen le père*, &c.

La Mort de du Guesclin, d'après *Brenet*. g. p. en travers.

Minerve écarte le Dieu de la guerre, d'après *Rubens*. g. p. en t.

HENS. *Voyez* HEUSCH.

HERISSET, (A.) graveur François, duquel on a quelques eftampes d'après *de Troy* le fils, & autres maîtres.

HERZ, *ou* HERTZ, (Jean-Daniël, peintre d'hiftoire & de payfages, nè à Nuremberg en 1599, & mort en 1635, a gravé à l'eau-forte quelques fujets de fa compofition, entr'autres,

S. Paul prêchant dans Athènes. g. p. en t.

Il a auffi gravé quelque chofe d'après *Rottenhamer.*

HESS, (   ) a gravé en 1786, d'après *Rembrandt* , & dans fa manière, N. S. parmi les docteurs. g. p. en h.

HEUDELOT, (Louis) graveur né à Montpellier en 1730. On a de lui quelques pièces d'après *van Oftade* , *Lingelback* , *Jean Steen* , &c.

HEUSCH, *ou* HENS, (Abraham de) peintre, né à Utrecht en 1638, fut difciple de Striep, & réuffit dans le payfage, les plantes, &c. Il a gravé à l'eau-forte,

Plufieurs p. Payfages en h. de fa compofition.

HEUSCH, *ou* HENS, (Guillaume de) peintre de la même famille que le précédent, fut difciple de Jean Both, voyagea en Italie, & réuffit dans le payfage & les animaux. On a de fa main diverfes eaux-fortes de fa compofition.

HEUSCH, *ou* HENS, (Jacques de) neveu du précédent, naquit à Utrecht en 1657. Il apprit de fon oncle les élémens de la peinture, & tâcha d'imiter

Salvator Rofe dans la manière de peindre le payfage & les animaux. Il mourut en 1711, à 44 ans. L'on a de fa main quelques eaux-fortes de fa compofition.

HEYDEN, (Jean van der) habile peintre né à Gorcum, en 1637, apprit de lui-même les principes de fon art, & excella à repréfenter des vues, des ruines & d'anciens monumens. Il regne dans fa manière, quoique d'un extrême fini, un moëleux, un clair - obfcur & un accord étonnants. Il mourut en 1712, à 75 ans. On a de fa main diverfes eaux-fortes de fa compofition.

HEYSS, (Gottlieb) né à Hambourg en 1719, a gravé d'après *Amiconi*, un S. Sebaftien fait pour une théfe.

HILL, (Antoine Saint) né à Paris en 1731, a gravé d'après *Berghem*, le bain de la bergere, & pendant. m. p. en h.

HIRK, (   ) Anglois, a gravé en 1788 les bergers d'Arcadie, près du tombeau. m. p. en t. d'après *Cipriani*.

HIRSCHFOGEL, (Auguftin) orfèvre & graveur à Nurembberg . vers l'an 1543. On connoît de lui divers morceaux, dont,

Un Vafe avec ornemens d'orfèvrerie.

La Vue d'un canal avec pont qui communique à un village, &c.

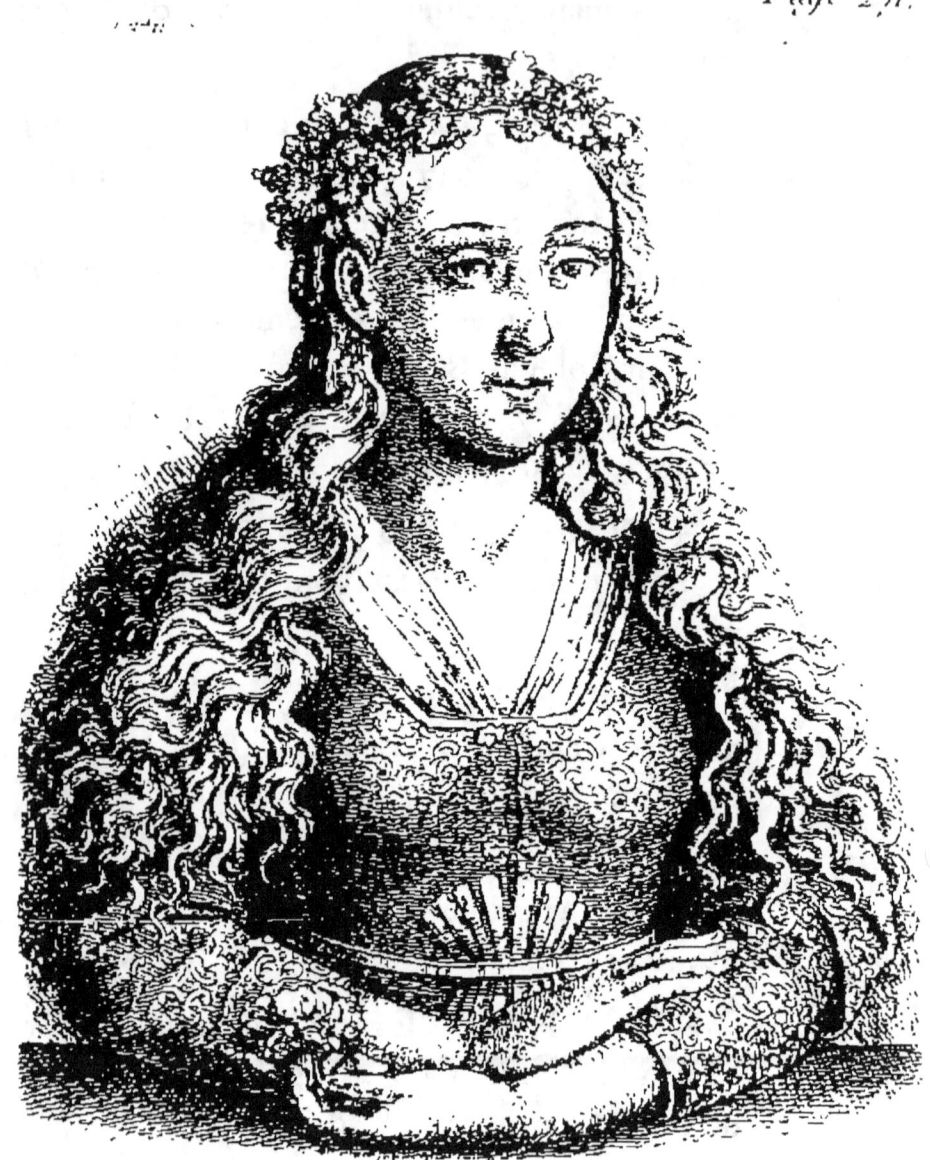

HISBENS. C'eſt ainſi que quelques perſonnes nomment très-mal-à-propos Sebald Beham. *Voyez* BEHAM.

HODGES, (C. H.) a gravé à la manière noire, en 1786, d'après *Vheatly*,

The amourous Sportſman. g. p. en t.

Pluſieurs Jeux d'enfans, auſſi à la manière noire.

Le Tribut de Céſar, d'après *Genoes*. g. p. en t.

HOEJ, *ou* HOIJ, (Nicolas van) peintre & graveur né à Liège en 1624, a gravé quelques eſtampes du cabinet de Teniers, &c.

HOET, (Gerard) né en 1648, & mort à La Haye en 1723,, a gravé pluſieurs payſages d'après *Fr. Milet*.

HOEFNAGEL, *ou* HUFNAGEL, (Jacques) peintre & graveur né à Munich en 1570, a gravé des fleurs & des inſectes, d'après ſon père *George Hoefnagel*, ainſi que diverſes autres pièces de ſa compoſition, & d'après d'autres maîtres. Il mourut en 1629, âgé de 59 ans.

HOGARTH, (William) peintre Anglois. On connoît de lui nombre d'eſtampes gravées d'après lui-même, & dont il a gravé quelques-unes à l'eau-forte. La plûpart de ſes ſujets ſont hiſtoriques, moraux & critiques. On y trouve des caractères d'une expreſſion étonnante, ainſi que dans ſes tableaux.

HOHENBERG, graveur Allemand, a composé & gravé avec goût plusieurs ruines d'architecture.

HOIN, (Claude) peintre, a gravé en 1788, dans la manière du lavis, la mort de la Madeleine. sujet en h. d'après un dessin de *Greuze*.

HOLLAR, (Venceslas) habile graveur, né à Prague en 1667, voyagea en Allemagne, & travailla long-tems en Angleterre, d'où il sortit à l'occasion des guerres civiles qui désolèrent ce pays après la mort de Charles I, pour se retirer à Anvers. Etant depuis retourné à Londres, il y mourut dans un âge fort avancé. Hollar est un de ceux qui ont imité le mieux avec la pointe le beau fini du burin; il conduisit l'eau-forte avec une intelligence admirable, en reconnut la gradation, en developpa toutes les ressources, & apprit à s'en servir. Il excella dans le paysage, les animaux, les Fourures & les insectes. On estime beaucoup ses portraits; mais il ne réussit pas également à rendre de grandes compositions. Son œuvre est très-nombreux & très-difficile à rassembler. Nous ne ferons mention que de quelques-unes de ses principales pièces.

Jesus-Christ présenté au peuple. g. p. en t. d'après *le Titien*.

Une m. Pièce en h. d'après *André Mantegne*, connue sous le nom du Calice.

La

La Reine de Saba visitant Salomon. p. p. en h. d'après *Holbein*.

Le même Sujet. g. p en t. d'après *Paul Veronese*, qui se trouve dans le vol. du cabinet de Téniers, mais avec la planche coupée. Il faut l'avoir entière avec des portraits dans le haut ; elle est extrêmement rare.

Une Sainte Famille. p. p. en h. d'après *Perin del Vague*.

Les quatre Saisons. p. ps. en h. de deux compositions différentes ; l'une avec les figures entiéres, l'autre avec les figures jusqu'aux genoux.

Divers Animaux de sa composition, & d'après d'autres maîtres, dont le lièvre pendu par la patte. p. p. en h.

Trois p. Feuilles de plusieurs manchons. *id.*

La Vue de la grande chartreuse. très - grande p. en t. composée de 4 planches *id.*

— de la Bourse de Londres & de ses environs. m. p. en t. *id.*

Le Portail de la Cathédrale d'Anvers. g. p. en h. *id.* dont les premières épreuves sont avec une seule ligne d'écriture au bas, & avant la triple taille qui se voit sur la maison qui est à droite.

Celui de la Cathédrale de Strasbourg. p. p. en h. *id.*

Latone insultée par des paysans. p. p. en t. *id.*

Divers Paysages simples ou historiés, d'après *les Breughel* & autres maîtres.

S

Le Portrait de *Rubens.* p. p. en h. d'après ce peintre.

Diverses Etudes p. p. en t. représentant des lions & des tigres, d'après le même.

Un Christ. g. p. en h. d'après *Van Dyck.*

Divers Portraits d'après le même, dont celui de ce peintre en petit, ceux de Charles II, Roi d'Angleterre, de la Duchesse de Portland, de Thomas Howard, du Comte & de la Comtesse d'Arondel, &c.

La Madeleine au désert. g. p. en t. d'après *Van Avont.*

Nombre d'autres Pièces d'après *Leonard de Vinci, Jules Romain, F. Salviati, Paul Veronese, Albert-Durer, Paul Bril, Rottenhamer, Corneille Schut, Teniers; Diepenbeck,*

HOLTZMANN. (C. F.) a gravé en 1772, à l'eau-forte & au lavis une suite de 13 petits sujets & paysages d'après *Dietricy,* à la tête desquels il se trouve un titre d'après *Schenau,* représentant un père assis sur son lit, & entouré de cinq enfans & de la mère.

HONDIUS *ou* DE HONDT, (Josse) graveur, storissoit à Amsterdam dans le seizième siècle. Il n'a guère gravé que des cartes géographiques.

HONDIUS *ou* DE HONDT, (Henri) mort à la Haye en 1610, apprit le dessin & la gravure

de Jean Wierix. Les eſtampes que l'on a de ſa main
ſont en aſſez petit nombre, s'étant, comme ſon père,
occupé à graver des cartes géographiques. On a de
lui,

Des Payſages & deux paſtorales d'après *le vieux
Breughel.*

HONDIUS *ou* DE HONDT, (Henri) fut
le plus habile de tous les Hondius dans la gravure.
On a de lui un grand nombre de portraits eſtimés, d'après *le Titien, Lucas de Leyde, Van
Dyck, Wildens, Mireveldt, Mytens* & autres maitres.

HONDIUS *ou* DE HONDT, (Guillaume)
fils du précédent, a auſſi gravé quelques eſtampes,
entr'autres,

Son propre Portrait. p. p. en h. d'après *van Dyck.*

Celui de François Franck, *dit* le jeune. p. p. en
h. d'après le même.

Celui de H. C. Longkius, groſſe tête dans un
ovale, d'après *J. Mytens.*

HONDIUS *ou* DE HONDT, (Abraham)
peintre de chaſſes, de la même famille que les précédens, a gravé vers l'an 1672, divers ſujets de ſa
compoſition.

HOOG, (J.) a gravé à Londres en 1784, à la
manière pointillée, les trois ſœurs, ſujet en rond,
d'après *Smith.*

Henry and Jeſſey, d'après *Wheatly.* g. p. en h.

dont l'eau-forte a été gravée par Jukes, &c, &c.

HOOGE, (Romyn de) deſſinateur & graveur Hollandois, né à la Haye en 1620. On trouve dans ſes ouvrages beaucoup d'imagination & de facilité ; mais comme il s'eſt laiſſé ſouvent emporter à la fougue de ſon génie, on rencontre dans la plûpart de ſes compoſitions, des idées ſingulières & giganteſques, & peu de correction de deſſin ; ces défauts ſe trouvent ſur-tout dans les ſujets allégoriques, qu'il a compoſés ſur les affaires de ſon tems, où d'ailleurs il a fait entrer une ſatyre triviale & exagérée, qui déplaît toujours aux perſonnes ſages & modérées. Son œuvre eſt très-conſidérable. On diſtingue parmi le grand nombre d'eſtampes qu'il a gravées,

L'Entrée de Louis XIV. dans Dunkerque. g. p. en t. d'après *Van der Meulen*.

Charles II, Roi d'Eſpagne, deſcendu de ſon carroſſe pour rendre hommage au S. Sacrement, & pour y faire entrer le prêtre qui le porte. m. p. en t. de ſa compoſition, connue ſous le nom du *Carroſſe de Romyn de Hooge*.

Le Maſſacre des deux frères de Wit, penſionnaires de la Hollande. m. p. en t. *idem*.

Le Pillage & les excès que les Hollandois prétendent avoir été commis par les François à Bodegrave & en d'autres endroits, l'an 1672, en une ſuite de pluſieurs p. ps. en t. *id*.

La Foire d'Arnhem. g. p. en t. *id.*

La Sinagogue des Juifs Portugais, à Amſterdam, g. p. en t. *id.*

Les Fêtes données en Hollande à Guillaume II, Roi d'Angleterre, & autres pièces de ce genre.

HOPFER, (Daniel) né à Nuremberg en 1533, l'un des maîtres au chandelier, ainſi nommé parce qu'il mettoit une eſpèce de chandelier, que les Allemands diſent être une tige de houblon, au-deſſus des initiales de ſon nom, de même que faiſoient ſes deux frères, dont nous parlerons ci-après. On a de ſa main un grand nombre d'eſtampes exécutées d'un goût aſſez gothique, entr'autres,

Un Chriſt entre deux larrons, & auquel on perce le côté. p. p. en h.

Un autre petit Chriſt en h. avec la Vierge & S. Jean au bas.

Une Caricature, au milieu de laquelle ſe voit une femme qui tient une broche, où il y a quantité de boudins enfilés. m. p. en t.

Pluſieurs Fêtes de village.

Une Suite de portraits de Princes, &c.

HOPFER, (Jérôme) frère du précédent, a gravé dans le goût de ce dernier, nombre d'eſtampes, entr'autres,

La Copie du S. Hubert d'*Albert-Durer*.

Celle du S. Jérôme, & divers autres morceaux d'après le même maître.

Une Suite de portraits de Papes, &c.

HOPFER, (Lambert) frère du précédent, a gravé dans le goût de ces derniers,

Une Suite de sujets de la passion, &c.

Une Conversion de S. Paul. m. p. en t.

Et nombre d'autres sujets.

HORTEMELS, (Marie-Magdeleine) femme de feu Cochin père, né à Utrecht en 1687, a gravé quelques pièces d'après *Lancret* & autres. Elle mourut à Paris, âgée de 87 ans.

HORTEMELS, (Frédéric) cousin de la précédente, graveur de ce siècle, duquel on a,

Une Adoration des Rois. m. p. en t. d'après *Paul Véronèse*, du vol. de Crozat.

La Vierge en méditation, autrement dit, l'intérieur de la Vierge. p. p. en h. d'après *le Feti. ibid.*

Diverses Pièces d'après *N. Bertin* & autres maîtres.

HOUBRAKEN, (Jacob) habile graveur Hollandois, né à Amsterdam, en 1685, & fils d'Arnould Houbraken le peintre, a gravé un grand nombre d'estampes, entr'autres,

Le Sacrifice de Manoach. m. p. en t. d'après *Rembrandt*, pour le recueil de la galerie de Dresde.

Quantité de Portraits pour la vie des peintres Flamands, que Houbraken le père & van Gool ont mises au jour.

Un grand nombre d'autres Portraits, dont les plus

eftimés font, le fien, ceux du Czar Pierre le Grand, de George I, Roi d'Angleterre, du Prince d'Orange dernier mort, plufieurs perfonnes de la même maifon, de Jean Kuyper & de Jacob van Hoorn, deux hommes qui ont vécu chacun plus d'un fiècle, &c. Parmi les plus rares on compte ceux de Guillaume VIII, Landegrave de Heffe-Caffel, Glafey, Albert Seba, Jean Taylor, Mieris, Verkolje, & S. K. de Bruine.

HOUEL, (Jean) né à Rouen en 1735, fut élève de Le Mire, pour la gravure, qu'il quitta pendant long-tems pour fe livrer à la peinture, dans l'école de Cafanove. Il fit un voyage en Italie, Grèce & Sicile; il s'occupa à faire des deffins des vues les plus intéreffantes. De retour à Paris, il fut reçu membre de l'académie royale de peinture, enfuite il fe mit à graver par foufcription, dans le genre du lavis, fon voyage en Sicile, où il entre au moins 250 planches.

HOUSTON, (Richard) habile graveur Anglois, né en 1729. On a de lui plufieurs eftampes en manière noire, entr'autres,

Une Femme affife, plumant une poule. p. p. en h. d'après *Rembrandt.*

Le Tailleur de plumes. p. p. en h. d'après le même.

Un Vieillard affis dans un fauteuil, portant un grand chapeau fur la tête. p. p. en h. *id.*

Un Homme tenant d'une main fon manteau, & de l'autre un couteau. p. p. en h. *id.*

L'Innocence & l'Avarice. p. p. en h. d'après *Mercier.*

Divers Portraits d'après différens maîtres, dont celui de John Wille, d'après *de Côtes.*

HOVE, (F. H. van den) né à Harlem en 1640, a gravé quelques planches, entr'autres,

Le Portrait de Jacob Cornelifz. m. p. en hauteur, d'après *C. Viffcher.*

HUBER, (Jofeph-Ignace) né à Paris en 1759, élève de Wille, a gravé en 1782, une petite fille qui boude, d'après *Tifcbein.* p. en ovale.

La Mère de Gerardow.

Plufieurs Pièces de la galerie du palais royal, &c.

HUBERT, (   ) graveur né à Abbeville en 1740, élève de Beauvarlet. On a de lui plufieurs eftampes, dont,

La nouvelle Héloïfe. m. p. en h. d'après *le Febvre,* peintre moderne.

Honni foit, qui mal y penfe, & pendant. m. p. en h.

Le Retour de Nourice. m. p. en h. d'après *Greuze.*

Divers Portraits, &c.

HUBERT, (Jean-Jacques) né à Paris en 1760, élève de le Roy. On connoît de lui diverfes vignettes d'après *Marillier* & autres.

HUBNER, (Barthelemy) né à Vienne en 1756, a gravé au burin plufieurs portraits, entr'autres,

Celui de la Princeffe de Virtunfen.

Le Frontifpice du vol. de la galerie de Duffeldorff.

HUBRY, (Pierre) imprimeur & graveur, né à Mayence en 1620. Il grava à Strasbourg une fuite de 36 planches repréfentant différens coftumes Allemands, affez plaifans.

HUCHTENBURG, (Jean van) peintre de batailles & de chaffes, né à Harlem en 1646, fut élève de Jean Wyk, & de F. van der Meulen, travailla en Hollande, en France & en Angleterre, & mourut en 1692, à 46 ans. Il a gravé à l'eauforte plufieurs grands & petits fujets de batailles, fièges, &c. d'après *van der Meulen*, ainfi que,

Le paffage du Roi fur le pont neuf. très-g. p. en t. & en 3 feuilles, d'après le même.

Il a auffi gravé quelque chofe de fa compofition.

HUCK, (Gerard) a gravé à Londres en 1784, un payfage avec fig. & animaux, d'après *le Chevalier Taffin*. m. p. en t.

Et plufieurs Pièces en manière noire, de fa compofition.

HUET POISSON, (Jean-Marie) né à Paris en 1741, élève de le Mire, a gravé les plantes de la botanique de Bergeret, en 1784.

HUET, peintre du Roi, né à Paris en 1745, a gravé à l'eau-forte diverses compositions & sujets d'animaux sur ses propres desseins.

HUFNAGEL. *Voyez* HOEFNAGEL.

HUMBLOT, (Jacques) né à Paris en 1660, a gravé plusieurs pièces assez médiocres, d'après *le Brun* & autres maîtres.

HUMPHREY, (   ) graveur Anglois. On a de lui des caricatures d'après différens maîtres.

HUOT, (François) élève de Delaunay l'aîné, a gravé en médaillon le portrait de son maître, d'après le dessin de *Saint Aubin*.

Ceux de la Harpe, & Court de Gibelin, d'après Pujos.

HUPEN, (Jean Veen) né à Harlem en 1633, a gravé une suite de vues de la ville d'Amsterdam. m. p. en t.

HUQUIER, (Gabriël & Jacques) père & fils, graveurs François, modernes, desquels on a plusieurs eaux-fortes d'après *Gillot*, *Watteau*, *Boucher* & autres. Le père est mort en 1772, âgé de 77 ans. Le fils est à Londres depuis plusieurs années. Il y peint le portrait au pastel.

HURET, (Grégoire) dessinateur & graveur, natif de Lyon en 1610, & mort à Paris en 1670. Il a gravé,

Une Suite de fujets de la Paffion. g. ps. en h. de fa compofition, en 30 morceaux.

Divers autres Sujets *id.* ainfi que d'après *Vouet*, *Philippe Champagne*, *Sébaftien Bourdon* & autres maîtres.

HUTIN, (François & Charles) frères, ont gravés à l'eau-forte diverfes eftampes, entr'autres,

Les Sept œuvres de miféricorde. p. ps. en h. de fa compofition.

Plufieurs Pièces d'après *de Troy* & autres maîtres.

Une Suite d'Apôtres. p. ps. en h.

HYLE, (Frédéric) graveur Anglois. On a de lui quelques portraits d'après *Kneller* & autres maîtres.

I.

IGONET, (Marie-Madeleine) graveufe née à Paris en 1748. On a de fa main quelques eftampes d'après *Mieris* & autres maîtres.

IMPERIALI, (Jerôme) noble Genois du dernier fiècle; ayant été envoyé à Parme par fes parens, pour y faire fes études, la vue des ouvrages du Parmefan & du Corrège lui infpira l'envie d'apprendre la peinture; mais de retour en fa patrie, le foin de fes affaires ne lui permit pas de continuer cet art. Il apprit alors de Jules Benfi, les élémens de la gravure. Il grava plufieurs planches dont on a des eftampes.

INGOUF, (P. Charles) né à Paris en 1746, élève de Flipart. On connoît de lui diverses pièces d'après *Greuze* & autres maîtres François.

INGOUF, (François-Robert) frère du précédent, né à Paris en 1747, élève de Flipart, dont il a gravé le portrait en médaillon, en 1772. On connoît depuis diverses estampes qui lui font honneur; parmi lesquelles on distingue,

Le Portrait de G. Dow. m. p. en h. d'après un tableau de l'auteur.

Le Sentiment contraire à la pensée. d'après *V. Werff.* p. p. en h.

Le Retour du laboureur & son pendant, d'après *Benazech.* g. p. en t.

Les Canadiens d'après *le Barbier.* m. p. en h.

Divers Portraits; dont celui de Simon, imprimeur.

INGRAM, (Jean) graveur né à Londres en 1721, a gravé étant à Paris, quelques petites estampes d'après *Bradley*, *Boucher* & autres maîtres, ainsi que quantité de planches pour l'académie des sciences.

ISRAEL. *Voyez* HENRIET.

ISRAEL, (Van Mechel, *ou* van Bocholt) ancien graveur Allemand, de qui l'on a nombre de pièces, entr'autres,

Une Suite de sujets de la passion. p. ps. en h.

Une autre de la vie de la Sainte Vierge. *idem.*

ISSELBURG, (Pierre) graveur né à Cologne. Il vint s'établir à Nuremberg en 1600, & y mourut en 1630 On a de sa main diverses estampes d'après *Rubens* & autres maîtres, ainsi que divers portraits d'Electeurs, &c.

J.

JACOB, (Louis) graveur né à Lisieux en 1712. On a de lui,

Rebecca. m. p. en t. d'après *Paul Veronèse*, du vol. de Crozat.

Les Israëlites sortant d'Egypte. m. p. en t. d'après le même, aussi du vol. de Crozat, &c.

JACOBE, (   ) a gravé à Vienne en 1784, le portrait du Pape regnant, Pie VI, d'après *Hickel*, in-fol.

JACOBSZ, (C. Philippe) a dessiné & gravé en 1758, &c. plusieurs vues de la ville d'Amsterdam.

JAMNITZER, (Wenceslas) ou le janissaire, graveur & orfèvre, né à Nuremberg en 1508, & mort dans la même ville en 1486. Il fit un voyage à Constantinople. On connoît de lui plusieurs jeux d'enfans.

JAMPICOLI. *Voyez* GIAMPICOLI.

JANINET, (François) né à Paris en 1752,

a gravé avec succès une grande quantité de morceaux en couleurs, par le procédé de plusieurs planches, dont chacune imprime une des couleurs qui se trouve sur l'estampe. On nommera seulement les principales.

Les Portraits d'Henry IV, d'après *Porbus*, & de Sully, de forme ovale.

Le Repas des moissonneurs, & pendant, d'après *Wille* fils. g. p. en t.

Une grande Vue de Paris, d'après *de Machy*.

Plusieurs Sujets de Vénus & de l'Amour, en oval, d'après *Boucher*.

Divers Sujets d'après *Ostade*, faits d'après les dessins colorés de cet artiste célèbre.

Et quantité d'autres bonnes estampes d'après *Boucher*, *Vien* & autres maîtres François.

JANSON, (Jacques) né dans la partie des grandes Indes qui sont en la possession des Hollandois. Il a long-tems résidé à Amsterdam, où il est mort depuis plusieurs années. Il a gravé divers petits paysages de sa composition dans le genre de Both, parmi lesquels on distingue les 12 mois, &c.

Il a eu deux fils nommés Jean & Pierre, qui ont pareillement gravés divers sujets & paysages à l'eau-forte, dans le genre d'Ostade, &c. &c.

JANSSEINS, (Abraham) né à Gand en 1719, a fait à l'eau-forte plusieurs sujets de l'histoire d'Achille, de sa composition.

JANSZ, (Egbert) On connoit de lui un grand fujet allégoriqne en h. où font reprefentées la juftice, la paix & la charité, &c.

JARDIN. *Voyez* DUJARDIN.

JARDINIER, (Claude Donat) graveur né à Paris en 1726, où il eft mort en 1774. Il fut un des meilleurs élèves de Cars. On a de lui,

Une Vierge & l'Enfant-Jefus. m. p. en h. d'après *Carle Maratte*, du recueil de la galerie de Drefde.

Le Génie de la gloire & de l'honneur, reprefenté par une figure qui tient des couronnes. m. p. en h. d'après *Annibal Carrache. ibid.*

Il a beaucoup aidé Cars dans Mademoifelle Clairon, & autres planches.

JEAURAT, (Etienne) graveur né à Paris en 1692, où il eft mort en 1738, a gravé,

Moyfe fauvé des eaux. g. p. en t. d'après *Paul Veronèfe*, du vol. de Crozat.

L'Entrevue de Jacob & de Rachel. g. p. en t. d'après *Mola. ibid.*

Un Repos en Egypte. *id. ibid.*

Salomon facrifiant aux Idoles. m. p. en t. d'après *Vleughels.*

Achille plongé dans le Styx. m. p. en t. d'après le même.

Divers autres Morceaux, d'après *P. Mignard* & autres maîtres.

JEGHER, (Christophe) habile graveur en bois, né en Allemagne en 1578 ; s'étant établi à Anvers, il plut tellement à Rubens, que ce grand peintre le choisit pour graver sous ses yeux quelques pièces dont il vouloit être l'éditeur. Après la mort de Rubens, la plûpart de ces planches passèrent en la possession de Jegher, & il en débita les estampes. En voici les principales :

Susanne & les vieillards. g. p. en t.

Le Couronnement de la Vierge. m. p. en t.

Un Repos en Egypte. g. p. en t. dont les épreuves en clair-obscur sont rares.

L'Enfant-Jesus & S. Jean jouant avec un agneau. m. p. en t.

Hercule exterminant la Fureur & la Discorde. g. p. en h.

Silène yvre, soutenu par un Satyre. m. p. en h. qui se trouve gravée en cuivre par S. A Bolwert.

Une Conversation entre plusieurs amans, très-g. p. en t. de 2 planches, qui a été gravée en cuivre, à quelque légère différence près, par Clouet, & qui, depuis, a aussi été gravée par Lempereur, sous le titre du Jardin d'Amour.

JENKINS, (D.) a gravé à Londres en 1781, divers sujets ovals, à la manière pointillée, d'après *Aug. Kauffman*, &c.

En 1786, deux Courses de chevaux, d'après *Mason*. g. p. en t.

JODE.

JODE, (Pieter de) *dit* le vieux, très-habile graveur, naquit à Anvers, en 1570. Il étoit fils de Gerard de Jode. Après avoir appris de Goltzius les élémens de son art, il passa en Italie, où il grava plusieurs estampes d'après divers maîtres de ce pays-là. Il retourna à Anvers en 1601, & mourut en cette ville en 1634. Pieter de Jode dessinoit correctement, & sa gravure est beaucoup moins maniérée que celle de son maître. Parmi le grand nombre d'estampes que l'on a de sa main, on distingue,

Une Vierge tenant sur ses genoux l'Enfant-Jesus. p. p. en h. d'après *le Titien*.

Plusieurs Portraits. *id.*

La Vie & les miracles de Sainte Catherine de Sienne, en 12 m. ps en t. gravées en 1607, d'après *F. Vanni*.

Jesus-Christ donnant les clefs à Saint Pierre, m. p. en h. d'après *Rubens*, dont les meilleures épreuves sont avec l'adresse d'Erasme Quillinus.

Le Jugement dernier, très-g. p. en t. & en plusieurs feuilles, d'après *Jean Cousin*.

Divers autres Sujets d'après *Spranger*, *Franck* & autres maîtres.

JODE, (Pieter de) *dit* le Jeune, fils du précédent, naquit à Anvers en 1602. Il égala les meilleurs graveurs de son tems dans plusieurs estampes, & dans d'autres il parut au-dessous de lui-même. On a de sa main,

T

Une Sainte Famille, où l'on remarque Sainte Elifabeth, Zacharie, S. Jean, & un ange qui tient un livre. g. p. en t. d'après *le Titien*.

L'Image de la mort, repréfentée par un enfant étendu par terre, & dormant à côté d'une tête de mort. p. p. en t. d'après *Artemife Gentilefca*.

S. François à genoux devant un crucifix. p. p. en h. d'après *le Barroche*

La Vifitation de la Vierge. g. & belle p. en h. d'après *Rubens*.

Les Trois Graces. m. p. en h. *id.*

Vénus fortant des eaux. g. p. en t. *id.*

L'Alliance de la terre & de la mer, repréfentée par celle de Cybele & de Neptune. m. p. en h. *id.* faifant pendant avec l'abondance que Théodore van Keffel a gravée d'après le même maître.

Jefus-Chrift chez Nicodême. m. p. en t. à demi-fig. & effet de nuit, d'après *Gerard Seghers*.

Une Nativité. g. p. en t. d'après *Jacques Jordaens*.

Opération d'un Miracle, par S. Martin de Tours. g. & belle p. en h. d'après le même.

Deux Pièces. La Folie avec fa marotte, & l'Ignorance tenant un hibou. m. p. en h. *id.*

S. Auguftin en extafe, & foutenu par plufieurs anges. m. p. en h. & cintrée d'après *van Dyck*.

Renaud témoignant fa furprife à la vue des charmes d'Armide. g. p. en h. *id.* & dont le pendant a été gravé par Bailliu, d'après le même maître.

Jefus-Chrift préfenté au peuple. g. p. en h. d'après *Diepenbeck.*

Diverfes autres Pièces d'après *Vouet* & autres maitres.

JODE, (Arnoud de) fils du précédent, a auffi gravé plufieurs eftampes ; mais il étoit moins habile que fon père & que fon ayeul. Entre les pièces qui font forties de fa main, on diftingue,

Le Portrait du Cardinal Palavicini. p. p. en h. d'après *le Titien.*

L'Education de l'Amour par Mercure. m. p. en h. d'après *le Corrège*, où Vénus fe voit avec des aîles aux épaules.

L'Enfant–Jefus embraffant S. Jean. m. p. en h. d'après *van Dyck*, gravée à Londres en 1666.

Quelques Morceaux d'après *Fouquières.* & autres maîtres.

JOHNSON, (   ) graveur Anglois. On a de lui diverfes eftampes en manière noire.

JONES, (J.) a gravé à Londres, en 1782, à la maniére noire, d'après *Carter*, la mort de Sidney. g. p. en t.

En 1784, divers Portraits de femmes Angloifes, d'après différens maîtres.

JONXIS, (Pierre-Henry) né à la Haye en 1759, vint à Paris pour fe perfectionner chez Delaunay l'aîné. Il a gravé d'après *Raoux*,

Les Veftales. m. p. en h. &c.

JORDAENS, (Jacques) habile peintre né
à Anvers en 1594, fut difciple d'Adam van Oort,
dont il époufa la fille. Il s'attacha enfuite à imiter
la manière de Rubens, qu'il égala par la beauté,
la vigueur & l'intelligence de fon coloris ; mais il
règne beaucoup moins de génie & de fageffe dans
fes compofitions, que dans celles de ce dernier ; fes
figures font prefque toujours lourdes & pefantes, &
les expreffions de fes têtes, quoique frappantes &
caractérifées, font la plûpart triviales ou exagérées.
Il mourut à Anvers en 1678, à 84 ans. On a de
fa main quelques eftampes, qu'il a gravées à l'eau-
forte fur fes propres deffins, entr'autres,

Jefus-Chrift chaffant les vendeurs du temple. m.
p. en t.

Une Defcente de croix. *id.*

Jupiter nourri du lait de la chèvre Amalthée. p.
p. en t.

Jupiter & Io. m. p. en t.

Mercure coupant la tête à Argus. p. p. en t.

Divers autres Morceaux, dont on peut voir la defcription dans le catalogue de l'œuvre de ce maître,
à la fuite de celui de Rubens.

JORDANO, (Luc) habile peintre d'hiftoire,
que plufieurs perfonnes nomment très-mal-à-propos Luc Jordans, naquit à Naples en 1632, & fut
difciple de Jofeph Ribera, dont il fuivit la manière
jufqu'à ce que la vue des meilleurs tableaux de Rome

& de Venise lui en eussent inspiré une meilleure. Il travailla long-tems en Espagne, après quoi il retourna en Italie, où il mourut en 1705, à 73 ans. Luc Jordano avoit le génie vif & fécond, & peu de peintres ont été aussi expéditifs qu'il le fut. On a de sa main quelques estampes, entr'autres,

Le Massacre des prêtres de Baal, devant Elie & Achab. m. p. en t. de sa composition.

Jesus-Christ disputant parmi les docteurs de la loi. m. p. en t. *id.*

La Femme adultère. m. p. en t. *id.*

Sainte Anne reçue dans le ciel par la Sainte Vierge. p. p. en h. *id.*

JOULLAIN, (François) graveur François, & marchand d'estampes à Paris, a gravé

Mercure & Hersé, d'après *P. Veronèse*, pour le vol. de Crozat.

Apollon écorchant Marsyas, d'après le même. *ib.*

La Chasse au sanglier, & son pendant. m. p. en t. d'après *Desportes.*

Le Portrait historié de Desportes en chasseur. m. p. en h. d'après ce maître même.

Divers autres morceaux, d'après *Watteau, Lancret*, &c.

JOURDAN, (F.) On connoît de lui diverses vignettes dans différens ouvrages de littérature, &c.

JOURDAN, (Madame) a gravé à Paris un sujet pastoral, d'après *Boucher.*

JOURDHEUIL, ( ) né à Poitiers en 1759 élève de Beauvarlet, a gravé d'après *de la Hire*, Mercure & Herfée. m. p. en h.

L'Oifeau perdu, d'après *Aubry*.

Le Devin de village, d'après *Raoux*. m. p. en h.

Il eft mort à Paris en 1781.

JUBIER, ( ) élève de Bonnet, a gravé à Paris divers fujets & payfages dans le genre du lavis & du crayon.

JUILLET, ( ) né à Paris én 1739, a gravé à la manière du crayon divers cahiers d'orne-mens, d'après *Salembier*.

Une Suite des principaux Officiers de la Porte, à Conftantinople, en 96 planches. p. *in-fol.* 1784.

JUKES, (Fr.) a gravé à Londres, en 1786, deux grandes courfes de chevaux, à l'eau-forte, d'après Mafon, qui ont été terminées au burin par Jenkins.

Quatre grandes Marines du voyage de Cook, à la manière noire.

JULIEN, ( ) peintre François, élève de Reftout, a gravé à l'eau-forte, étant à Rome, en 1764, deux études de différentes têtes, &c.

JULIENNE, (Jean de) amateur François, affez connu par la fameufe collection des tableaux de toutes les écoles, & autres pièces rares & curieuſes, qu'il laiſſa à ſa mort, arrivée en 1766, a gravé à l'eau-forte,

Un petit nombre de morceaux d'après *Teniers*, *Watteau* & autres maîtres.

JUNGWIRTH, (   ) né à Munich en 1709, a beaucoup gravé d'après *Albrecht*, entr'autres,

Deux Académies d'homme & de femme, d'après ce maître.

Le Portrait de cet artiſte, d'après *Deſmarets*.
Celui de Jean Amiconi.

JUSTER, (Joſeph) a gravé dans le dernier ſiècle, diverſes planches, dont quelques-unes entrent dans l'ouvrage que Catherine Patin a publié, & qui contient les tableaux de divers grands maîtres Italiens. N. R. Cochin, Martial Desbois, H. Tournhaiſer, & H. Vincent ont gravé le reſte de ces planches.

JUVANIS, (François) peintre né à Rome en 1635. Il fut diſciple de Carle Maratte, & a gravé quelques eſtampes à l'eau-forte, entr'autres,

Une Adoration des bergers, m. p. en quarré, d'après *Carle Maratte*.

JUVARA, (Philippe) architecte Italien, né à Parme en 1674, & mort dans ce ſiècle. On a de lui quelques gravures, entr'autres,

Une Suite des plus beaux cartouches exécutés dans Rome par *le Bernin*, *l'Algarde*, &c.

K.

K ABEL. *Voyez* CABEL.

KACHLACH, (   ) artiste de Malabar, a gravé en bois, vers l'an 1720, nombre de Pagodes de différentes grandeurs, ayant plusieurs têtes & plusieurs bras; mais ces estampes singulières ne nous parviennent qu'enluminées avec des jus d'herbes très-vifs & très-hauts en couleurs.

KALKAR. *Voyez* CALCAR.

KARTARUS, (Marius) graveur qui florissoit en Italie vers le milieu du seizième siècle. On a de lui quelques estampes d'après divers maîtres.

KAUFFMAN, (Angelica) née en Allemagne, femme célèbre dans l'art de la peinture, dont les talens se sont multipliés à l'infini dans toute l'Europe par les gravures qui en ont été faites à Londres par les plus habiles graveurs; elle s'est quelquefois exercée à graver à l'eau-forte mêlée de lavis, divers sujets de sa composition, ainsi que d'après différens maîtres Italiens.

KAUKE, (Louis) né à Dresde, où il s'est fixé. On connoît de lui une petite pièce d'après *Angeli*, représentant un enfant avec un tambour.

KAUPERZ, (F. V.) a gravé à Vienne, en 1776,

Une Madeleine, demi-corps, les mains posées sur sa poitrine, d'après *le Guide*.

Un Sujet allégorique, en 1769, d'après *Asvanius*. g. p. en h.

KEATING, (George) a gravé à Londres en 1787, d'après *Pasqualini*, deux écoles de garçons & filles. m. p. en t.

Un Exercice militaire, représenté par des enfans, d'après *Morland*. g. p. en t.

KELERTALER, (Jean) graveur Saxon, qui travailloit à Dresde vers la fin du seizième siècle. On connoît de lui,

La Tour de Babel.

La Ville de Babylone, d'après *Nossein*, architecte de l'Electeur de Saxe, vers l'an 1758, &c. &c.

KENCKEL, (Jean) de Nuremberg, a gravé à la manière noire, au commencement de ce siècle, le portrait d'un Sénateur de cette république, nommé J. Joach. Haller, dans son costume de cérémonie. m. p. en h.

KENT, (   ) a gravé à Londres en 1783, divers petits sujets champêtres, de forme ovale, dont l'Innocence, la Conquête, &c.

KERARDI,( ) a gravé plusieurs vues des environs de Florence, d'après *Jos. Zocchi*, qui se trouvent dans la suite des 50 que fit publier en 1744, le Marquis de Gerini.

KESSEL, (Théodore van) graveur Flamand, né vers l'an 1650. On connoît de lui un grand nombre d'estampes, dont les plus recherchées sont,

La Samaritaine & la Femme adultère. p. ps. en t. d'après *Annibal Carrache*, qui, avec plusieurs autres, font partie du cabinet de Teniers.

Un Sujet allégorique représentant l'abondance. m. p. en h. d'après *Rubens*, & dont le pendant est l'alliance de la terre & de la mer, gravée par P. de Jode le jeune, d'après le même maître.

Quatre m. ps. en t. d'après le même, représentant le triomphe de Galathée ; une Sirène entre les bras d'un Triton; une Nymphe entre les bras d'un Dieu marin, & un Faune assis auprès d'un rocher, avec deux enfans & une chèvre.

La Chasse au Sanglier de Calidonie. g. p. en t. *id.* faisant partie de la suite des grandes chasses que Bolswert & Soutman ont gravées d'après le même maître.

Un m. Paysage en t. *id.* où se voit un homme qui conduit une charrette chargée de légumes.

Plusieurs Sujets d'après *van Dyck*, *Snyers*, *le Bourdon*, & autres maîtres.

KEYL, (Marinus) graveur né à Strasbourg en 1697. On a de lui quelques estampes, entr'autres,

Un Christ de douleur, p. p. en t. d'après *Annibal Carrache*, du recueil de la galerie de Dresde.

Le Martyre de S. Laurent. p. en h. d'après *l'Es-pagnolet.* ib.

KILIAN, (Lucas) habile graveur Allemand du seizième siècle, de la main duquel on a un grand nombre d'estampes, où, malgré un burin facile & agréable que l'on y remarque, il règne une séche-resse qui nuit très-souvent à leur effet. Voici quel-ques-unes des plus recherchées :

Une Adoration des bergers. m. p. en t. d'après *Jacques Palme le jeune.*

La Multiplication des pains. g. p. en h. d'après *le Tintoret.*

Une Sainte Famille. m. p. en h. d'après *Corneille de Harlem,* où les têtes sont grosses comme demi-nature.

Une Adoration des bergers. m. p. en h. d'après *Rottenhamer,* dans le haut de laquelle se voyent deux anges qui tiennent une banderole.

Une *id.* g. p. en h. d'après *J. Heintz,* sur la gau-che de laquelle se voit une femme à demi-corps, qui porte sur sa tête un panier de fruits.

Vénus assise sur les genoux d'un Satyre. p. p. en h. d'après le même.

L'Enlèvement de Proserpine. g. p. en t. *id.*

Grand nombre de Portraits estimés.

Plusieurs Pièces d'après *le Casolano,* F. *Vanni,* P. *Candide, Spranger* & autres maîtres.

KILIAN, (Wolfang *ou* Wolfgang) frère du

précédent, a auffi gravé au burin un grand nombre
de fujets & de portraits, mais moins bien que Lucas.

KILIAN, (Barthelemi) de la même famille
que les précédens, a gravé dans le dernier fiècle de
fort beaux portraits. Il eft mort à Ausbourg, lieu
de fa naiffance, en 1661, âgé de 61 ans.

KILIAN, (Philippe) frère du précédent, a
gravé dans le même goût que ce dernier, & avec le
même fuccès.

KILIAN, (Philippe - André) graveur, né à
Ausbourg en 1719, où il eft mort en 1774, a gravé,

Une Adoration des Rois. g. p. en t. d'après *Paul
Veronèfe*, pour le recueil de la galerie de Drefde.

La Famille d'un noble Vénitien, conduite aux
pieds de la Sainte Vierge par les vertus Chrétiennes.
g. p. en t. *id. ibid.*

La Femme adultère. g. p. en t. d'après *le Tintoret. ibid.*

La Fille d'Hérodias tenant la tête de Saint Jean.
m. p. en h. d'après *Carlo Dolce ibid.*

Sainte Cécile. m. p. en h. d'après le même. *ib.*

Une Sainte Famille. m. p. en h. d'après *Carlo
Lotti*, du recueil de la galerie du Comte de Bruhl.

KIRCHAL *ou* KIRKALL, (Edouard) gra-
veur Anglois moderne, dont on a plufieurs eftampes
en manière noire, entr'autres,

Une Suite de dix marines d'après *Guillaume van den Velde le jeune*, qui se trouvent le plus souvent imprimées en couleur bleu.

Il a aussi gravé une suite de dessins de grands maîtres, dans le goût & la manière dont ils ont été exécutés au lavis ; mais il seroit à souhaiter qu'il fût mieux entré qu'il ne l'a fait dans l'esprit des originaux.

KLAUBER, (Joseph-Sébastien) né à Ausbourg en 1710, a gravé beaucoup à l'eau-forte & au burin. Il a un fils nommé Joseph-Xavier, né en 1741, qui a pareillement gravé à l'eau-forte & au burin.

KLAUBER, (Jean-Baptiste) né à Ausbourg en 1712. Il a gravé un grand nombre d'estampes pour orner une bible dédiée à Sixte V. ainsi que quantité de portraits.

KLAUBER, (Sebastien-Ignace) fils du premier de ce nom, né à Ausbourg en 1754. Il vint à Paris pour se perfectionner chez Wille. Il y grava plusieurs morceaux entr'autres,

Le Sauveur du monde, d'après *Stella*.

Le petit Écolier de Harlem, d'après *Poëlembourg*.

Les Portraits de Carle Vanloo, & Allegrain, qu'il fit pour sa réception à l'académie royale, en 1787.

KLAUBER, (Joseph-Xavier) né à Ausbourg

a gravé diverſes pièces à l'eau-forte, ainſi que pluſieurs portraits.

KLEINER, (   ) né à Francfort en 1690, à gravé différentes vues de la bibliothèque de l'Empereur Charles VI, en treize planches d'après les deſſins de Fiſcher, architecte de l'Empereur, ainſi que les temples & égliſes de Vienne & des environs, en 141 planches publiées en 1724.

KNAPTON, (Charles) graveur & marchand d'eſtampes, né à Londres en 1589, où il eſt mort en 1740, s'étoit aſſocié avec Artur Pond, & ils ont donné enſemble une ſuite de pièces d'après des deſſins de grands maitres d'Italie, qui, dans l'exécution, mérite des éloges. Les payſages du Guerchin, qui en font partie, & qui ont été gravés par Knapton, ſont ſur-tout touchés avec bien de l'art.

KNIGHT, (C.) a gravé à Londres en 1787, divers ſujets à la manière pointillée, d'après différens maîtres.

KOCK. (Jérôme) Voyez COCK.

KOEDYCK, (Denis) né à Saërdam en 1681, a gravé diverſes pièces d'après Metzu & autres maîtres. Il s'étoit lié d'amitié avec le Czar Pierre I. lorſque ce Prince fut apprendre, ſous le nom de Peterbas, le métier de charpentier, dans ce village d'Hollande, célèbre pour la conſtruction des vaiſſeaux.

KOENIG, (Antoine-Baptiſte) vivoit à Berfin en 1720. On a de lui divers portraits, dont le Comte de Wartensleben; le Baron de Derflinger, mort en 1724.

KOHL, (El.) demeurant à Vienne. On a de lui divers portraits des Ducs de Brunfwick & autres perfonnages célèbres, d'après *Graff*, *Zieʒenis*, &c.

KONINCK, (Salomon) peintre d'hiftoire, né à Amfterdam en 1609, fut difciple de Fr. Fernando & de N. Moyaert; il a gravé dans le goût de Rembrandt, diverfes pièces de fon invention.

KOOGEN, (Léonard van der) né en 1610, à Harlem où il mourut en 1681. Il a gravé plufieurs morceaux à l'eau-forte, dans le goût des Carraches.

KOORNHERT. *Voyeʒ* CORNHERT.

KRAUSSEN. (Ulric) graveur né à Mayence en 1673. On a de lui diverfes eftampes, entr'autres, Deux Suites différentes de fujets de la bible.

KRUGER, (Lucas) connu fous le nom du maître à la cruche. Il naquit à Nuremberg, & mourut dans la même ville en 1525. On connoît de lui deux adorations des Rois & des Bergers.

KUPFER, (   ) élève de Schmuzer, à Vienne, a gravé une foire de village & fon pendant, d'après *Ferg.* m. p. en t.

KUSSEL, (Mathieu & Melchior) frères, nés

à Ausbourg en 1648, &c. On a d'eux un très-grand nombre d'estampes à l'eau-forte, dont la plûpart font d'après des peintures à gouazze *de Willem Baur*, & vont à la fuite de l'œuvre de ce maître. On connoît cette fuite fous le nom des *Miniatures de l'Empereur.*

Mathieu mourut à Vienne en 1602, & Melchior dans fa ville natale en 1683.

L.

LAAN, (A. van der) né à Utrecht en 1648, a gravé à l'eau-forte,

Une Suite de vues & de payfages, deffinés en Allemagne & en Italie par *J. Glauber.*

LADMIRAL, (Jean) très-habile graveur en couleur, de ce fiècle, a gravé en Hollande plufieurs morceaux d'anatomie, pour le célèbre *Ruifch*, &c.

LAER, (Pierre van) habile peintre Hollandois, furnommé par les Italiens, *il Bamboccio*, tant à caufe de la difformité de fa petite taille, que parce qu'il avoit coutume de peindre des fujets champêtres ou grotefques. Il naquit en 1613. Il paffa une partie de fa vie en Italie, où il contracta la manière de peindre des maîtres de ce pays-là, en confervant toutefois à fes figures ce caractère fimple & naïf, & ce coloris vigoureux que l'on remarque dans les tableaux des

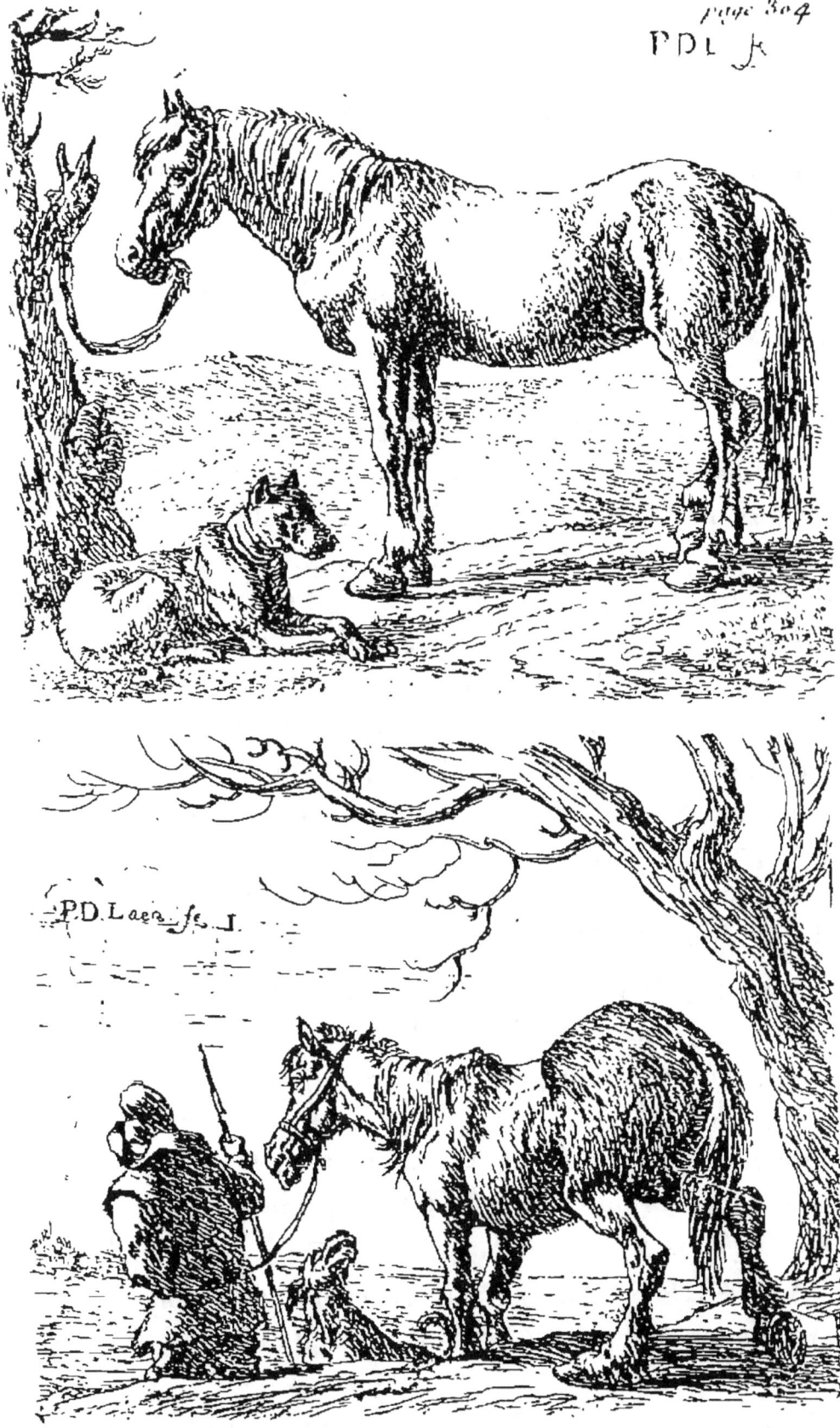

des peintres de sa nation. Il mourut à Harlem en 1673, à 63 ans. On a de sa main,

Une Suite de huit feuilles, & une autre de six, représentant divers sujets champêtres, des animaux, &c. de sa composition.

LA FAGE, (Raymond la) excellent dessinateur, naquit à Toulouse, ou, selon d'autres à Lisle en Albigeois, l'an 1640. Il s'appliqua au dessin par inclination, & quoiqu'il n'eût aucun maître, il y fit des progrès extraordinaires. Ses dessins à la plume, sur-tout ceux qui représentent des sujets libres, sont exécutés d'une manière si aisée, & si spirituelle, qu'on ne se lasse point de les admirer. Il mourut consumé de débauche, en 1690, à l'âge de 42 ans. Il a gravé à l'eau-forte un petit nombre de pièces de sa composition. Gerard Audran, Vermeulen, Simoneau, Ertinger en ont gravé beaucoup d'autres, dont on a formé un vol. *in-fol.* qui a été mis au jour à Paris par Jean van der Bruggen.

LA FOSSE, (J. B. Joseph de) graveur, né à Paris en 1721, fut élève de Fessard. On a de lui,

Plusieurs Portraits d'après *Carmontel.*

La Famille de Calas. m. p. en t. d'après le même

Divers Sujets pour la grande édition des fables de la Fontaine *in-fol.* ainsi que diverses vignettes d'après *Eisen* & autres.

LA FUENTE, (Manuel) jeune artiste dont on connoît quelques portraits & vignettes.

V.

LA HIRE, (Laurent de) habile peintre né à Paris en 1606, fut élève de fon père, Etienne de la Hire, & réuffit à peindre dans tous les genres. Il fut reçu à l'académie royale en 1648. Il mourut en 1656, à 50 ans. On a de fa main des eaux-fortes de fa compofition, entr'autres,

Deux Saintes Familles. m. ps. en t. & autres fujets de Vierges.

La Converfion de Saint Paul. m. p. en h.

Différentes fuites d'Enfans.

Divers jolis petits Payfages, &c.

LAIRESSE *ou* LARESSE, (Gerard de) peintre né à Liège en 1640, eft encore un de ces artiftes qui ont fervi à démontrer qu'un beau génie cultivé par l'étude de l'hiftoire & des belles-lettres, n'en eft que plus fécond, & plus capable de traiter de grands fujets avec toute la dignité, l'élévation & la fagacité qu'ils exigent. Il mourut à Amfterdam en 1711, à 71 ans. Son œuvre eft très-eftimé des connoiffeurs, & très-utile aux jeunes artiftes. Il en a gravé la meilleure partie, & Pool, Berge, Glauber & autres maîtres, le refte.

LA LIVE, (Ange-Laurent de) amateur né à Paris en 1725, & mort en la même ville en 1775. Il a gravé à l'eau-forte,

Divers petits Sujets & payfages d'après *Boucher.*

Une Suite de caricatures. p. ps. en h. d'après *Saly.*

Un Groupe de gueux, qui a pour titre *les Fermiers brûlés*. m. p. en h. d'après *Greuze*.

Une Suite de portraits d'hommes illustres dans tous les genres. de forme in-4º.

LALLEMAND, (George) peintre & graveur né à Ofnabruck en 1641. On a de lui plusieurs estampes en bois & en clair-obscur, fort médiocres.

LANDERER, (Ferdinand) graveur qui vit à Vienne en Autriche, a gravé d'après *Martin Schmit*, quelques pièces qui, pour le goût de dessin, tiennent de la manière de Rembrandt.

LANDRY, (Pierre) graveur né à Paris en 1677. On a de lui plusieurs estampes d'après *Testelin* & autres maîtres. Il mourut à Nanterre en 1741.

LANFRANC, (Jean) très-habile peintre Italien, naquit à Parme en 1581. Le Comte Horace Scotti, au service duquel ses parens l'avoient mis, ayant remarqué son inclination pour le dessin, le plaça chez Augustin Carrache, où ses talens ne tardèrent point à se développer avec succès. Augustin étant mort notre jeune artiste qui n'avoit alors que 20 ans, se rendit à Rome pour continuer ses études sous Annibal Carrache; il y fit tant de progrès que ce dernier lui abandonna souvent l'exécution de ses propres desseins. Mais lorsqu'il eut perdu ce grand maître, il se livra tout entier à la fougue de son imagination, à l'impétuosité de son génie, & né-

V ij

gligea l'exactitude & la précifion. Il mourut à Rome en 1647, à 66 ans. On a de fa main quelques eftampes à l'eau - forte, entr'autres ;

Le Triomphe d'un Empereur Romain. g. p. en t. de fa compofition.

Un Empereur haranguant fes foldats. g. p. en t. *idem.*

Les Loges du Vatican. p. p. en t. conjointement avec Sixte Badalocchio, d'après *Raphaël.*

LANGLADE, (J. Abbé de) amateur, a gravé en 1748, plufieurs payfages dédiés au Comte de Vence.

LANGLOIS, (Jean) graveur né à Paris en 1649. Il fut à Rome où il travailla plufieurs années. On a de fa main,

S. Luc peignant la Sainte Vierge. p. p. en hauteur, d'après *Raphaël.*

Le Martyre de S. Etienne. g. p. en h. d'après *P. de Cortone.*

Jefus - Chrift guériffant un paralitique. g. p. en t. d'après *Bon de Boullogne.*

La Décolation de S. Paul. g. p. en t. d'après le même.

LANGLOIS, (Pierre-Gabriël) né à Paris en 1754, élève de Simonet, a gravé plufieurs fujets & portraits :

La Ménagère Northollandoife, d'après *V. Thool.*

L'Education badine, d'après *Scalcken.*

Une partie des Portraits qui entrent dans l'édition de Voltaire, par Beaumarchais, en 69 vol.

La Charité Romaine. m. p. en h. d'après *Pellegrini*.

LANGLOIS, (Vincent-Marie) frère du précédent, & son élève, né en 1756, a gravé diverses vignettes d'après *Moreau* , *le Barbier* & autres, pour différens ouvrages de littérature.

Un Concert dans un jardin , d'après *Lavreince*. m. p. en t.

LANGOT, (François) graveur né à Melun en 1641 , a gravé un grand nombre d'estampes, dont une partie sont des copies de celles de *C. Bloëmaert*, de *Rubens* , de *Grégoire Huret*, &c.

LANIER, (Nicolas) étoit au service de Charles I, Roi d'Angleterre, en qualité de musicien, & partageoit avec ce Prince un grand amour pour les beaux arts. Sa collection de dessins étoit considérable ; il en a gravé quelques-uns à l'eau-forte, qui, joints à ceux qu'il fit graver par L. Vorsterman le jeune, forment une suite intéressante.

LARCHER, (Antoinette) graveuse née à Paris en 1685, élève de Poilly. On a d'elle quelques estampes dans le cabinet de Crozat, &c.

LARMESSIN, (Nicolas de) graveur né à Paris, & mort dans la même ville en 1755, âgé de 72 ans. Il fut nommé graveur du cabinet du Roi. On connoît de lui,

La Vision d'Ezéchiel. m. p. en h. d'après *Raphaël* du recueil de Crozat.

Une Sainte Famille. *id. ibid.*

Une Vierge tenant l'Enfant-Jefus. m. p. en h. *id. ibid.*

Plufieurs autres pièces. *ib.*

Le Portrait de Louis XV en pieds, & le même à cheval. m. ps. en h. d'après *Jean-Baptifte Vanloo.*

Celui de la Reine femme de Louis XV, en pieds. m. p. en h. d'après le même.

Une Suite de 22 fujets pour les contes de la Fontaine. m. ps. en t. d'après *Lancret, Boucher* & autres.

Les Quatre Ages. m. ps. en t. d'après *Lancret.*

Le Savoyard & la Savoyarde. m. p. en h. d'après *Pierre.*

Divers Morceaux d'après *Watteau, le Moine,* &c.

LASNE, (Michel) habile graveur François, né à Caen en 1596, & mort à Paris en 1667, deffinoit affez correctement, & avoit le talent de conduire fon burin avec une grande facilité, quoique avec un peu trop de féchereffe. On a de fa main un très-grand nombre d'eftampes, entr'autres,

Un Chrift mort étendu fur une pierre, auprès duquel eft la Madeleine affife. g. p. en t. que l'on croit de fon deffin; elle eft dédiée à Louis XIII.

Jefus-Chrift dans fa gloire, accompagné de S. Pierre & S. Paul. m. p. en h. d'après *Paul Veronèfe.*

Une Vifitation. m. p. en h. d'après *Louis Carrache.*

La Sainte Vierge & l'Enfant-Jefus qui dort. m.
p. en t. d'après le même, connue fous le nom du
Silence du Carrache. Le même tableau a été gravé
par Heinzelman & par Picart le Romain.

Une Sainte Famille. p. p. en h. d'après *Rubens.*

Saint François d'Affife recevant l'Enfant-Jefus
des mains de la Sainte Vierge. m. p. en h. d'après
le même.

S. François de Paule recevant l'Enfant-Jefus des
mains de fa Sainte Mère. p. p. en h. *id.* C'eft la
même penfée que la précédente; mais traitée différemment.

Diverfes Thèfes, dont une d'après *le Brun*, dédiée
à Henri de Mefme.

Nombre de Portraits, entr'autres, celui de Louis
XIII, à cheval, dont Callot a gravé le fond.

Quantité d'autres Pièces, d'après *le Titien, Paul
Veronèfe, l'Efpagnolet, Benedette de Caftiglione, Ph.
Champagne, Vouet, Laurent de la Hire, P. Mignard*
& autres maîtres.

LASTMAN, (Nicolas ou *Nicolaus Petri*)
c'eft-à-dire fils de Pierre, graveur Hollandois, né
en 1619. On a de fa main,

La Prière au jardin des Olives. m. p. en hauteur,
d'après *Pierre Loftman.*

V iv

S. Pierre délivré de prison, d'après *Jean Pinas*, qui fait le pendant de la précédente.

Le Martyre de S. Pierre. p. p. en h. d'après *le Guide*.

Le Portrait de C. van Mander, copie de celui qu'a gravé *J. Saenredam*.

LAURENT, (André) graveur né à Londres en 1720, mort à Paris en 1740. Il fut élève de le Bas, à Paris, où il passa plusieurs années. On a de sa main,

Saül consultant la Pythonisme. m. p. en h. d'après *Salvator Rose*.

La Conversation. m. p. en t. d'après *Teniers*.

La Moisson, & les adieux. m. ps. en t. d'après *Wouvermans*.

Diverses belles Eaux-fortes pour le Bas, d'après différens maîtres.

LAURENT, (   ) né à Marseille, a gravé à Paris divers paysages d'après *Dietricy*, *Loutherbourg*, *Boucher*, &c.

La Mort du Chevalier d'Assas, d'après *Casanove*. g. p. en t. & pour pendant, la valeur récompensée.

Il a un frère qui a gravé quelques copies d'estampes Angloises, & a travaillé dans plusieurs planches de son frère, qu'il aide dans ses travaux.

LAURENZ, (F. D.) a gravé en Allemagne diverses sujets dans le genre du dessin au lavis, d'après *Rottenhamer* & autres.

LAURI, (Jacob) né à Rome en 1580, a gravé Rome dans sa splendeur, en plus de 150 planches de forme oblongue, publiées en 1612.

Sainte Colombe, d'après *Josepin*.

LAUTENSACK, (Sebalds) de Nuremberg, où il a gravé en 1559,

L'Aveugle de Jéricho.

La Cananéenne délivrée du démon.

Les Ouvriers de la vigne, dans un fond de paysage.

LAUW, (Jones) graveur Anglois. On a de lui quelques estampes en manière noire, d'après *Teniers* & autres maîtres.

LAUWERS, (Nicolas) habile graveur Flamand, né à Leuse en 1620. On a de lui plusieurs estampes d'après divers maîtres, entr'autres,

Une Adoration des Rois. g. p. en h. d'après *Rubens*.

Jesus-Christ devant Pilate. g. p. en h. d'après le même. Aux épreuves postérieures, on a substitué au nom de Lauwers, celui de Bolswert, qui pourroit fort bien avoir eu part à cette gravure.

Une Descente de croix. m. p. en h. *id.*

Le Triomphe de la nouvelle Loi. très-g. p. en t. & en 2 feuilles. *id.*

Le Concert de Sainte Cécile. m. p. en t. d'après *Gerard Seghers*.

Une Assemblée de Joueurs. m. p. en t. *idem.* &

& dont le pendant eft le reniement de St. Pierre, gravé par S. A Bolfwert, d'après le même maître.

LAUWERS, (Conrad) frère du précédent, & affez bon graveur. On a de lui,

Elie, auquel un ange apporte la fubfiftance dans le défert. g. p. en h. d'après *Rubens.*

L'Hofpitalité de Philémon & de Baucis envers Jupiter & Mercure. g. p. en t. d'après *Jacques Jordaens.*

Le Baptême des Nègres. g. p. en h. d'après *Erafme Quillinus.*

LAWRIE, (R.) a gravé en 1786 à Londres, d'après *Dood*, un combat naval de l'Amiral Rodney. g. p. en t.

LEADER , (Guillaume) graveur Anglois, né à Cambridge en 1729. On a de lui quelques eftampes en manière noire, entr'autres,

Samfon dans fa prifon. p. p. en h. d'après *Rembrandt.* C'eft le même fujet qui a été gravé à Berlin par Schmidt.

LE BAS, (Jacques-Philippe) graveur du cabinet du Roi, né à Paris en 1707, où il mourut en 1783, a gravé avec fuccès un grand nombre de planches d'après différens maîtres, montant à plus de 500 morceaux. Il a formé beaucoup d'habiles élèves tels que les Aliamet, le Mire, de Ghendt, Gouaz, &c. Voici fes morceaux les plus remarquables.

Les Œuvres de Miféricorde. g. p. en t. d'après *Teniers.*

L'Enfant-Prodigue, pendant de la précédente. *idem.*

Une Suite de plufieurs g. Fêtes de village, en t. *id.*

Le Sanglier forcé. g. p. en t. d'après *Philippe Wouvermans.*

La Chaffe à l'Italienne, & le pot au lait. 2 g. ps. en t. faifant pendant, d'après le même.

Le Départ de chaffe, & la prife du héron. 2 g. ps en t. faifant pendant, d'après *Van Falens.*

Le Rendez-vous de chaffe, & le chaffeur fortuné, 2 autres pendans en h. d'après le même.

L'Alliance de Bacchus & de Vénus. m. p. en h. d'après *Noël-Nicolas Coypel.*

Divers g. Ports de mer de France, d'après *Vernet,* dont Cochin a gravé les eaux-fortes.

Nombre d'autres pièces d'après *Berghem, Adrien van de Velde, Ruyfdael, Watteau, Oudry, Charles Parrocel, Lancret,* &c.

Plufieurs Morceaux dans le recueil de Crozat.

LE BAS, (   ) né à Paris en 1759, éleve de Mafquelier, a gravé quelques planches du voyage de Sicile, d'après les deffins d'Houel, &c.

LE BEAU, (Pierre-Adrien) né à Paris en 1744, a gravé divers portraits de la maifon royale de France; Louis XVI, fon époufe, la Reine Marie-Antoinette, &c. beaucoup de vignettes d'après *Marillier*, pour différens ouvrages de littérature.&c.

LE BLOND, (Michel) graveur, natif de Francfort, dont la manière approche beaucoup de celle de Théodore de Bry. Il mourut à Amsterdam en 1650

. LE BLOND, (Jacques-Christophe) éléve de Carle Maratte, & graveur en manière noire, que quelques personnes prétendent être de la même famille que le précédent. Cet habile artiste passe pour avoir inventé la gravure en plusieurs couleurs. On a de lui en ce genre,

Le Portrait du Roi, en grand ; celui du Cardinal de Fleury ; celui de van Dyck, & quelques autres qui font assez bien rendus.

Le Blond a donné un traité sur cette sorte de gravure, à la fin duquel il a ajouté quelques têtes imprimées en trois couleurs, qui ne cèdent en rien aux portraits dont on vient de parler, & qui, ainsi que son livre, peuvent être d'une grande utilité aux graveurs qui voudront s'appliquer à ce genre de travail. Cet artiste passa en France en 1737, & y laissa un éléve nommé Robert, qui a suivi avec distinction les traces de son maître.

. LE CLERC, (Sebastien) très-habile graveur, & excellent dessinateur, né à Metz en 1637, avec les plus heureuses dispositions pour le dessin, dont

Il apprit les principes de fon père, qui étoit orfèvre. Etant paffé en France en 1665, afin de tâcher de fe procurer quelque place dans le génie, pour lequel il avoit peut-être autant de difpofitions que pour la gravure, le célèbre le Brun, avec lequel il avoit lié connoiffance, lui confeilla de s'attacher uniquement à cette dernière. Quelque tems après, M. Colbert inftruit du mérite de notre artifte, lui fit donner un logement aux Gobelins, & une penfion de 1800 liv. pour l'attacher au fervice de Sa Majefté. Cette penfion ne fut point le feul bienfait qu'il reçut de Louis XIV; ce Prince l'honora en 1693, du brevet de fon graveur ordinaire, & le Pape Clement XI, lui accorda le titre de Chevalier Romain. Il mourut en 1714, à 77 ans. Cet excellent homme qui traitoit également l'hiftoire, le payfage & les animaux, avoit l'imagination vive & brillante; fes compofitions font favantes & très-variées, fon deffin correct, fes expreffions naturelles & pleines de nobleffe; fa gravure eft nette, fa touche facile & gracieufe; en un mot, tout concourt dans fes ouvrages à les rendre dignes de l'admiration des connoiffeurs. Son œuvre contient environ 3000 pièces, dont voici les principales :

La Paffion, en 36 p. ps. en t. de fa compofition, dont les meilleures épreuves font avant les bordures.

La Multiplication des pains. p. p. en t. & capitale, *idem*. Les premières épreuves, qui font très-rares, font avec une ville dans le fond, à laquelle le

Clerc a fubftitué la montagne qui fe voit aux épreuves
ordinaires

Les Batailles d'Alexandre, 6 p. ps. en t. & capitales, *id.* y compris le titre qui repréfente la galerie
des Gobelins. La famille de Darius qui fait partie
de cette fuite, fe trouve de deux épreuves différentes;
les premières fe diftinguent en ce qu'une femme qui
eft affife fur le devant de l'eftampe, n'a point l'épaule
ombrée, & qu'elle l'eft aux fecondes; c'eft pourquoi
les épreuves de cette première efpèce fe connoiffent
parmi les amateurs, fous le nom de l'épaule nue.

L'Entrée d'Alexandre dans Babylone. m. p. en t. &
capitale. *id.* Dans les premières épreuves, la tête du
héros eft vue de profil; aux fecondes, cette tête eft
vue de trois quarts; on la nomme alors, la tête re-
tournée.

L'Apothéofe d'Ifis. m. p. en h. *id.* dont les premières épreuves font avec des danfeurs à côté de
l'autel, & les fecondes, avec des facrificateurs fub-
ftitués à ces danfeurs

L'Hiftoire de Pfiché, 4 p. ps. en t. *id.*

Les quatre Conquêtes. g. ps. en t. *id.* repréfentant
la prife de Tournay, celle de Douay; la défaite du
Comte de Marfin, & l'alliance des Suiffes.

L'arc de triomphe de la porte S. Antoine. g. p.
en t. & capitale.

Le Mai des Gobelins. m. p. en t. *id.* dont les
premières épreuves font avant la femme qui couvre
la roue d'un carroffe, aux épreuves ordinaires.

L'Elévation de l'une des deux grandes pierres qui couvrent le fronton du Louvre. g. p. en t. & capitale. *id.* dont les premières épreuves font avant l'année qui ordinairement s'y trouve gravée.

L'Académie des Sciences. m. p. en t. & capitale. *id.* dont les épreuves les plus rares font avant le fquelette du cerf & la tortue qui s'y voient ordinairement; celles qui fuivent font avant l'ombre de la droite & du bas de l'eftampe, lequel a été continué depuis. L'on peut donner hardiment le titre de très-rare à ces deux fortes d'épreuves. La première eft prefqu'introuvable.

Le Catafalque du Roi de Suède, & celui du Chancelier Seguier. g. ps. en h. *idem.* On recherche particulièrement la dernière, qui a fervi pour la reception de le Clerc à l'académie de peinture & fculpture.

Diverfes p. ps. *id.* telles que le *parvulus* ou le petit berger, qui eft vêtu aux premières épreuves, & nud aux fecondes; les deux Vénus fur les eaux, dont l'une eft d'une extrême rareté, &c.

Nombre de jolies Vignettes, *id.* dont celle du grand concile; le Saint Auguftin prêchant, &c.

Divers culs-de-lampes, tels que celui du laboureur, celui de Marc-Antoine, &c.

LE CŒUR, (Louis) jeune artifte qui, depuis quelques années a gravé en couleurs divers fujets d'après *Mouchet*, &c.

LE COMTE, (Marguerite) a gravé en 1754 quelques têtes & payſages à l'eau-forte ; une ſuite de papillons qu'elle a copiés d'après nature.

LEEUW, (Willem de) habile graveur Flamand, né à Anvers en 1620, fut élève de Soutman, le condiſciple de Suyderhoef & de Jean Louys, & grava nombre d'eſtampes à l'eau-forte, entr'autres,

Loth enivré par ſes filles. m. p. en t. d'après *Rubens.* Les premières épreuves ſont avant l'adreſſe de Danckertz.

Daniel dans la foſſe aux lions. g. p. en t. d'après le même, & dont les épreuves ſont auſſi avant l'adreſſe de Danckertz.

Le Martyre de Sainte Catherine. g. p. en h. *id.*

Quatre grandes Chaſſes, que Soutman a auſſi gravé, d'après le même maître.

Diverſes autres Pièces d'après *Rembrandt, Jean Lievens,* &c.

LEFEBVRE, (Claude) très-habile peintre de portraits, né à Fontainebleau en 1636, & mort à Londres en 1675, a gravé quelques pièces à l'eau-forte, entr'autres,

Son propre Portrait. p. p. en h.

Celui de ſa mère. p. p. en h.

Celui de Boudan, imprimeur en taille-douce m. p. en h.

LEFEBVRE, (Valentin) peintre né à Bruxelles en 1642, a demeuré long-tems à Veniſe, où

il

il deffina & grava les plus beaux tableaux du *Titien*, de *Paul Veronèfe*, &c. ce qui forme une fuite d'eftampes compofant un vol. *in-fol*. Il ne faut pas le confondre, ainfi que plufieurs perfonnes l'ont fait, avec un nommé Roland Lefebvre, peintre de portraits, mort à Londres en 1677. Il eft connu fous le nom de *Lefebvre de Venife*.

LEGAT, (F.) Écoffois, élève de Strange. On connoît de lui 2 moyennes pièces en hauteur, d'après *Rungiman*, repréfentant Andromède & la fortune, &c.

LEGRAND, (Louis) graveur François, qui a fait plufieurs fujets de la fuite des métamorphofes d'Ovide, dont Bafan eft l'Éditeur.

Diverfes autres Vignettes d'après *Eïfen*, *de Seves* &c.

LEGRAND, (Auguftin-Claude-Simon) fils du précédent, né à Paris en 1765, a gravé divers fujets en couleurs, d'après *Fragonard* & autres, dans le genre de Bonnet.

LEGRAND, (   ) graveur François, qui a paffé plufieurs années à Londres, où il a appris à graver à la manière Angloife, & que maintenant il exerce à Paris, avec affez de fuccès.

LEGRAND, (Hyacinthe) né en Lorraine en 1755, graveur François. On connoît de lui plufieurs pièces au burin, d'après *Fragonard* & autres, dont Jupiter & Io; la Gimblette, &c.

X

Il a un frère qui grave à l'eau-forte avec goût; on connoît quelques pièces de lui dans la fuite du cabinet de le Brun.

LEICHSENRING, (Carl. Chrift.) a gravé à Drefde en 1769, d'après Th. Wyck, un chymifte dans fon laboratoire. p. fujet en h. d'un effet picquant, &c.

LELU, (F.) peintre, a gravé, dans le genre du lavis, d'après fon deffin, un fujet à la gloire d'Henry IV, où fe voit fon bufte fur une colonne, accompagné de Minerve, &c. m. p. en h.

LE MAY, (O.) peintre né à Bruxelles, où il fait fa réfidence. Il réuffit dans le payfage & la marine; il a gravé à l'eau-forte une fuite de 6 petits payfages & marines ornés de figures & animaux, de fa compofition.

LE MIRE, (Noël) graveur, né à Rouen en 1723, & élève de le Bas, a gravé entr'autres chofes,

Les Nouvelliftes Flamands, & fon pendant, qui repréfente le château de Teniers. p. ps. en h. d'après *Teniers.*

Le Mont Vefuve & fon pendant. m. ps. en t. d'après *la Croix.*

Diverfes autres Pièces d'après *Minderhout, Brakenburg,* &c.

Plufieurs Vignettes & fujets pour des éditions de Bocace, de T. Corneille, de la Fontaine, &c. ainfi

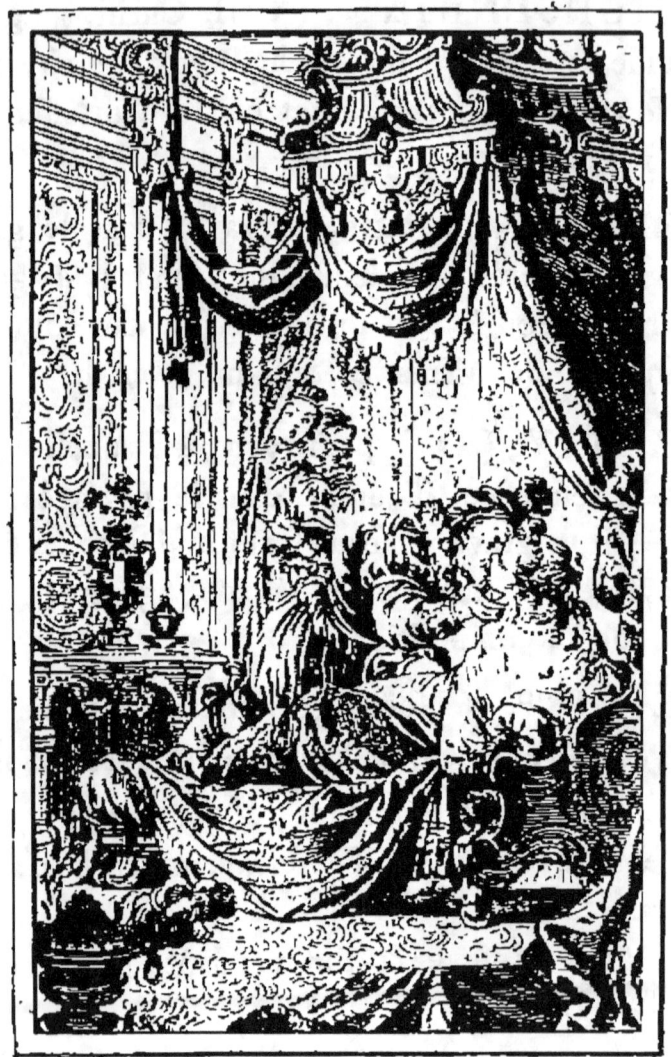

Th. Eisen inv.   Noel Le Mire sculp.

JOCONDE

que pour celles des Métamorphoses d'Ovide.

Le Portrait de M. Rousselet, Abbé de Sainte Geneviève en 1786.

Ceux des Généraux Wasinghton, & la Fayette,
en pieds, &c. &c.

LE MIRE, (Louis) frère & élève du précédent, mort en 1757, âgé de 19 ans, avec de grandes dispositions, mais que la fougue de la jeunesse,
mit dans le tombeau. On connoît peu de choses de
lui, sinon dans les fables de la Fontaine, *in-fol.*
d'après *Oudry*.

LEMPEREUR, (Louis) graveur, élève
d'Aveline, reçu à l'académie en 1763. On a de lui
diverses estampes, entr'autres,

Une Conversation entre plusieurs amans. g. p. en
t. d'après *Rubens*, & qui est le même sujet, à peu
de chose près, que celui qui a été gravé par Clouet,
& par Christophe Jegher.

Le Festin Espagnol, d'après *Palamede*, faisant
pendant.

Silène yvre. m. p. en t. d'après *Carle Vanloo.*

Titon & l'Aurore, pendant de la précédente,
d'après *Pierre.*

Sacrifice au Dieu Pan, Bacchus & Ariadne. m. ps.
en h. faisant pendant, d'après le même.

Les Baigneuses. m. p. en h. d'après *C. Vanloo.*

Les Graces lutinant les Amours. g. p. en t. d'après
Lagrenée l'aîné.

X ij

Les Amours lutinant les Graces. *idem* faisant pendant.

LEMPEREUR, (Madame) épouse du précédent. *Voyez* COUSINET.

LEMPEREUR, (Jean-Denis) ancien échevin de la ville de Paris, & amateur, mort à Paris en 1780, âgé de 60 ans, a gravé,

Diverses Eaux-fortes d'après *Pietre de Cortone*, *Benedette*, *Castiglione*, *van Dyck*, &c.

LEMPEREUR, (Jean-Baptiste-Denis) fils du précédent, & amateur éclairé. On a de lui quelques pièces à l'eau-forte, entr'autres,

L'Ange annonçant aux bergers la naissance du Sauveur. m. p. en h. d'après *Boucher*.

Le Massacre des Innocens. m. p. en t. d'après *Pierre*.

Divers Paysages d'après *Ruysdaël*, & autres de sa composition.

LENFANT, (Jean) graveur François, né à Abbeville en 1615, fut éleve de Claude Mellan, & mourut à Paris en 1674. On a de sa main quantité d'estampes gravées avec propreté, mais d'un travail froid; entr'autres,

Nombre de Portraits, tels que celui du Comte de Brienne. p. p. en h. d'après *le Brun*.

Diverses autres Pièces d'après *Annibal Carrache*,

le Guide, Ferdinand, Nicolas Loir, Nanteuil, Claude Lefebvre, &c.

LENS, (Bernard) a gravé plufieurs eftampes en manière noire, entr'autres,

David victorieux de Goliath. m. p. en h. d'après *le Féti,* quoiqu'attribué au Giorgion. Le même fujet a été gravé par Camérata, d'après le tableau peint une feconde fois par le même maître, qui fe voit dans la galerie de Drefde.

L'Age d'or. p. p. en t. d'après *Berghem.*

LEO, (Ottavius) peintre Italien, né en 1640, a gravé 26 portraits de peintres & autres hommes célèbres, dont celui du cavalier Bernin, & de Jofepin, &c.

LEONARD, (Jean-François) graveur né à Dunkerque en 1633. Il a long-tems travaillé à Bruxelles & à Nuremberg. On a de fa main, & en manière noire,

Le Portrait de Merftraten, fyndic de Bruxelles, & celui d'Ifabelle van Affche, femme de ce magiftrat. p. ps. en h. d'après *van Dyck.*

LEONARDIS, (Giacoma) graveur né à Venife. On connoît de lui 6 fujets en travers, avec beaucoup de figures dans des fonds de payfages, d'après *Jof. Crefpi, Sebaft. Ricci, Carpioni,* &c.

LEON DAVEN, &c. *Voyen* DAVEN.

X iij

LEONE, (Guillaume) peintre né à Parme en 1664, a gravé d'après ses propres dessins, deux suites d'animaux touchés de bon goût.

LE PAGELET, (   ) a gravé en 1786 une suite de 4 ruines en hauteur, d'après *Ranché*.

LE PAUTRE, (Jean) né à Paris en 1617, fut mis dès sa jeunesse chez un menuisier, qui lui enseigna les premiers élémens du dessin, & devint par la suite un excellent dessinateur. Son génie fécond lui fit enfanter, lorsqu'il se mit à graver, une prodigieuse quantité de sujets qui ont servi & serviront toujours aux artistes qui se dévouent à l'architecture & à l'ornement. Son goût a pu vieillir; mais comme il est solide & établi sur de bons principes, il sera toujours un bon modèle pour les artistes; il étoit peu fait pour graver les productions des autres, & il s'en est rarement occupé. Ce qu'il a donné, consiste dans des décorations d'architecture, dans des vases, dans des plafonds, & en général dans tout ce qui est du ressort de l'ornement. Il fut reçu de l'académie royale de peinture & de sculpture en 1677, & mourut à Paris en 1682. Il laissa un fils nommé Pierre, qui fut un bon dessinateur, & qui s'adonna comme son père, à composer & à graver des morceaux d'architecture. Il eut en même tems pour neveu un sculpteur fort habile, nommé Pierre, qui est mort à Paris en 1744; ce dernier étoit fils d'Antoine le Pautre, architecte de Louis XIV, & de

Monſieur , frère unique du Roi , qui donna les deſſins des caſcades de Saint Cloud, que l'on admire avec raiſon, & auquel le génie fécond de Jean le Pautre étoit d'un grand ſecours , lorſqu'il s'agiſſoit de dreſſer quelque projet de conſéquence , & de le retourner de toute manière, pour le faire goûter par ceux pour leſquels il étoit fait.

LEPICIÉ, (Bernard) graveur, ſécrétaire & hiſtoriographe de l'académie royale , a gravé un grand nombre de pièces, entr'autres,

Les Cartons d'Hamptoncourt , en 8 ps. d'après *Raphaël*, gravés à Londres conjointement avec du Boſc & autres graveurs.

La Circonciſion de J. C. Jupiter & Junon, Jupiter & Io. 3 ps. d'après *Jules Romain*, du recueil de Crozat.

La Prédication de S. Jean, d'après *le Bachiche*, *ibidem.*

Les Franc-Maçons. g. p. en t. d'après *Teniers.*

L'Amour de ville , & l'Amour de village. m. ps. en ovale d'après *Charles Coypel.*

L'Amour Précepteur. m. p. en h. d'après le même.

Thalie chaſſée par la peinture , & les Amours à la toilette. g. ps. en t. faiſant pendans , d'après le même.

Le Bacha faiſant peindre une de ſes femmes. g. p. en t. d'après *Carle Vanloo.*

Divers autres Sujets & portraits d'après *le Par-*

meſan, *Rembrandt*, *Terburg*, *Charles de Moor*, *Raoux*, *Watteau*, &c.

LEPINE, (   ) a gravé un Payſage qui eſt une vue du jardin de Mouceaux.

Diverſes Vues de la Suiſſe, &c. &c.

LE PRINCE, (Jean-Baptiſte) peintre du Roi, né à Paris en 1733, a paſſé quelques années en Ruſſie, & y a deſſiné pluſieurs vues, ainſi que divers coſtumes & habillemens Ruſſes, dont il a gravé une partie à l'eau-forte & au lavis; ce qui forme un vol. atlas, de plus de 100 pièces, très-intéreſſant.

LE ROY, (Jacques) né à Paris en 1739. On connoît de lui nombre de vignettes d'après *Gravelot*, *Marillier* & autres.

LERPINIERE, (David) a gravé à Londres pluſieurs vues de cette ville; diverſes marines & combats navals, relatifs à la guerre de 1782.

Deux Marines d'après *Vernet*.

Pluſieurs Payſages d'après *Cl. Lorrain*, &c.

LE SEURRE de Muſſey, ((a gravé une petite eſtampe de ſa compoſition, repréſentant une femme au bain, dans un fond de payſage de forme ronde.

LESPILLIEZ, (   ) a gravé divers morceaux d'architecture & d'ornement, d'après *Cuvillier*, architecte de l'Electeur de Bavière.

LE SUEUR, (Euftache) très-excellent peintre François, né à Paris en 1617, fut élève de Vouet. Quoiqu'il n'eût jamais vû l'Italie, fon génie fécond & élevé fuppléa à l'étude qu'il eût pu avoir fait des chef-d'œuvres de peinture & de fculpture qui fe voient dans ce pays-là. La noble fimplicité de fes compofitions, l'élégance & le naturel de fon deffin, fa manière de drapper, & une infinité d'autres perfections que l'on admire dans fes tableaux, lui ont acquis à jufte titre le nom de *Raphaël de la France*. Il mourut en 1655, à 38 ans. Nous ne connoiffons qu'une feule planche qui foit gravée de fa main. Elle repréfente,

Une p. Sainte Famille en t. & en demie-figure.

LE SUEUR, (Nicolas) graveur en bois, né à Paris en 1727, dont on a plufieurs eftampes en clair-obfcur, entr'autres,

La Chûte dé Phaëton. m. p. en h. d'après *Jofepin*, dans le recueil de Crozat, ainfi que plufieurs autres pièces du même ouvrage, d'après divers maîtres.

Les culs-de-lampes & grouppes de fleurs qui ornent l'édition *in-fol.* des fables de la Fontaine, d'après *Bachelier*.

Cet artifte avoit un frère aîné nommé Vincent, qui gravoit dans le même genre. Ils étoient originaires de Rouen, & fils d'un père qui gravoit auffi en bois.

LE SUEUR, (Louis) né à Paris en 1746; a gravé en 1772, plusieurs petits paysages de sa composition, & une vue du jardin de Mouceaux, d'après *Carmontel*.

LETH, (Henri de) demeurant à Amsterdam, a gravé & publié une suite de 100 différentes vues de Kennemerland, qui sont assez médiocres.

LEU. *Voyez* DE LEU.

LE VASSEUR. *Voyez* VASSEUR.

LEVEAU, (J.) graveur né à Rouen, & mort à Paris en 1785. On a de lui,

La Vue de Lillo & son pendant. p. ps en t. d'après *van der Neer*.

Les Bergers Romains. g. p. en t. d'après *Mettay*.

La Cuisine ambulante des Matelots. g. p. en t. d'après *Vernet*.

La Vue du Montferrat. g. p. en t. d'après le même.

La Cascade Tivoli, & la vue de Pouzzol. m. ps. en t. d'après *la Croix*, élève de Vernet.

LEVEILLÉ, (   ) élève de Janinet, a gravé en 1776, divers sujets en couleurs, d'après différens auteurs modernes.

LEVESQUE, (   ) graveur né à Paris en 1727. On a de lui divers sujets & portraits d'après différens maîtres. Il a passé 7 ans en Russie, où il

se livra à la littérature. Nous avons de lui une his‑
toire de Ruffie, publiée en 1781.

LE VILAIN, (Gerard‑René) a gravé le
portrait de M. Dufour de Villeneuve, Lieutenant‑
Civil, d'après *Mauperin*, &c. quelques vignettes
d'après *Marillier*, &c.

Son époufe nommée Manfard, grave auffi dans
le même genre.

LEYBOLD, (   ) a gravé à Paris en 1788,
une pièce de la galerie du palais royal, d'après *le
Titien*, repréfentant Vénus à fa toilette ; il eft pen‑
fionné du Duc de Wirtemberg.

LEYSEBETTEN, (Pierre van) graveur né
à Utrecht en 1649. On a de lui,

Le Mariage de Sainte Catherine, d'après *le Feti*,
dans le cabinet de Teniers, & divers autres mor‑
ceaux d'après le même maître *ibid.*

Il a auffi gravé quelque chofe d'après *van Dyck*,
& autres maîtres Flamands.

LIART, (Mathieu) graveur né à Paris en 1737,
a gravé à Londres,

Le Sacrifice d'Abraham, d'après *And. Sacchi.* m.
p. en t.

Plufieurs autres Pièces d'après différens maîtres.

LIEFRINCK, (   ) du nombre des graveurs que
l'on range dans la claffe des petits‑maîtres anciens.
On a de lui plufieurs gravures au burin.

LIENARD, (Jean - Baptiste) né à Lille en Flandres, en 1750, élève de le Bas. Il a gravé,

Les Délices de l'été, d'après *le Prince.* m. p. en t.

Une grande Ruine pittoresque, d'après *Robert.*

Plusieurs Paysages & sujets pour la suite du voyage d'Italie de l'abbé de Saint Non, &c.

LIENDER, (Paul van) a gravé en 1762, plusieurs vues d'Hollande.

LIEVENS, (Jean) habile peintre d'histoire & de portraits, né à Leyde en 1606, fut disciple de George van Schoten & de Pierre Lastman; ainsi que le condisciple de Rembrandt, dont il imita la manière, sur-tout dans ses gravures, dans le nombre desquelles on compte,

La Resurrection du Lazare. m. p. en h. de sa composition.

Saint Jérôme assis, & tenant une croix. p. p. en h. *idem.* S. François *id.*

Divers Portraits, dont Daniel Heinsius, Ephraïm Bonus, &c.

Diverses Têtes de caractère. *id.*

LIGNY, (François de) On ne connoît de lui que deux paysages d'après *le Gaspre.* m. ps. en t. assez médiocres.

LIMEUX, (Le Comte de) amateur, a gravé en 1700, plusieurs têtes de sa composition, dans le style de Rembrandt.

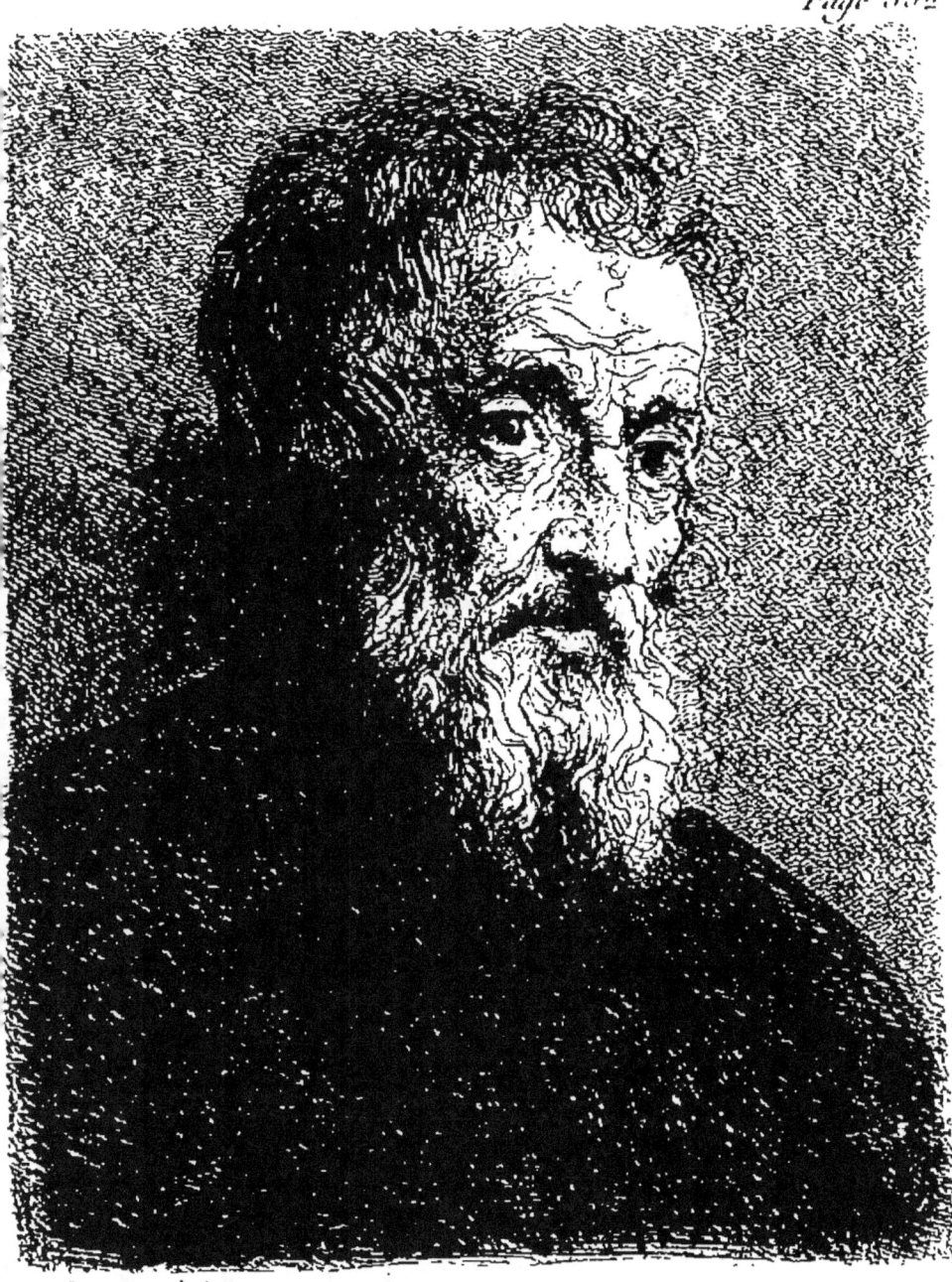

Lievens fecit.

LINGÉE, (Charles-Louis) né à Paris en 1753, a gravé plusieurs pièces du cabinet de le Brun.

Diverses Vignettes *in-40.* &c. d'après *Cochin* & autres.

LINGÉE. (Madame) *Voyez* EMERY.

LINGELBACK, (Jean) habile peintre paysagiste, né à Francfort-sur-le-Mein, en 1615, voyagea en Hollande, en France & en Italie, & grava à l'eau-forte divers jolis paysages & marines de sa composition.

LIOTARD, (Michel) graveur né à Genève en 1710, a gravé étant à Venise,

Vénus sur son char; Apollon sortant des eaux; Bacchus & Ariadne; Pan & Syrinx; l'enlèvement d'Europe; toutes grandes pièces d'après les cartons des peintures à fresque que *Carlo Cignani* a exécutées dans l'un des palais du Duc de Parme.

Une Suite de sujets de l'histoire Sainte, en neuf g. ps. d'après *Sebastien Ricci.*

Il avoit commencé la vie de S. Bruno, d'après *le Sueur,* dont les tableaux sont maintenant au Roi; mais la mort empêcha la continuation de cette suite.

LIOTARD, (Jean-Etienne) peintre & frère du précédent, né à Genève en 1711, a fait un séjour de plusieurs années en Italie, à Constantinople, en Allemagne & à Londres. Avant que d'entreprendre ses voyages, il grava à l'eau-forte,

Son Portrait. p. p. en h. & celui de M. Hérault, Lieutenant-Général de Police de Paris. m. p. en h.

LIOTTIER, (Elizabeth-Charles) née à Paris en 1763, élève du Sr. Cauvet, sculpteur, son beau-père. Elle a gravé avec goût diverses planches d'ornemens arabesques & décorations intérieures qui font partie d'un vol. de ce genre, connu de cet artiste célèbre.

LISBETIUS. (Pierre) *Voyez* LEYSEBETTEN.

LITTRET, (Claude-Antoine) graveur né à Paris en 1735, mort à Rouen en 1775. On a de lui,

Le Concert du Grand Sultan. g. p. en t. d'après *Carle Vanloo.*

Le Portrait de M. de Sartine. p. p. en h.

L'Amour conduit par la Fidélité, & son pendant. p. ps. en h. d'après *Schenau.*

LIVE. *Voyez* LA LIVE.

LIVENS. *Voyez* LIEVENS.

LOCHOM, (Michel van) très-médiocre artiste qui a gravé à Paris plusieurs planches pour Crispin de Pas, dont il cherchoit à saisir la manière. Il a aussi gravé quelques portraits d'après *Ferdinand Elle.*

LOCHON, (René) graveur né à Poissy, en 1640, élève de Corneille. On a de lui,

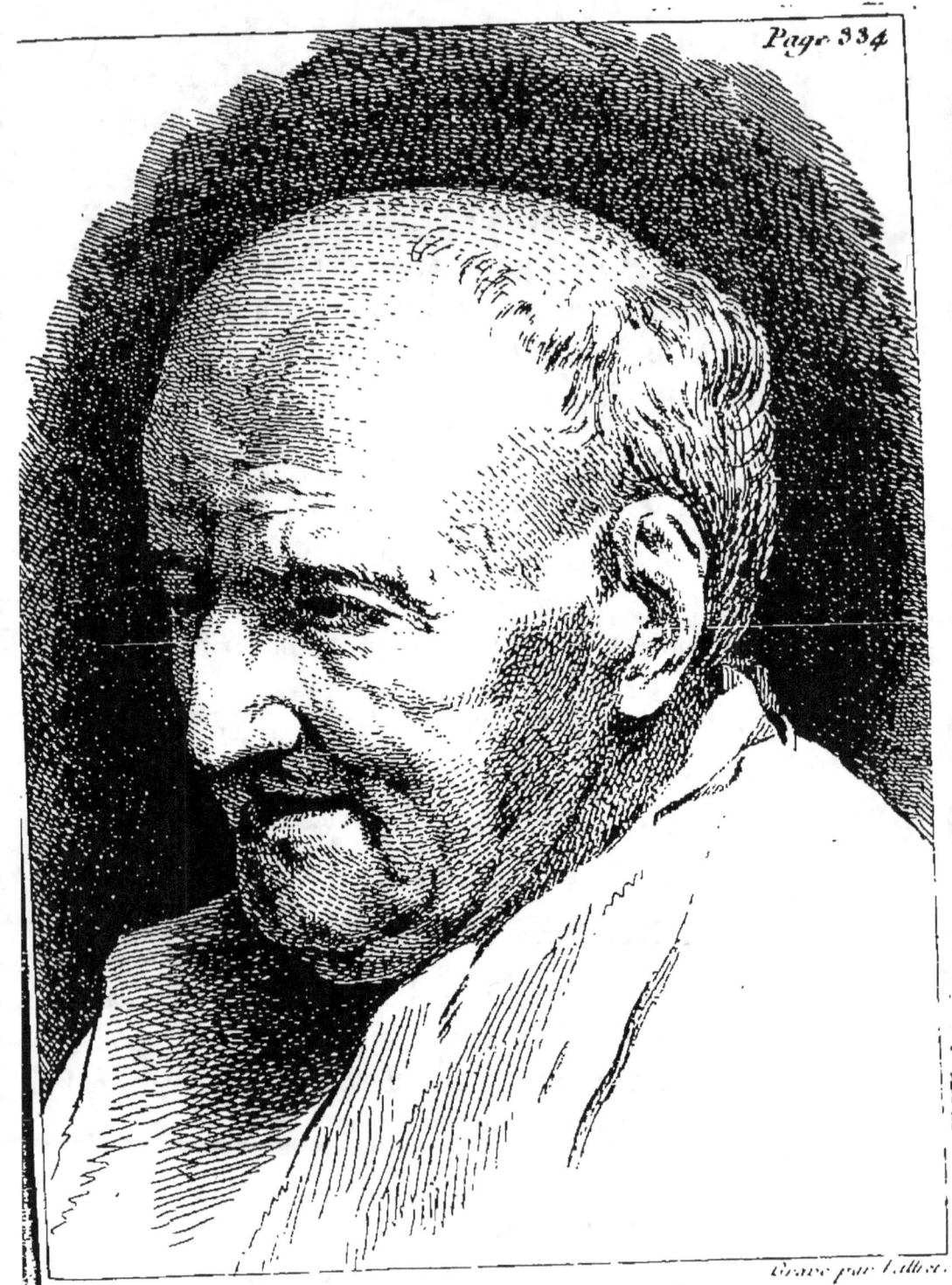

Dessiné par Crillet, d'après un homme de 105 ans.

Gravé par Lallet.

Divers Portraits d'après *Ph. Champagne.*

Plusieurs Pièces d'après *Polydore de Caravage, les Carraches, le Guide, Charles Errard; le Poussin, N. Loir,* &c.

LODER, (Astolphe) peintre né à Francfort en 1721, a gravé quelques eaux-fortes de sa composition.

LOEMANS, (Arnould) graveur né en 1660, à Anvers, a gravé quelques pièces d'après divers maîtres Flamands.

LOGGAN, (William) a gravé en 1681 un festin de Moines de différens ordres, sujet critique gravé à l'eau-forte, dans le style de Rom. de Hooge. m. p. en largeur.

LOIR, (Nicolas) habile peintre d'histoire, né à Paris en 1624, demeura à Rome dans sa jeunesse, & y fit une étude si particulière des tableaux du Poussin; qu'il parvint à les copier d'une façon à s'y tromper. L'on remarque d'ailleurs beaucoup d'intelligence dans ses compositions, de la correction & de l'expression dans ses figures, particulièrement dans celles des femmes & des enfans, dont il sçavoit varier agréablement les attitudes & les caractères. Il mourut à Paris en 1679, à 55 ans. On a de sa main environ 150 estampes à l'eau-forte, & de sa composition, entr'autres,

Douze petits sujets de Vierges. p. ps. en h.

Cléobis & Biton, traînant le char de leur mère,

pour la conduire au temple de Junon, dont elle étoit prêtresse. m. p. en t.

Deux g. Payfages en t. &c. &c.

LOIR, (Alexis) frère du précédent, mort à Paris en 1713, âgé de 73 ans. Il étoit orfèvre & graveur, & a réuffi également dans l'un & dans l'autre de ces arts. On a de fa main,

L'Education de Marie de Médicis, & le Temps qui découvre la vérité & terraffe l'héréfie ; deux pièces d'après *Rubens*, qui font partie du recueil de la galerie du Luxembourg.

Moïfe fauvé des eaux. g. p. en t. d'après *le Pouffin*.

La Chûte des Anges rebelles. très-g. p. en h. & en 2 feuilles, d'après *le Brun*.

Le Maffacre des Innocens. très-g. p. en t. auffi en 2 feuilles, d'après le même.

La Sainte Vierge contemplant le Chrift mort, defcendu de la croix. g. p. en h. & cintrée, d'après *P. Mignard*.

L'Adoration des Rois. g. p. en h. d'après *Jouvenet*.

Une Préfentation au temple. g. p. en h. d'après le même.

Un Chrift mort au pied de la croix. g. p. en h.

Diverfes eaux-fortes d'après *N. Loir*, fon frère.

LOLLI, (Laurent) peintre & graveur né à Bologne en 1587, fut difciple du Guide, & grava à l'eau-forte diverfes eftampes, entr'autres,

Un Saint Jérôme affis, & méditant profondément
au

au pied d'un crucifix qui fe voit fur une terraffe. p. p. en h. d'après *André Sirani*.

Plufieurs Pièces d'après *le Guide*, & autres maîtres de l'école de Bologne.

LOMBART, (Pierre) habile graveur François de Paris, mort en 1682, âgé de 69 ans. On a de lui plufieurs eftampes, entr'autres,

Charles I, Roi d'Angleterre, à cheval. g. p. en h. d'après *van Dyck*. Dans la fuite l'on a fubftitué la tête de Cromwel à celle de ce Prince ; les premières épreuves font d'une grande rareté.

Une Suite de douze portraits d'après le même, dont deux d'hommes, & dix de femmes. Cette fuite a été gravée en Angleterre, & elle eft connue fous le nom *des Comteffes de van Dyck*. m. ps. en h.

Une Cêne. g. p. en h. d'après *le Pouffin*.

L'Apparition de l'Ange à S. Jofeph. m. p. en h. d'après *Ph. Champagne*.

Plufieurs beaux portraits, entr'autres celui du gazetier d'Hollande, nommé la Fond. m. p. en h. d'après *Gafcard*.

Celui de Guillaume Daviffon, premier médecin du Roi de Pologne. p. p. en h. d'après *D. Schultz*.

Divers autres Morceaux d'après *Raphaël, Annibal Carrache, le Guide, Claude Vignon, Claude Lefebvre*, &c.

LOMMELIN, (Adrien) graveur né à Amiens en 1637, dont nous nous trouvons obligés de citer

Y

plufieurs eftampes, moins pour le mérite de leur exécution, que pour celui des originaux d'après lefquels elles ont été gravées.

Abigaïl venant fléchir la colère de David. g. p. en t. d'après *Rubens*.

Deux Adorations des Rois, dont l'une eft une g. p. en h. & l'autre *id*. en t. d'après le même.

Une Circoncifion. m. p. en h. *id*.

Le Lavement des pieds. m. p. en h. *id*.

Le Triomphe de la charité, & le tems qui découvre la vérité en terraffant l'héréfie. très ~g. ps. en t. & en 2 feuilles. *id*.

Une Affomption de la Vierge. g. p. en h. & cintrée. *idem*.

Le Jugement de Pàris. g. p. en t. *id*.

N. S. arrêté dans le jardin des Olives. m. p. en h. d'après *van Dyck*.

Plufieurs Portraits d'après le même.

LONDERSEEL, (Jean van) né à Bruges en 1600, a gravé quelques payfages d'après *Vinckboons*.; &c.

LONDONIO, (François) naquit d'honnêtes parens, à Milan, en 1723. Il étudia la peinture fous Ferdinand Porta ; enfuite il travailla à Parme d'après les ouvrages du Corrège ; mais ayant pris du goût pour peindre les animaux, il y réuffit parfaitement. Il fit connoiffance en 1758 avec Benigno Boffi, qui lui apprit à graver à l'eau-forte.

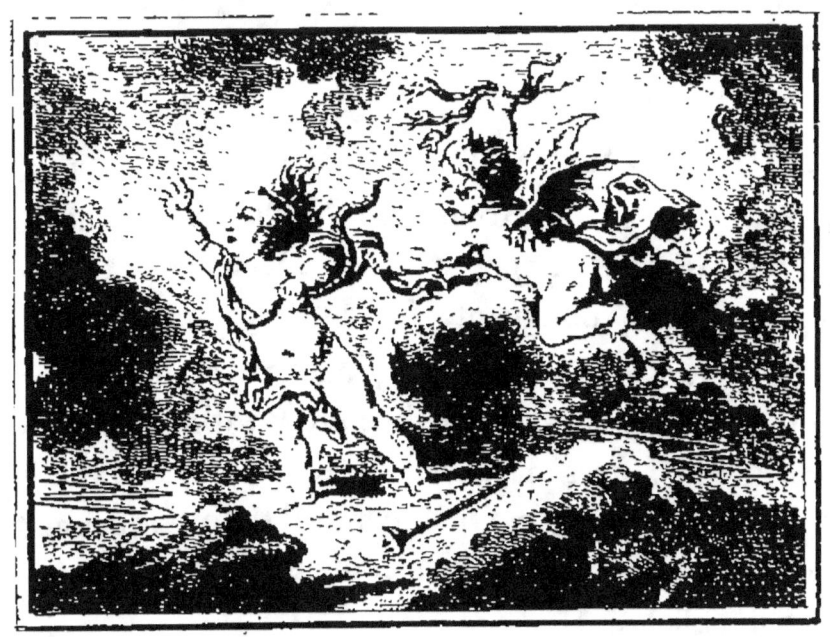

A. Bar a Inv   De Longueil Sculp.

Le Remord ayant des ailes de Chauve-souris poursuit l'Amour avec
un fouet de serpens. Ce qui représente l'inceste combattu par le devoir.

Page 339.

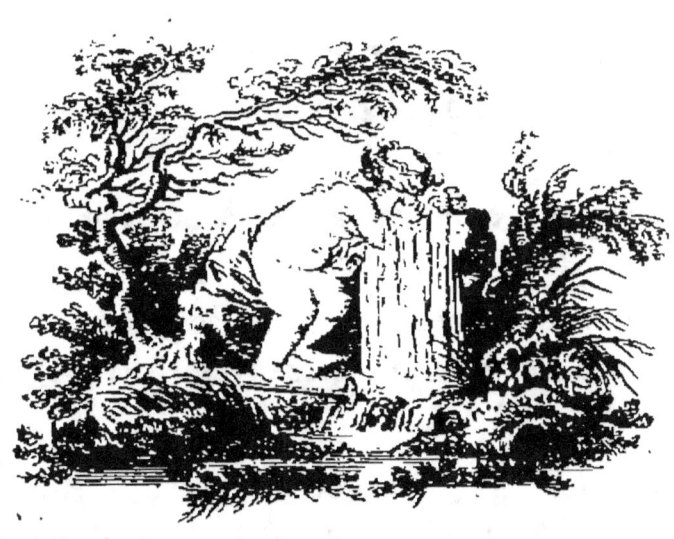

Biblis, à force de pleurer son amour illicite pour son frere, est, par une pitié
des Dieux metamorphosée en fontaine.

Il fit le voyage de Rome, de Naples, de Gènes, &c. Il mourut d'apoplexie en Décembre 1783. Il étoit franc, obligeant, & d'une extrême gaîté.

Ses ouvrages forment 72 planches, composant 7 fuites, dont une en h. dédiée au Cardinal Pozzobonelli ; les autres en t. à Milord d'Exeter, au Comte de Firmian, &c. &c. Quelquefois il faifoit imprimer fes eftampes fur du papier de couleur, & il les rehaufoit de blanc.

LONGHI, (Alexis) peintre né à Venife en 1726, a gravé 24 portraits de peintres de fon pays.

Celui d'Amiconi, mort en 1758.

Plufieurs petits Payfages à l'eau-forte.

LONGUEIL, (Jofeph de) graveur né à Lille en Flandres en 1736 On a de lui,

Deux Marines. en t. d'après *Metay*.

Les Modèles, d'après *le Prince*. g. p. en t.

Le Cabaret Flamand & fon pendant, d'après *Ad. van Oftade*. m. p. en h.

Le Ménage des bonnes gens., & pendant, d'après *Lepicié & Aubry*. m. p. en t.

Nombre de Vignettes pour les contes de La Fontaine, ainfi que pour les pièces fugitives de Dorat, &c. &c.

LONSING, (François) a gravé à Rome en 1772, la chaffe de Méléagre, d'après *J. Romain*, &

Y ij

qui se trouve dans la suite des 40 pièces du cabinet d'Hamilton, publié en 1773.

LORENSINI, (Frère Antoine) Religieux
Franciscain, & graveur né à Bologne en 1665, fut
élève de Laurent Pasinelli, & quitta dans la suite
l'étude de la peinture, pour se livrer à celle de la
gravure à l'eau-forte. On a de sa main,

Un Miracle opéré par Saint Antoine de Padoue.
g. p. en h. cintrée par le haut, d'après *Laurent Pasinelli*.

La Prédication de Saint Jean-Baptiste. g. p. en
t. d'après le même.

Le Martyre de Sainte Ursule & de ses compagnes. g. p. en t. d'après le même.

Quelques autres d'après *le Carrache*, *le Guide*. &c.

Il a eu la plus grande part aux planches de la
galerie du Grand Duc de Toscane, auxquelles ont
été pareillement employés Théodore Ver-Cruys,
Côme Mogalli, & Jean-Dominique Picchianti.

LORICH, (Melchior) peintre & graveur Allemand, né en 1536. Etant à Constantinople, il grava au burin le portrait du Grand-Seigneur, & celui
de la Sultane favorite; deux pièces singulières &
rares. Il a donné outre cela une suite très-curieuse
d'habillemens Turcs, qui forme un vol. *in-fol*. Les
planches en sont gravées en bois.

S. Jérôme en prières dans un désert, gravé en
1546.

LORRAIN, (Claude Gelée dit le) très-habile peintre de payfages & de marines, né dans le diocèfe de Toul en 1600. N'ayant pu rien apprendre à l'école, on le mit chez un patiffier; de-là il alla à Rome, où, ne fachant que devenir, il entra chez Auguftin Taffi, en qualité de valet. Il apprit chez ce maître, non fans beaucoup de peines, les premiers principes de la peinture. Par la fuite fon efprit s'ouvrit, & il fe mit à étudier avec une telle application les effets de la nature, qu'il parvint à en porter l'imitation au point de mériter d'être regardé comme un modèle pour le payfage. Il peignoit auffi fort bien les marines & l'architecture; mais il deffinoit mal les figures; celles que l'on voit dans fes tableaux font quelquefois peintes par Philippe Laure, ou par le Courtois. Il mourut à Rome en 1682, où il travailla toute fa vie, Il a gravé à l'eau-forte une fuite de 28 payfages, où l'on remarque la même intelligence que dans fes tableaux.

LORRAIN, (Louis-Jofeph le) peintre François, de l'académie Royale, mort en Ruffie en 1761. On a de fa main quelques eftampes de fa compofition, ainfi que 4 petits fujets d'après J. F. de Troy, lefquels repréfentent,

Le Jugement de Salomon. Salomon facrifiant aux idoles. Efther devant Affuerus & la mort de Cléopâtre.

LORRAINE, (Jean-Baptifte de) graveur né à Paris en 1737. Son père étoit imprimeur en taille-douce ; il fe nommoit Augufte ; il eft fans doute du nombre de ceux qui rougiffent de porter le nom de leur père. On a de lui quelques eftampes d'après. divers maîtres.

LOUTHERBOURG, (Philippe - Jacques) peintre, né à Strasbourg , reçu à l'académie royale en 1763 , a gravé divers fujets à l'eau-forte, de fa compofition, entr'autres,

Deux petits cahiers de Soldats.

Quatre Payfages intitulés les quatre heures du jour, &c. &c. Depuis plufieurs années il féjourne à Londres.

LOUVEMONT, (Francois de) graveur né à Nevers en 1648. On a de fa main,

Le Martyre de Saint Etienne. g. p. en h. d'après P. de Cortone.

Saint François Xavier intercédant pour les pefti-féres. g. p. en h. d'après Ciro-Ferri.

Diverfes Eftampes d'après Lanfranc, Solimene & autres.

LOUVION, (Jean-Marie) né à Verfailles en 1740, élève de Feffard, a gravé diverfes vignettes d'après Aug. de Saint Aubin, &c.

LOUYS, (Jean) habile graveur Flamand, né à Anvers en 1620, élève de Soutman, & condif-ciple de Suydheroëf, a gravé plufieurs pièces dans le goût de fon maître, entr'autres,

Le Repos de Diane au milieu de fes nymphes. m.

p. en t. d'après *Rubens*. Cette eſtampe ſe connoît encore ſous le nom du repos de Diane à la chaſſe.

Louis XIII, & Anne d'Autriche, épouſe de ce
Prince. m. ps. en h. d'après le même.

Philippe IV, Roi d'Eſpagne, & Eliſabeth de
Bourbon, épouſe de ce Prince. m. ps. en h. *id.*

Divers autres Sujets & portraits d'après *van Dyck*,
Ad. van Oſtade. Jean Both, &c.

LUBERSAC, (Madame la Comteſſe de) a gravé pour ſon amuſement des oiſeaux, d'après *Madeleine Baſſeporte.*

LUBIN, (Jacques) graveur né à Paris en 1637.
On a de lui,

Jeſus-Chriſt mis au tombeau. g. p. en t. d'après
le Sueur.

Divers Portraits pour le livre des hommes illuſtres
de Perault.

LUCAS-DE-LEYDE, peintre, graveur,
l'ami & l'émule d'Albert-Durer, naquit à Leyde
en 1494. Après avoir appris de ſon père les élémens
de la peinture, il paſſa chez Corneille Engelbrecht,
où ſes progrès furent auſſi prompts qu'étonnans. Il
apprit en même tems la gravure, & l'on prétend
qu'avant l'âge de 16 ans, il avoit gravé ſon Maho-
met, la Paſſion en 9 ps. en rond, & la Converſion
de S. Paul. S'il deſſinoit moins bien qu'Albert, il
ſçavoit mettre plus d'harmonie dans ſes ouvrages;
d'ailleurs les têtes de ſes figures, qu'il varioit à ſon

gré, font pleines d'expreffion, & fes gravures fe font diftinguer par un extrême fini. Sa vie fut fort courte ; fes infirmités le conduifirent au tombeau en 1533, à l'âge de 39 ans. Parmi les pièces que l'on a de fa main, & qui font toutes rares, l'on compte,

L'Hiftoire d'Adam, en 6 p. ps. en h. portant la date de 1529.

Adam & Eve dans le Paradis terreftre ; cette dernière eft affife fur un tronc d'arbre. m. p. en t. gravée en 1515.

Loth ennivré par fes filles. m. p. en t. faite en 1530

Le Triomphe de Mardochée. m. p. en t. portant la date de 1515.

Une Adoration des Rois. g. p. en t.

Jefus - Chrift préfenté au peuple. g. p. en t.

Le Calvaire. g. p. en t. avec la date de 1510.

La Danfe de la Madeleine. g. p. en t. faite en 1519.

La Converfion de S. Paul. g. p. en t.

La petite Laitière. C'eft un fujet en t. où fe voyent une femme qui porte un fceau de lait, un homme & une vache, avec la date de 1510.

Son propre Portrait. p. p. en h. gravée en 1525.

Une Pièce unique qui fe trouve dans le cabinet du Roi, ainfi que dans la collection de M. de St. Yves ; elle eft connue fous le nom de Ulefpiègle. On y remarque un homme jouant de la mufette, & portant deux enfans dans une hotte, ainfi qu'une femme qui porte un autre enfant. Ce morceau eft d'environ 7 pouces de haut, fur 4 pouces & demi de large. Il a été copié plufieurs fois du même côté & de la même grandeur; l'une de ces copies eft faite par Henri Hondius, & une autre, dont on ne connoit point le graveur, eft fi femblable à l'original, qu'il eft fort difficile de la diftinguer de cette dernière. Cette rare eftampe fut gravée en 1520, & fut achetée 16 louis d'or, en 1590, par l'abbé de Marolles.

Nombre d'autres Pièces en cuivre & en bois, lef-quelles, jointes à d'autres morceaux qu'ont gravés, d'après fes tableaux ou fes deffins, J. Saenredam, Goltzius, Crifpin de Pas, Michel le Blond & autres graveurs des Pays-Bas, forment fon œuvre, qu'il eft très-difficile d'avoir complet.

LUCAS, (Germain) graveurs François, père & fils, nés à Verfailles, ont gravé l'architecture & quelques pièces au burin, affez médiocrement.

LUCHESE, (Michel) graveur médiocre, & marchand d'eftampes établi à Rome & né dans la même ville en 1639, a gravé quelques piéces d'après Michel-Ange, Polidore & autres.

LUCIEN, (Jean-Baptifte) a gravé à la manière du crayon divers têtes & fujets d'après Pierre, &c.

LUCINI, (Antoine-François) deffinateur & graveur, né à Florence en 1620, contemporain de la Bella, a gravé fur le deffin de ce maître,

Une Fète donnée à Pife fur l'Arno. g. p. en t.

LUPRESTI, (J. B.) de Palerme, a gravé plufieurs vues de Meffine, ornées de galères & autres bâtimens de la Méditerranée.

LUSIGNY, (L.) amateur, a gravé en 1760 plufieurs payfages d'après *Michaux*.

LUTMA, (Jean) orfèvre & graveur, natif d'Amfterdam, a gravé quelques planches dans quelques-unes defquelles il s'eft fervi du cizelet, au lieu de burin. On a de fa main quatre eftampes en ce genre, qui font très-eftimées & difficiles à trouver belles épreuves; elles repréfentent en forme de bufte, les portraits du Poëte Vondel, de l'hiftorien P. C. Hooft, de Jean Lutma, fon père, & le fien propre.

LUTTI, (Benoît) habile peintre né à Florence en 1666, fut difciple de Dominique Gabbiani. On trouve dans fes tableaux beaucoup d'imagination & d'expreffion. Nous ne connoiffons que deux morceaux gravés de fa main; ils repréfentent.

Un Chrift fur la croix, au pied de laquelle font la Vierge, S. Jean & la Madeleine. p. p. en h. de fa compofition, & fort rare.

Un Payfage d'après *le Guerchin*. m. p. en t. auffi rare que la précédente.

LUYKEN, (Jean) habile deffinateur & graveur, né à Amfterdam en 1640, & mort en la même ville en 1712. On remarque dans fes eftampes une fécondité de génie, une intelligence & une facilité admirables; il eſt le Callot, le la Belle & le le Clerc de la Hollande. Il ne faut pas le confondre avec GASPAR LUYKEN, ſon parent, qui a auſſi gravé, mais moins bien que lui. Parmi le grand nombre d'eſtampes que l'on a de la main & de la compoſition de cet excellent artiſte, l'on diſtingue particuliérement,

Diverſes Suites d'hiſtoires tirées de la bible pour différens ouvrages.

L'Hiſtoire des Martyrs. p. ps. en t.

Le Maſſacre de la S. Barthelemi. g. p. en t. de 2 feuilles.

L'Aſſaſſinat d'Henri IV. m. p. en t.

Quantité de Sujets hiſtoriques & allégoriques, ainſi que des entrées, des fêtes, des cérémonies publiques, des payſages, des vignettes, des culs de lampes, &c.

LUYNES, (Madame la Ducheſſe de) a gravé en 1769 pluſieurs petits payſages, avec l'aide de ſon teinturier, ainſi que le plus grand nombre des amateurs.

NOTE

Des 24 Eſtampes qui entrent dans ce premier vol. & que Meſſieurs les Amateurs ſeront libres de prendre avec le texte.

UN Frontiſpice d'après *Cochin*.

Une Vignette par *Aliamet*.

Une Bambochade par *Amand*.

Un Buveur par *Bega*.

Un Sujet Militaire par *Della Bella*.

Deux Fables par *Bertaux*.

Une Bacchanale par *Brebiette*.

Un Saint Jean d'après *Callot*.

Une Tête de *Castiglione*.

Un Boffuet par *Chereau*.

Une Vignette par *Cochin*.

Une Vignette par *Choffard*.

Une Tabagie par *Daffonneville*.

Un Enfant par *Eïfen*.

Un Portrait par *Ficquet*.

Deux Vignettes par *de Ghendt*.

Une. Les Graces par *Guttemberg le jeune*.

Une Tête par *Hollar*.

Une Vignette par *le Mire*.

Une Tête par *Lievens*.

Une Tête par *Littret*.

Deux Vignettes par *Longueil*.

FIN du Tome premier.

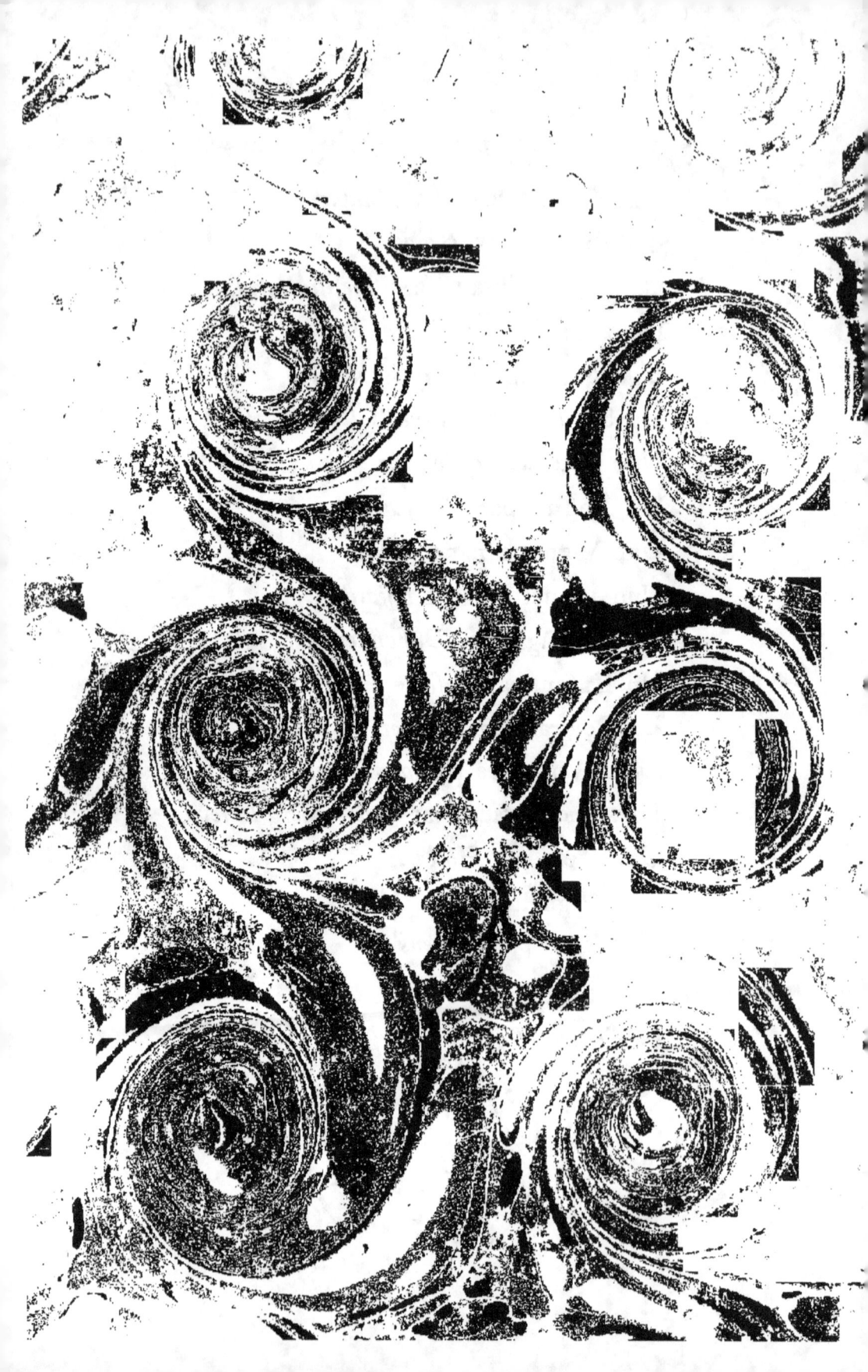

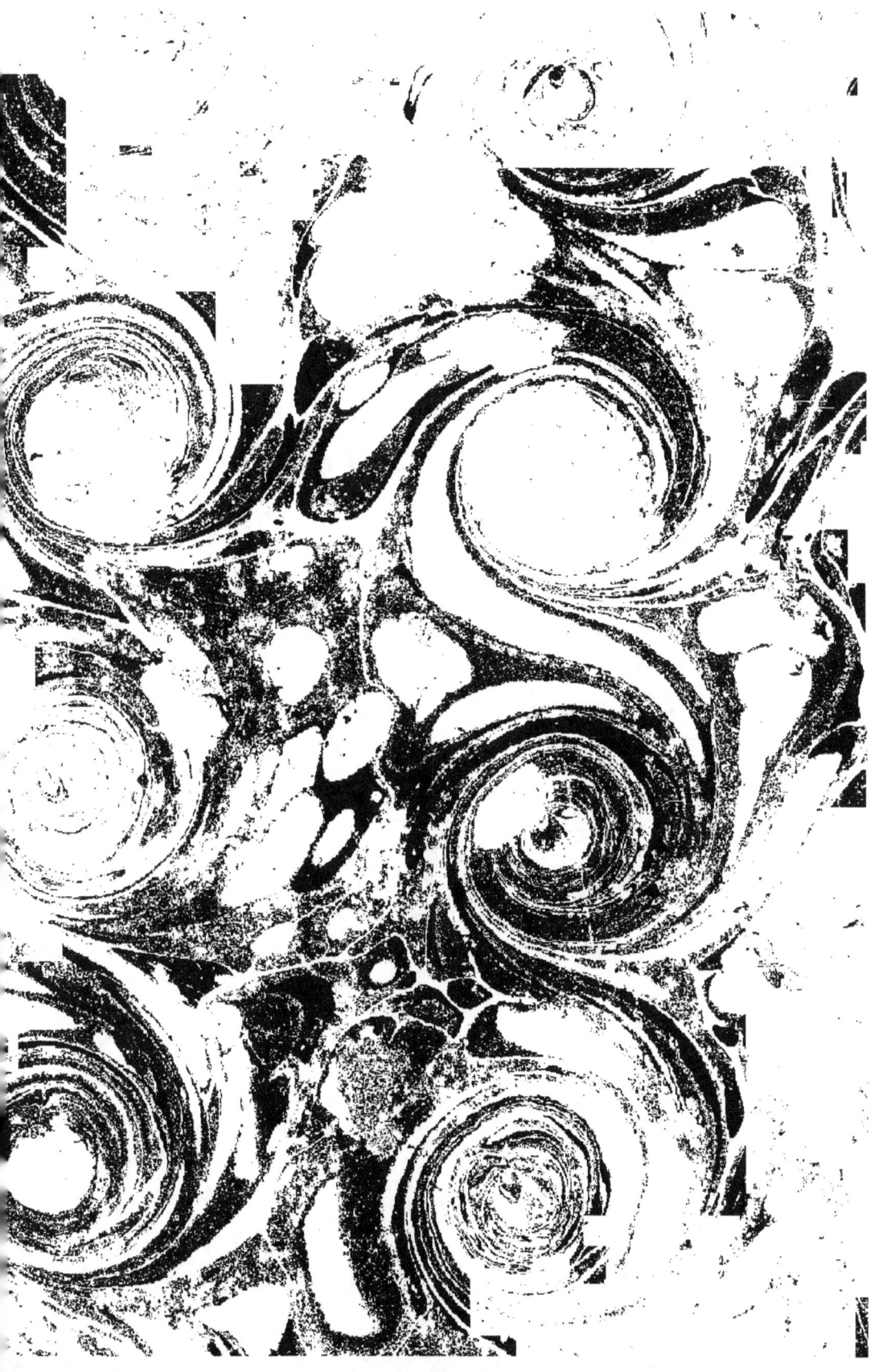

www.ingramcontent.com/pod-product-compliance
Lightning Source LLC
Chambersburg PA
CBHW071612220526
45469CB00002B/319